《课程思政教学案例》

编委会

课程思政教学案例

第一辑

主　编　马建辉

主　管　华中科技大学
主　办　华中科技大学课程思政教学研究中心
　　　　华中科技大学国家大学生文化素质教育基地

華中科技大學出版社
http://www.hustp.com
中国·武汉

图书在版编目(CIP)数据

课程思政教学案例. 第一辑/马建辉主编. —武汉:华中科技大学出版社,2022.3
ISBN 978-7-5680-8092-7

Ⅰ. ①课… Ⅱ. ①马… Ⅲ. ①思想政治教育-教案(教育)-高等学校 Ⅳ. ①G641

中国版本图书馆 CIP 数据核字(2022)第 054929 号

课程思政教学案例(第一辑)
Kecheng Sizheng Jiaoxue Anli (Diyi Ji)
马建辉 主编

策划编辑:周晓方 杨 玲
责任编辑:庹北麟
封面设计:原色设计
责任监印:周治超
出版发行:华中科技大学出版社(中国·武汉) 电话:(027)81321913
武汉市东湖新技术开发区华工科技园 邮编:430223
录 排:华中科技大学惠友文印中心
印 刷:武汉科源印刷设计有限公司
开 本:787mm×1092mm 1/16
印 张:18.75 插页:2
字 数:317 千字
版 次:2022 年 3 月第 1 版第 1 次印刷
定 价:98.00 元

华中出版

本书若有印装质量问题,请向出版社营销中心调换
全国免费服务热线:400-6679-118 竭诚为您服务

序

2018年9月10日，习近平总书记在全国教育大会上发表重要讲话指出："教育是国之大计、党之大计。"两个"大计"体现了教育在中国特色社会主义建设进程中的重要地位和战略意义，关涉"培养什么人、怎样培养人、为谁培养人"的根本问题。高等学校肩负着人才培养的重要使命，落实立德树人根本任务，必须坚持正确立场和方向，将价值塑造、知识传授和能力培养三者融为一体、不可割裂。我国正处于实现中华民族伟大复兴的关键时期，将青年学生培养成拥护中国共产党领导和中国特色社会主义制度、立志为中国特色社会主义事业奋斗终身的建设者和接班人，是中国特色社会主义教育事业的本质要求。

就全国高校的普遍情况而言，教师的80%是专业教师，课程的80%是专业课程，学生80%的学习时间是专业学习，80%的大学生认为对自己成长影响最深的是专业课和专业课教师。在高校的教育教学活动中，专业课教师是"主力军"，专业课教学是"主战场"，专业课课堂是"主渠道"。习近平总书记在全国高校思想政治工作会议上明确指出："要用好课堂教学这个主渠道，思想政治理论课要坚持在改进中加强，提升思想政治教育亲和力和针对性，满足学生成长发展需求和期待，其他各门课都要守好一段渠、种好责任田，使各类课程与思想政治理论课同向同行，形成协同效应。"因此，在专业课程中全面深入地开展课程思政建设，赋予专业课程以更广阔的育人视野和更鲜明的价值引领责任，深入推动专业教育与思政教育紧密融合，是新时代中国特色社会主义建设赋予广大高校教师的重要使命。党中央、国务院也颁发了系列相关文件，为落实立德树人根本任务、推进新时代教育教学改革提出了指导意见和实施要求。

大学课程思政实践，亦旧亦新。其旧在于本质上仍一以贯之坚持教书与育人的统一，而新的一面则体现在现实要求、时代内涵和表现方式上。目前，高校教师在开展课程思政建设的过程中，面临的重点问题（也是难点问题）主要在于四个方面：如何处理思政课程与课程思政的关系；如何挖掘、梳理专业课程中的思政元素；如何将思政元素有机融入专业课程教学；如何考核评价课程思政建设成效。尽管全国各高校进行了大量研究与探索，也取得了积极进展，但怎样突破专业教育与价值引领之间的壁垒，结合专业自身特色协同推进课程思政教育体系建设与发展，实现价值引领与知识传授、能力培养有机融合，仍是目前急需解决的课题。

华中科技大学高度重视课程思政建设，将其与文化素质教育统筹谋划，作为提升学校教育教学质量的重要抓手和主要任务之一。学校成立了课程思政建设工作领导小组，校党委书记、校长为组长，加强顶层设计，出台《华中科技大学关于进一步加强课程思政建设的实施方案》，从完善课程思政教学体系设计、提升课程思政内容建设、提高教师课程思政建设意识和能力、健全课程思政建设质量保障体系和激励机制、加强课程思政组织实施和条件保障等方面进行了规划和部署。本科生院和研究生院履行管理职能，通过引导、激励与约束，推进课程思政建设举措落地、效果落实。院系承担主建责任，实行一把手负责制，以“一院一品”（一个院系打造一个课程思政品牌）建设为引领，推进课程思政全覆盖，形成课程门门有思政、教师人人讲育人的格局。实施院系书记课程思政亮点工程，建立课程思政“四会”制度（党政联席会、专题研讨会、支部“三会一课”、基层教学组织研讨会，每学期至少专题学习讨论一次课程思政建设），积极推进课程思政“四进”（进计划、进大纲、进教案、进课堂）目标。充分发挥课程思政教学研究中心和教师教学发展中心功能，重视研究前移，加强示范引领，强化激励引导，推进课程思政深入发展。

近两年来，学校坚持问题导向，以项目为牵引，重点从四个层面进行了一些布局和实践探索。首先是针对广大教师对课程思政教学认识不深、理解不透的问题，成立课程思政教学研究编辑部，编辑出版《课程思政教学研究》集刊；其次是针对工科、医科、理科、文科各学科专业课程思政教育不系统、不深入的问题，设立各学科“课程思政教学指南编制”研究专项，加强系统规范引导；再次是针对部分专业课教师在贯彻课程思政理念中“硬着陆”“两张皮”等现象，加强课程思政教学案例研讨交流，编制《课程思政教学案例》，以典范案例推进课程思政教学的理论思考与实践水平的提升；最后是针对课程思政教学效果测评问题，设立“课程思政教学评价体系研究”课题，以期通过研究，构建科学有效的课程思政教学效果测评体系，进一步指引课程思政教学实践。华中科技大学希望通过这些探索与努力，将课程思政建设走深走实，达到春雨化育、润物无声的目标。

目前，《课程思政教学研究》（第1辑第1卷）、《新工科背景下的专业课程思政教育指南》已正式出版，新医科、新文科、理科课程思政教学指南正在进一步修改完善。《课程思政教学案例》（第一辑）主要汇集本校部分课程思政教学效果比较好、学生接受度比较高的专业课程案例。鉴于篇幅有限，本辑所选案例只节取课程的某一章或某一小节进行展示，虽有所遗憾，然窥一斑而知全豹，希望对广大专业课教师践行课程思政有所借鉴和帮助。人才培养，关键在教师；课程思政，关键亦在教师。教师的工作是塑造灵魂、塑造生命、塑造人的工作，因此，广大教师不仅要具备扎实的学识功底、勤勉的教学态度、过硬的教学能力和高尚的道德情操，还要承担起引导学生树立正确的思想观念、培养正确的人生态度的责任，这是我们高等教育工作者的使命与情怀。

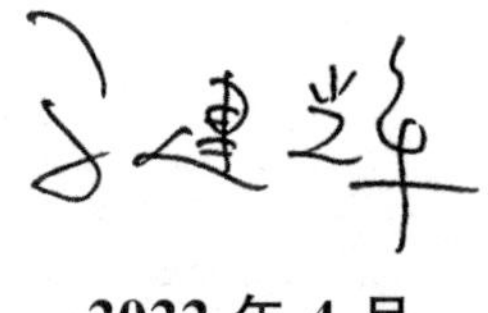

2022年4月

目录

1 理工编

理工编

电气与电子工程学院“电路理论”课程思政案例

章节名称

第12章“三相正弦稳态电路”第1节：三相电路。

课程目标

一、知识目标

（1）应用电磁学概念理解抽象的电磁问题，掌握建立工程电路模型的一般方法。

（2）掌握直流电路的各种分析方法。

（3）应用微积分和微分方程理论，掌握暂态过程的时域分析方法，理解暂态过程基本规律。

（4）应用复数理论分析正弦稳态电路，掌握正弦交流稳态电路的各种分析方法。

（5）掌握基于傅里叶级数的非正弦稳态电路分析方法。

二、能力目标

（1）通过对复杂电路的分析计算，提高分析计算能力、知识综合运用能力、抽象思维和逻辑思维能力。

（2）初步具备应用基础理论解决复杂工程问题的能力。

课程负责人：杨勇。

课程组成员：袁芳、曹娟、何仁平、占萌、袁召、陈曲珊、艾小猛、刘大伟、陈昌松。

执笔人：杨勇。

(3) 能够运用科学原理和科学方法认识问题、分析问题和解决问题,能够综合运用所学知识、技能和方法提出新观点、新方法。

三、价值目标

(1) 应用电路理论的基本概念与基本方法,分析各类工程电路问题,并能归纳出一般方法。理解电路理论与电气工程领域的内在关联,激发进一步探索电气工程领域的兴趣。

(2) 充分发挥"电路理论"课程在通识课程和专业课程之间的衔接作用,培养学生的科学精神,提高学生正确认识问题、分析问题和解决问题的能力;通过科学思维训练和科学伦理教育,培养学生探索未知、追求真理、勇攀科学高峰的责任感和使命感。

(3) 强化工程伦理教育,培养学生精益求精的大国工匠精神,激发学生科技报国的家国情怀和使命担当。

教学内容

(1) 电能的生产、传输、分配和使用广泛采用三相制,其使用的电路称为三相电路。电气工程专业培养电能生产、传输、分配和使用过程中各种电气设备和系统的设计、制造、维护、测量和控制方面的专业人才,须使学生掌握三相电路基本内容。非电气工程专业的工程技术人员也须掌握分析简单三相电路的基本方法。

(2) 三相电路课程内容通常用 4 个学时,分 2 次课讲授。本教学案例来自第一次课程,主要介绍三相电路的基本知识和对称三相电路的初步计算方法。第二次课主要介绍不对称三相电路的计算方法和三相电路功率的测量与计算。

思政素材

(1) 我国电力系统经历了从无到有,再到装机容量、电压等级跃居世界第一的过程。目前,我国的发电装机容量已突破 20 亿千瓦,预计 2030 年将达到 30 亿千瓦,相当于每年新建一个英国电力系统。

(2) 在国内科研团队几十年如一日的技术攻关下,三峡工程得以使用拥有完全自主知识产权的三相水轮发电机组,使我国成为世界水电设备制造强国。

思政元素

(1) 通过介绍我国电力系统从无到有，再到装机容量、电压等级跃居世界第一的过程，展示新中国建设成就，培养学生的爱国主义情怀，增强学生的民族自信。

(2) 在肯定我国电力系统取得巨大发展成就的同时，指出我国目前单位GDP耗电量远高于世界平均水平。"高能耗、高排放、高污染、低效率"的增长方式无法持续，资源的合理配置和集约利用已成为实现经济高质量发展的必然要求，引导学生关注习近平总书记提出的"人类命运共同体"理念，关注能源绿色低碳转型，助力"双碳"目标实现。

(3) 请学生思考20世纪初爱迪生提出的直流输电系统为何被威斯汀豪斯提出的交流输电系统取代，21世纪初我国的直流输电系统又如何得到跨越式发展，引导学生历史地、辩证地看待问题。

教学安排

一、课前预习

请学生课前阅读教材相关内容，观看中国大学MOOC"电路理论"课程相关章节，熟悉基本内容，思考相关问题。

二、导入新课

简要回顾上节课所讲内容，借助目前世界各地电力系统广泛采用三相制的事实引出三相电路话题，向学生展示本节课程内容(图1)和学习目标。

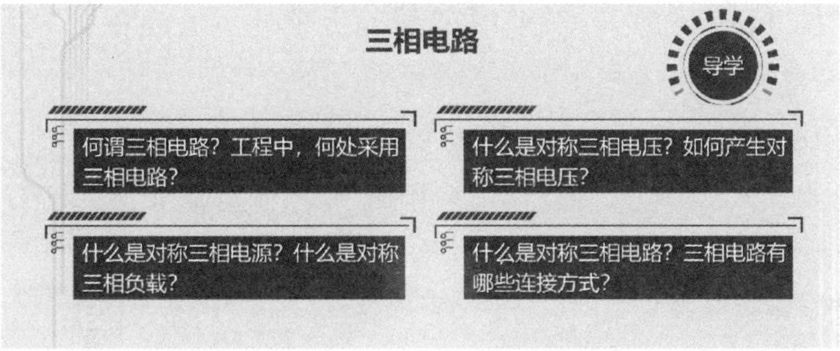

图1 "三相电路"课程内容

三、讲授新课

1. 主要民用电线制及其优缺点

我国主要采用三相四线制、三相五线制，美国、日本主要采用单相三线制，欧洲主要采用三相四线制、三相五线制。

用实例说明为何很多从美国、日本购买的电器无法在中国直接使用。通过理论联系生活，激发学生的兴趣。

2. 新中国成立后我国电力行业的巨大发展

播放视频，展示 1901—2016 年世界各国发电量对比，指出我国目前发电装机容量已突破 20 亿千瓦，预计 2030 年将达到 30 亿千瓦，每年新建装机容量相当于一个英国电力系统，从而展示新中国建设成就，培养学生的爱国主义情怀，增强学生的民族自信。

同时通过分析相关数据，引导学生辩证地看待问题，关注我国单位 GDP 能耗高于西方发达国家的客观事实，引导学生关注电气工程与社会可持续发展的关系。

3. 三相电机

播放三相电机原理视频，增强课堂的趣味性，激发学生的兴趣，牢牢抓住学生注意力。教师结合视频，将理论与实际相结合，讲解三相电机的特性和应用场合。

课堂思考题:为什么使用三相电机？能不能使用六相电机、十二相电机？它们与三相电机相比有什么优势和劣势?

延伸介绍国内科研团队几十年如一日开展技术攻关，打破国外垄断，自主研发三峡工程三相水轮发电机组，使我国成为世界水电设备制造强国，激发学生科技报国的信念。

4. 三相电中相电压/线电压、相电流/线电流的关系

本活动采用 PPT 演示、提问讨论、启发互动等教学手段(图 2)，使学生通过实践找出问题所在，以问题为引导，激发学生的兴趣，调动学生的积极性，为接下来的授课做好铺垫。

5. 随堂测评

在线实时随堂测评，共 5 题，每题 2 分，计入平时成绩(图 3)。学生通过手机扫码答题，加深知识理解，测试教学效果。教师根据后台数据，可实时掌握

学生对知识点的理解情况，从而及时调整后续讲课策略，实施精准教学。

图 2　学生分组讨论

单选 (2分)

图示对称三相电路中，$\dot{U}_{AB}=220\sqrt{3}\angle 0^\circ V$，$Z_L=(120+j120)\Omega$，$Z_l=(4+j4)\Omega$，计算电源线电流$\dot{I}_A$。

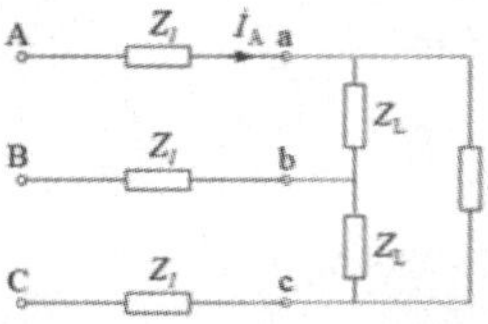

A. $2.5\sqrt{2}\angle -75^\circ A$

B. $2.5\sqrt{6}\angle -45^\circ A$

C. $2.5\sqrt{2}\angle 75^\circ A$

D. $2.5\sqrt{6}\angle -75^\circ A$

图 3　随堂测评样题

6. 电源端和负载端连接方式转换与对称三相电路计算

三相电路的电源端和负载端的连接方式有星形—星形、星形—三角形、三角形—星形、三角形—三角形四种方式。引导学生利用等效的概念，把其他连接方式都转化为星形—星形连接方式。通过案例，展示星形—星形连接方式在计算三相电路时的优点。

设计互动环节，展示对称三相电路案例，让学生上台分析可行的计算方式,并加以点评(图 4、图 5)。通过对对称三相电路电源端和负载端中性点的讲解,引出对称三相电路分相计算的方法。

图 4　学生上台分析可行的三相电路计算方式

图 5　教师点评

7. 引出下节课教学内容

现实生活中出现对称三相电路的情况是很少的。通过对不适合分相计算的三相电路的讨论,引入非对称三相电路的概念,以及为解决非对称三相电路所带来的问题而采用三相四线制的原因(呼应本节课开始时的内容)。

四、布置作业

完成线上 MOOC 单元测验(客观题)和线下单元作业(主观题)。

思考:20 世纪初爱迪生提出的直流输电系统为何被威斯汀豪斯提出的交流输电系统取代? 21 世纪初中国的直流输电系统又如何得到跨越式发展? 如何历史地、辩证地看待交流输电与直流输电之间的竞争?

以讨论小组为单位,通过查找资料,讨论交流输电和直流输电各自的优劣，阐述自己的观点，并提交不少于1000字的报告。

特色和创新点

1. 以线上线下混合教学，打造个性化、探究式学习模式

通过课前线上学习，将学习主动权交还学生，利用后台大数据跟踪学生学习情况，动态调整教案。线下课堂致力于营造探究式学习氛围，通过解构重大科研问题进行探究研讨，提升课程挑战度。结合当代大学生的学习特点，在课后线上答疑时采用弹幕、短视频、扫码答题等互动形式，打造和谐融洽的学习氛围，激发学生内生动力，促进学生实现知识内化。

2. 以一流学术引领一流教学，提升课程"两性一度"

依托学科优势，以一流学术引领一流教学，将团队教师承担的国家重大科研项目、学科前沿工程和科学热点问题与理论方法演绎相结合，在专业基础课中系统提升课程"两性一度"(高阶性、创新性、挑战度)，提升学生解决复杂问题的综合能力，培养学生的科学思维、工程思维和探究精神。

3. 完善课程内容，系统性设计让思政教育无缝切入、贴近学生

全面梳理电路理论体系中的思想价值和精神内涵，结合课程内容进行系统性设计，紧扣知识点巧妙设计思政点，通过发掘身边的时事热点和相关的科研故事等多元化教育资源，建设思政素材库，打造知识性与价值性、科学性与人文性相统一的专业基础教育课程。

效果体现

本课程常年受到学生好评。最近的学期里，团队全体教师教学平均分为94.55分(满分95分)。课程负责人连续3年获得全院最高教学评分，取得2020年校教学最高奖"课堂教学卓越奖"，获评2021年国家级课程思政教学名师。

课程组关注学生的学习体验，通过统计学生的课堂参与度、答题正确率、考试成绩等情况检验教学成效。数据表明：混合教学提升了师生互动性，学生对学习更加投入，95%以上的学生加深了电路理论认知，提升了工程思维，并表达了强烈的使命感和责任感。

经过多年实践改革，本课程形成了特色鲜明的知识习得、能力养成和价值

塑造一体化的教学模式,2018 年荣获国家级教学成果奖,2020 年入选首批国家级线上一流本科课程,2021 年入选首批国家级课程思政示范课程;建成一支思想过硬、常学常新的课程团队,团队获评 2019 年湖北省优秀基层教学组织、2021 年国家级课程思政教学团队。

电气与电子工程学院“电气工程实验规范”课程思政案例

章节名称

第 4 章“触电急救规范”。

课程目标

一、知识目标

(1) 概述人体心脏的解剖结构、生理功能和电生理特性，心脏骤停的定义，触电导致心脏骤停的病理。

(2) 描述人体触电后的临床表现。

(3) 解读现场救护的定义，触电事故现场紧急救护的基本原则、步骤和方法。

(4) 概述心肺复苏术（cardiopulmonary resuscitation，CPR）的定义、适用范围和操作流程。

(5) 讲述自动体外除颤器（automated external defibrillator，AED）的功能、操作方法，以及公共场所 AED 设置与管理规范。

(6) 解读现场生命救援适用法律条款和法律条款的制定背景。

二、能力目标

(1) 辨识触电后的临床表现，并判断生命体征的异常。

课程负责人：尹仕。

课程组电气与电子工程学院成员：邓春花、徐琛、徐慧平、肖波、冯学玲、石丹。

课程组校医院成员：杨帆、马娟娟、於小雪、杨睿。

执笔人：邓春花。

(2) 设计和应用规范的触电急救处理流程。

(3) 实施 CPR 操作,评估他人 CPR 操作的规范性,并通过校医院 CPR 操作考试。

(4) 根据语音提示操作 AED 训练机,搜寻和展示学校 AED 放置位置平面图。

(5) 将触电急救课程中培养的能力、素质和技能进行迁移,主动了解和学习其他救护知识,如对外伤、骨折、溺水、气管异物、食物中毒和传染性疾病等的救护。

三、价值目标

(1) 树立参与急救的信心,具备社会责任感和关爱他人的情感素质。

(2) 领会急救伦理,给予他人力所能及的帮助,直面急救事故而不逃避公民急救责任。

(3) 评估与管理急救风险,面对各种突发或意外情况,能迅速反应,准确判断,正确决策,做到理性而不莽撞,并能保护自己合法权益不受到伤害。

(4) 养成规范参与急救的习惯。

教学内容

(1) 人体触电的生理与病理。学生以小组为单位,以情景剧形式解释人体心脏的解剖结构、生理功能及电生理特性,心脏骤停的定义,触电导致心脏骤停的病理。教师评价和优化学生团队情景剧表演内容和形式。

(2) 人体触电的临床表现和生命体征判断。学生以小组为单位,以情景剧形式呈现人体触电后的临床表现和生命体征。教师评价和优化学生团队情景剧表演内容和形式。

(3) 触电急救与心肺复苏术。学生以小组为单位,以情景剧形式解释触电事故现场紧急救护的基本原则、步骤和方法,心肺复苏术的定义和适用范围。教师评价和优化学生团队情景剧表演内容和形式。

(4) 有/无 AED 的心肺复苏术操作流程。学生以小组为单位,以情景剧形式表演有/无 AED 的心肺复苏术操作流程。教师评价和优化学生团队情景剧表演内容和形式。

(5) 急救伦理与评估、管理急救风险。学生以小组为单位,以情景剧形式表演心肺复苏术施救者救/不救患者的心理思考与行为。教师评价和优化学生团队情景剧表演内容和形式。

(6) CPR操作练习。医生借用培训教具演示并讲解CPR操作流程，学生操作CPR培训教具，医生指导学生操作规范，学生结对操作练习与互评。

(7) CPR操作考核。学生到校医院CPR培训室参加CPR考核。

思政素材

公众的急救意识、急救水平和在现场进行自救互救的能力是一个国家社会发展程度的重要标志。中共中央、国务院于2016年印发的《“健康中国2030”规划纲要》和健康中国行动推进委员会于2019年发布的《健康中国行动(2019—2030年)》中都强调，大力开展急救科普教育，提高中华民族的急救素养，是实现健康中国宏伟蓝图的重要举措。

电力行业作业存在高危风险，课程通过列举一些因操作不当发生的实际事故案例，强调具备急救技能是从业人员职业素养的重要组成部分。因此，面向电气专业全体本科生开设“电气工程实验规范”必修课程，将“触电急救规范”内容纳入课程之中具有重要的现实指导意义。

课程邀请校医院医生分享校内发生的真实急救案例，让学生认识到生命的脆弱和宝贵，认同现场急救的重要性。通过医生们的操作示范，并辅以实际的操作练习，让每一位同学都具备基本的急救知识和技能，并因此拥有参与急救的勇气和信心。

思政元素

(1) 通过触电急救规范教育，增强学生自我保护意识，提升学生处置突发事件的心理素质，进一步增强学生自愿参与现场救护的意识和能力，让学生在敬畏自然、珍惜生命的同时肩负起应有的社会责任。

(2) 通过学习生命救援适用法律条款、紧急救护的基本原则和相关设备的管理规范，引导学生树立紧急救护的规范意识和法律意识，在面临突发事件时既能有条不紊地实施急救措施，避免造成二次伤害，又能保护自己的合法权益不受到伤害。

教学安排

一、课前学习任务

(1) 阅读“触电急救规范”讲义和课件，观看心肺复苏操作视频，并完成以下学习任务(共100分)。

a. 解释反应阈、感知阈、摆脱阈和心室纤维性颤动阈四个电流阈值的含义,说明50Hz交流条件下,各阈值分别是多少。(10分)

b. 概述人体心脏的解剖结构、生理功能和电生理特性,心脏骤停的定义,触电导致心脏骤停的病理。(15分)

c. 描述人体触电后的临床表现。(15分)

d. 概述现场救护的定义,触电事故现场紧急救护的基本原则、步骤和方法,设计触电急救处理流程(流程形式采用框图式结构)。(15分)

e. 概述心肺复苏术的定义、适用范围和操作流程。(15分)

f. 描述自动体外除颤器的功能、操作方法,以及公共场所AED设置与管理规范(规范描述是章节式的,而非细节式的。知道设置规范,就可以依据规范寻找AED)。(15分)

g. 描述现场生命救援适用法律条款和法律条款的制定背景。(15分)

(2) 各小组依据各自情景表演任务及评价量表,进行任务情景表演设计(设计任务须课前完成),情景演示的形式、角色设定(每位成员都要扮演相应的角色,都有出场说话/表演的机会)和场景的布置皆须自行规划。

二、课堂时间安排

(1) 课程介绍:5分钟。

(2) 小组任务情景表演:20分钟(每组3~4分钟)。

(3) 教师评价与优化学生团队的表演形式和内容:15分钟。

(4) 医生进行现场急救的操作示范:10分钟。

(5) AED和心肺复苏操作练习与指导:40分钟。

三、课堂情景表演任务及其评价

各小组依据组号确定主题任务,通过情景表演的方式展示以下主题内容。

主题A(人体触电的生理与病理):人体心脏的解剖结构、生理功能及电生理特性,心脏骤停的定义,触电导致心脏骤停的病理。

主题B(触电后的临床表现):人体触电后的临床表现及生命体征判断。

主题C(触电急救与心肺复苏术):触电事故现场紧急救护的基本原则、步骤和方法,心肺复苏术的作用与适用范围。

主题D(使用CPR、AED):人体触电后,有/无AED的心肺复苏术操作流程。

主题 E(急救伦理与评估、管理急救风险)：思考当发现有人倒地时，你是否会马上冲上去进行施救，概述施救者的责任及风险。

表 1 展示了“电气工程实验规范”课程小组情景表演评价量表。

表 1 “电气工程实验规范”课程小组情景表演评价量表

维度	典范	合格	有待改善
认知 60%	A1　能紧扣任务设计情景，情景设计逻辑清晰； A2　情景演示内容涵盖全部要求，并有所拓展； A3　情景演示流畅、真实、生动有趣； A4　团队成员能详细、精确地解答所有问题； A5　主动讲述情景设计思想和过程，设计有特色； A6　主动说明团队成员分工和各自的贡献，并对此次情景演示有过帮助的人或机构表达感谢	B1　能紧扣任务设计情景，逻辑性有瑕疵； B2　情景演示内容涵盖全部要求，未拓展； B3　情景演示流畅、真实、趣味不足； B4　团队成员能自如应答所有问题，答案的精准性略有欠缺； B5　主动讲述情景设计思想和过程，设计无特色； B6　主动说明团队成员分工和各自的贡献，有遗漏	C1　未能紧扣任务进行情景设计； C2　情景演示内容未涵盖全部要求，有遗漏； C3　情景演示不流畅、虚假空洞； C4　团队成员仅能回答部分问题或一些初级问题； C5　未主动讲述情景设计思想和过程； C6　未主动说明团队成员分工和各自的贡献
表演 40%	A7　演员说话清晰，声调和音质随情景而变化，且变化得当； A8　演员使用了富于表现力、适当的身体语言； A9　演员在规定的时间内完成任务，或超时 1 分钟以内； A10　演员道具的选择和使用满足情景演示的需要	B7　演员说话清晰，声调和音质未随情景而变化； B8　演员的身体语言不存在显著偏差，但缺乏感染力； B9　表演时间超时，超时时间可接受； B10　演员使用了道具，但有些手忙脚乱，尚未偏离演示内容	C7　演员说话含糊不清，以至于影响理解； C8　演员心不在焉、僵化刻板，不注重观众或者使用严重偏离演示内容的身体语言； C9　演员使用的时间太多； C10　演员未使用道具，或选择道具不当，以至于偏离了演示内容

四、课堂CPR、AED操作练习

(1) 操作规范指导。以小组为单位(2人一组),依据“单人徒手心肺复苏术操作练习指南”(表2),每人轮流操作给医生和同伴看,并接受医生指导(图1、图2)。

(2) 小组练习。每组进行3个操作循环练习(1个操作循环即5组“30:2”,1组“30:2”表示连续按压30次后做2次人工呼吸。1人操作,1人评价,轮流执行)。

(3) 组间合作。依据“单人徒手心肺复苏术操作练习指南”,一个小组对另一小组的心肺复苏术操作进行评价,并将问题反馈给对方。

表2 单人徒手心肺复苏术操作练习指南

维度	操作内容及步骤
现场处理(20%)	A1 评估现场抢救环境的安全性。从左到右、从上往下观察判断周围环境安全,大声报告“周围环境安全”。 A2 判断患者意识。抢救者快步跑到患者身边(跪于患者身体右侧,左腿与患者双肩平齐,双腿分开与双肩等宽),用双手轻拍患者双侧肩部,大声在患者两侧耳边呼喊:“先生/女士,您怎么了?”(患者没反应,则)大声说:“病人没意识!” A3 呼叫。大声喊:“快来人抢救病人!快拿AED(除颤仪)!”呼叫同伴或路人拨打“120”,大声说:“现在时间是……(发现及开始抢救时间)” A4 检查患者颈动脉及呼吸。用食指和中指指尖触及患者气管正中部(相当于喉结的部位),划向近侧/对侧颈动脉搏动处(同时脸靠近患者口鼻听呼吸音并感受呼气,双眼斜视患者胸部有无起伏)不超过10秒(判断6秒,默数1001、1002、1003、1004、1005、1006),判断后大声说:“无搏动!无呼吸(或呼吸异常)!”
胸外按压(40%)	B1 口述:“颈动脉搏动消失,立即实施胸外心脏按压!” B2 使患者仰卧,身体无扭曲,注意颈椎保护,解开紧身衣扣,松裤带。 B3 按压部位为两乳头连线中点,或胸骨中下1/3交界处。 B4 按压方法。一手掌根部紧贴按压部位,另一手重叠其上,指指交叉,双臂伸直并与患者胸部呈垂直方向,用上半身重量及肩臂肌力量向下用力按压。按压时,肘关节不能弯曲,力量要均匀、有节律,按压频率为100~120次每分钟,按压幅度为胸廓下陷5~6厘米,按压和放松时间各占50%,放松时使胸骨恢复到按压前的位置,且双手不要离开胸壁。 B5 按压5个周期,每一个周期30次,按压时小声数1至24,大声数25、26、27、28、29、30(按压时双眼要关注患者面色变化)

续表

维度	操作内容及步骤
畅通气道（10%）	C1　畅通气道。检查颈部无损伤，将患者头偏向一侧，清除口、鼻、咽污物，取下活动义齿，观察口腔后，报告“口腔无异物”。 C2　打开气道。仰头举颏法，一手掌根置于患者的前额，向后方施加压力，另一手中、食指向上向前托起下颏，使患者口张开
人工呼吸（20%）	D1　患者口上垫纱布，用按于前额手的拇、食指捏紧患者鼻孔。患者平静吸气后，将患者的口完全包在操作者的口中，连续吹两大口气，用一定力量将气吹入直到患者胸部上抬。一次吹气完毕后，松手，离口，面向胸部观察患者胸部有无向下塌陷，紧接着做第二次吹气（一次吹入气量500～600ml，吹气时间长于1秒） D2　胸外按压与呼吸次数比例为30∶2，操作5个循环后（以心脏按压开始，以送气结束），再次判断颈动脉搏动及呼吸（10秒钟以内完成），判断后大声报告“呼吸脉搏恢复，抢救成功”，进行进一步生命支持 注：复苏的有效指征为瞳孔缩小、对光反射恢复，自主呼吸恢复，口唇及肤色转红润，大动脉搏动恢复，收缩压大于60mmHg
整体评价（10%）	E1　关心、体贴患者。 E2　操作动作轻柔、准确，避免造成损伤。 E3　操作熟悉，速度和节奏适当，动作协调

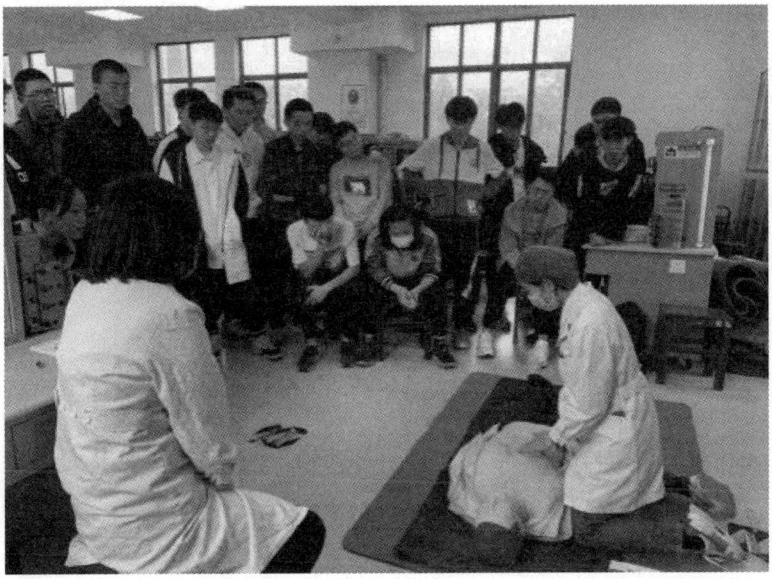

图1　医生在电气学院实验室演示、讲解CPR操作

图 2　学生在电气学院实验室进行 CPR 练习

五、课后任务

(1) 学生以班为单位到校医院进行 CPR 操作练习和考核,成绩 80 分以上合格,不合格者要重新练习和考试,直到通过为止(图 3)。

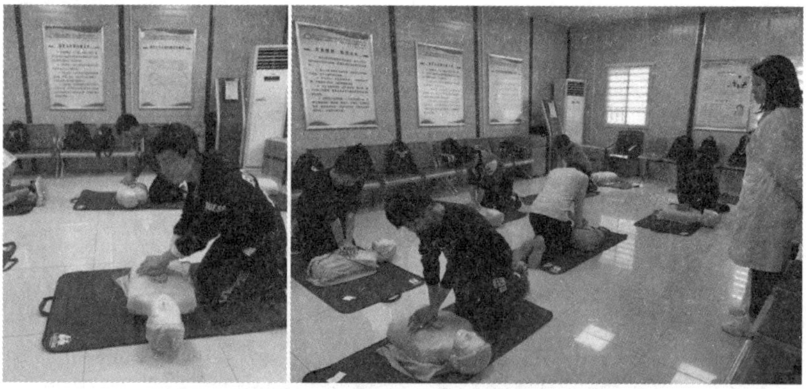

图 3　学生在校医院 CPR 培训室开展 CPR 练习与考试

(2) 登录校园网,查找校内 AED 急救设备的分布点。

(3) 以小组为单位完善并提交情景演示任务剧本。

(4) 学生个体按以下指引进行学习反思。

a. 你从"触电急救规范"中学到了哪些关键的信息或观点?

b. 你将如何使用 CPR 技能?

c. 使用 CPR 技能时,你将如何规避法律风险保护自己?

d. 你将如何迁移从触电急救课程中培养的能力、素质和技能？

e. 你对“触电急救规范”教学单元再设计有什么意见与建议？

六、教学评价

学生在“触电急救规范”教学单元中的学习成绩由课前学习成果成绩、小组情景表演成绩和单人徒手心肺复苏术考试成绩三部分组成，成绩占比为4∶3∶3。

特色和创新点

一、特色

(1) 情景表演营造沉浸式急救体验。设置多种代表性急救场景，通过情景表演方式让学生深度参与，引发学生对急救场景的辨析、对急救策略的取舍、对急救伦理的思考，提升学生的知识技能，培养学生的情感道德。

(2) 课堂教学与实操考试相结合。学生需要在医生课堂上接受医生的CPR实操指导，并以小组为单位开展CPR实操练习，再到校医院进行CPR操作练习和考核，以保证掌握一定的急救知识和技能。

二、创新点

(1) 急救培训纳入专业培养计划。将“电气工程实验规范”课程纳入电气工程专业培养计划，将“触电急救规范”教学单元视为课程建设重要内容，以保障学生的急救意识和能力的培养。

(2) 急救常态培训与专业培训相结合。向非医学专业学生开展现场急救知识和技能的系统化、常态化培训，围绕电类高发危险事故，以触电急救与心肺复苏术作为培训重点，以校医院医生和专业教师组成“双师”制教师队伍，实现针对专业的常态化系统化急救培训。

(3) 技能提升和价值养成相结合。在传授学生急救安全知识和技能的同时，强化学生的急救意识和安全意识，深刻理解急救黄金时间的价值，学会担当社会责任，能够给予他人力所能及的帮助，并提升应对突发事件与意外伤害事故的应急救援和自救互救的能力与信心。

效果体现

依据学生在各环节的学习状态和学生课后的反思成果，课程组对学生的学习效果有如下了解。

一、知识层面

学生能够描述人体心脏的构成及工作机理、触电导致心脏骤停的病理及临床表现,掌握触电现场急救的原则、步骤和方法,了解CPR、AED适用范围和操作流程,懂得尊重和保护患者隐私的意义。

二、技能层面

学生能够判断触电者的生命体征并能设计触电急救处理流程,能够应用和评估CPR操作规范,能够根据语音提示操作AED训练机,能够评估CPR急救风险,并能迁移CPR操作技能和素质以应对其他急救需求,养成规范参与急救的习惯。

三、价值层面

2021级本硕博班张新蕾同学反馈,触电急救原则是迅速、就地、准确、坚持,其实这也是我们在生活中遇到各种突发事件时应该做到的。“迅速”和“就地”反映了一个人面对突发事件的决策能力,突发事件不允许我们有很多时间去思考,所以我们平时就要注意锻炼自己快速决策的能力。“准确”反映了一个人对知识的掌握程度和应用知识的严谨性,我们从初学某种知识起就应该抱以严谨的态度,而不应该敷衍了事。“坚持”这个原则在各个领域都适用,这与责任感有关联,无论做什么事,肩上都或多或少地被赋予了一些责任,都应该做到善始善终。

2021级本硕博班张炯同学反馈,面对有人触电倒地,选择救或不救是一个道德层面的问题。也许有人觉得自己技艺精湛可以救人,但也有人会犹豫,万一自己操作不当急救失误怎么办。这个矛盾从根本上指向我们自身对触电急救知识的掌握和应用程度。是否掌握坚实的急救知识并能将其用于实际是我们能否救人的关键,其次才是想不想救的问题。一个人即使技艺高超,但如果没有助人为乐之心也是毫无价值的。因而我们需要培养帮助他人的意识,要有以帮助他人为己任的胸怀,如此便不再有救与不救的问题,学生有的只是一颗拳拳救人之心。

2020级学生陈晨宇在反思报告中写道:“除了学会了技术外,我认为最重要的是我的急救观念有了很大的改变。过去我总是认为救人是专业医护人员的工作,我们这些普通群众应该尽自己的努力帮助患者迅速就医,但从未想过亲自对患者进行救助。直到今天学习了急救知识，我才知道，在病人猝死后的四分钟内是救助病人的黄金时间，在这段时间内对病人进行及时的心肺复苏，病人有超过百分之五十的存活率。但是专业的医护人员在绝大多数情况下都无法在这四分钟内赶到现场，这时候就需要周围人及时予以施救。因此，掌握心肺复苏术是很有必要的。”

光学与电子信息学院“半导体物理”课程思政案例

章节名称

第 10 章“半导体的光热电特性”第 4 节：半导体的光生伏特效应。

课程目标

一、知识目标

(1) 熟练掌握光生伏特基本概念。

(2) 了解太阳能电池主要性能参数：转换效率(η)、短路电流密度(J_{sc})、开路电压(V_{OC})、填充因子(FF)。

(3) 理解光生伏特效应的物理过程。

(4) 了解太阳能电池的主流技术。

二、能力目标

(1) 掌握太阳能电池光态和暗态能带图画法。

(2) 利用能带图分析光生电动势的产生，以及相关的光生伏特效应的伏安特性曲线。

(3) 理解 J_{sc} 和 V_{OC} 随光强的演变曲线。

(4) 了解太阳能电池的结构。

(5) 依据不同应用领域的太阳能电池类型，了解提高转换效率的可行性策略。

三、价值目标

(1) 培养创新发展的价值观。通过展示我国太阳能电池技术从无到有，

课程负责人：姜胜林。

课程组成员：刘欢、罗风光、宋海胜、张光祖、王鸣魁。

执笔人：宋海胜。

从跟跑到领跑的发展历程，体现我国科技工作者在太阳能电池领域艰苦奋斗、勇于创新的精神。

(2) 培养绿色发展的社会责任感。“双碳”目标的提出体现了我国坚持绿色发展和可持续发展的理念，充分彰显了我国的大国担当和责任感。

(3) 增强民族自信心和凝聚力。通过持续夯实我国太阳能电池研究和应用在国际上的领先地位，增强民族荣誉感和自豪感。

(4) 认同独立自主的行业发展策略。坚定发展适合我国自身特色的半导体行业振兴之路。

教学内容

本课程主要介绍光生伏特效应：讲解太阳能电池关键参数如转换效率(η)、短路电流密度(J_{sc})、开路电压(V_{OC})、填充因子(FF)的定义和相关公式，示范太阳能电池光态和暗态能带图的画法；辨析太阳能电池涉及的4种电流——短路电流、正向电流、暗电流、负载电流的区别和联系；结合短路电流密度和开路电压的产生机制，从机制和公式两个角度重点讲解它们对光强的依赖关系的差别；概述太阳能电池主要制造工艺流程和技术。

其中，重难点内容包括：光生伏特效应的物理机制；太阳能电池中非平衡载流子的产生、复合和对外作功的物理过程；短路电流密度和开路电压对光强的依赖关系；太阳能电池与PN结之间的联系；太阳能电池在能源供给中的现状和发展前景。

思政素材

一、坚持独立自主、创新发展的道路

如2000年于西安创立的隆基绿能科技股份有限公司，在短短十数年间便成长为太阳能光伏领域的龙头企业，这与其一贯坚持自主研发、创新发展密不可分。隆基公司坚持走创新发展道路，先后研发了金刚线高效切割技术，薄片化制造技术，大装料、高拉速、多次拉晶技术，低衰减、高效能单晶硅棒制造技术等，以一己之力推动行业技术持续更新迭代，促进单晶度电成本快速下降。其发展经验有助于激励学生认识到技术创新的强大生命力，建立创新思维意识。

二、中国制造不断发展

以光伏行业为例,光伏行业在我国历经了多年规模化发展,已逐渐成长为年均产值超过4000亿元的新能源产业,并逐步达到了产业规模全球第一、生产制造全球第一、技术水平全球第一和企业实力全球第一的全面领先水平,成为我国在国际上具有主导优势的战略新兴产业。在当前疫情背景下,我国光伏产量逆势增长,展现了我国光伏人在困难面前迎难而上的奋斗精神。此外,世界排名前十位的太阳能电池公司中,有8家来自中国,这一产业现状有利于增强学生对中国制造的自信。

三、坚持绿色发展理念

2016年12月印发的《"十三五"能源规划》提出,到2020年将非化石能源消费比重提高到15%以上,天然气消费比重力争达到10%,煤炭消费比重控制在58%以下。同一时期发布的《能源生产和消费革命战略(2016—2030)》则进一步明确了我国能源革命的战略目标,如在2021—2030年期间使非化石能源占能源消费总量比重达到20%左右,二氧化碳排放在2030年左右达到峰值并争取尽早达峰等。相关能源战略目标的制定体现了我国在国际上的大国担当和责任感,有助于学生在思想上树立重视生态、着眼未来的发展理念。

思政元素

(1)讲述我国半导体物理奠基人黄昆、谢希德等先驱为我国半导体物理发展做出的杰出贡献,激励学生艰苦奋斗、为国争光。

(2)阐释"绿水青山就是金山银山"的发展理念、碳达峰碳中和的发展目标等,展现中国特色社会主义的高度自信和担当。

(3)介绍我国太阳能电池从无到有,再到领先世界的发展历程,激发学生的爱国热情和科技强国的信心。

教学安排

一、课堂导入(2分钟)

播放单晶硅太阳能电池的发电原理短视频。

二、开篇(3分钟)

提问:在我们身边的哪些应用领域中,学生见过太阳能电池呢?

以提问引导的方式让学生对身边太阳能电池的应用领域进行感性思考，然后用PPT展示太阳能路灯、太阳能屋顶、卫星太阳能板、月球车供能等示范性太阳能电池应用。

提问：为什么发展太阳能电池？我国的太阳能电池发电量和太阳能电池的制造能力如何？

引导学生思考、总结出太阳能电池的优势。用PPT展示世界各国太阳能电池发电量和生产量数据，从而引出我国是太阳能电池生产大国和消费大国，体现我国重视生态良性发展的可持续发展理念。

三、课程重点内容讲解(38分钟)

(1) 借助PPT讲解光生伏特效应，启发学生回忆前面章节中的PN结知识点，如PN结的伏安特性曲线和肖克莱方程。接着讲解光生伏特与PN结在物理场景上的异同，借助PPT讲述微观机制上载流子产生、分离和做功的3个主要过程。

(2) 为加深学生对光生伏特效应物理场景的印象，再次邀请学生观看单晶硅太阳能电池的发电原理短视频

(3) 在黑板上画出暗态PN结的能带图。

(4) 画出光照条件下的PN结的能带图(图1)。

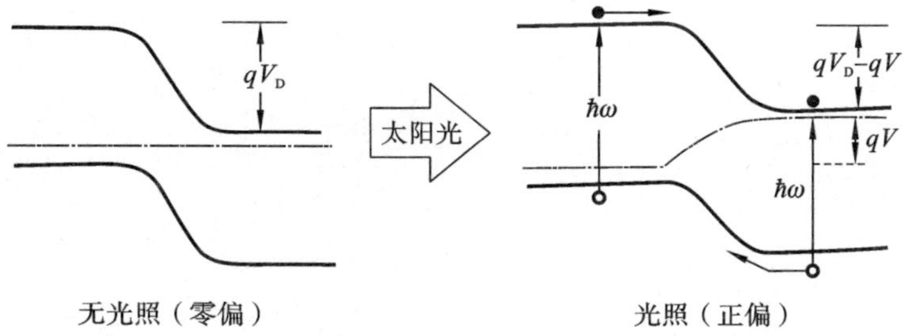

图1 PN结在有、无光照条件下的能带图

(5) 结合太阳能电池的发电原理动画短视频和能带图讲述光生电动势的产生，回忆前面非平衡载流子、准费米能级等知识点在此处的应用。开路时电子和空穴的准费米能级之差即为光生电动势。

(6) 通过PPT动画形式讲解太阳能电池的两种极端情况：开路和短路状态下的电压和电流。讲解其在光照驱动下的光生载流子产生和积累载流子的微观机制(图2)。

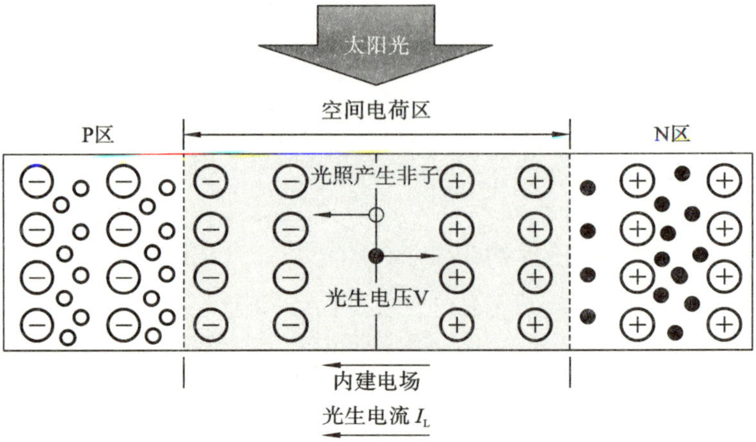

图 2 光生伏特效应动画截图

(7) 引导学生由极端状况外推到一般情况下的太阳能电池负载电流公式：

$$I = I_L - I_D = I_L + I_s(1 - e^{\frac{qV}{K_s T}}).$$

(8) 通过 PPT 动画展示三种电流(I, I_L, I_D)产生的微观机制。

(9) 再次利用太阳能电池负载电流公式，结合 PPT 动画讲述开路电压和短路电流，增强学生的理解和记忆。

(10) 讲解太阳能电池的填充因子、光电转换效率等概念。

(11) 依据太阳能电池的光态伏安特性曲线(图 3)，讲述其核心器件参数的抽取和简单计算。

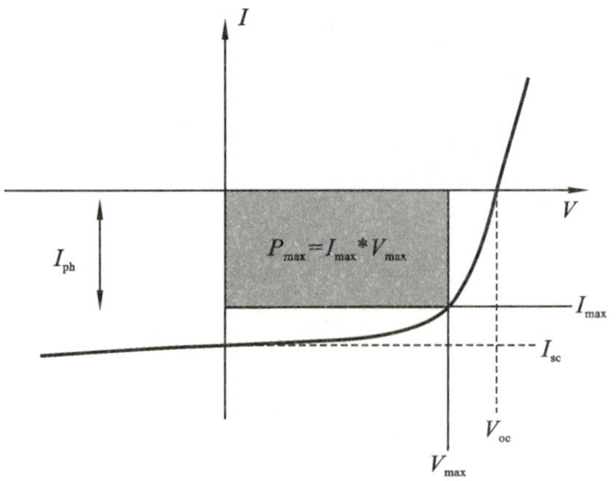

图 3 太阳能电池的光态伏安特性曲线

(12) 引导学生思考短路电流和开路电压随光强的演变关系(图 4)。

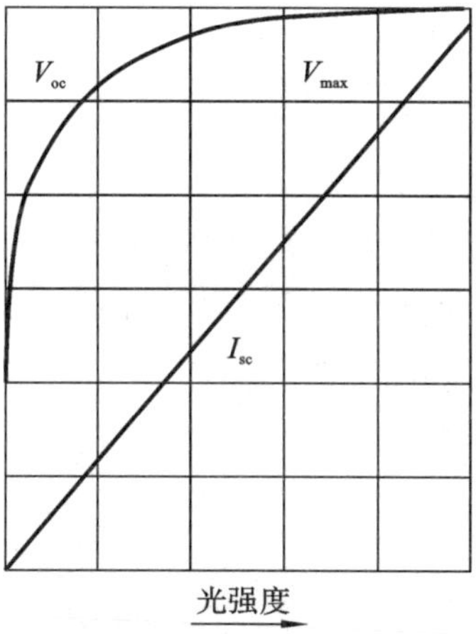

图 4 太阳能电池的短路电流和开路电压对光强的依赖性

(13) 结合短路电流和开路电压的微观物理机制，启发学生思考短路电流密度和开路电压随光强变化的演变关系。

(14) 结合公式讲解如下演变关系：光强增大→V_{OC} 增大→PN 结正偏增大→耗尽区减小。

(15) 介绍光生伏特效应的应用和太阳能电池的研究状况，引导学生坚持绿色环保的可持续发展理念，不断创新进取，为振兴我国半导体行业而不懈奋斗。

四、课程结束前的拓展(2 分钟)

(1) 介绍华中科技大学武汉光电国家研究中心发表的 *Science* 论文(图 5)。

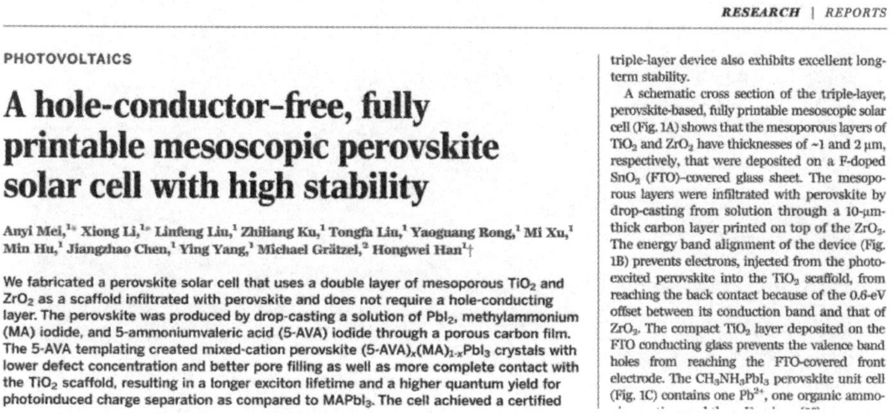

RESEARCH | *REPORTS*

PHOTOVOLTAICS

A hole-conductor-free, fully printable mesoscopic perovskite solar cell with high stability

Anyi Mei,[1*] Xiong Li,[1*] Linfeng Liu,[1] Zhiliang Ku,[1] Tongfa Liu,[1] Yaoguang Rong,[1] Mi Xu,[1] Min Hu,[1] Jiangzhao Chen,[1] Ying Yang,[1] Michael Grätzel,[2] Hongwei Han[1]†

We fabricated a perovskite solar cell that uses a double layer of mesoporous TiO_2 and ZrO_2 as a scaffold infiltrated with perovskite and does not require a hole-conducting layer. The perovskite was produced by drop-casting a solution of PbI_2, methylammonium (MA) iodide, and 5-ammoniumvaleric acid (5-AVA) iodide through a porous carbon film. The 5-AVA templating created mixed-cation perovskite $(5\text{-AVA})_x(MA)_{1-x}PbI_3$ crystals with lower defect concentration and better pore filling as well as more complete contact with the TiO_2 scaffold, resulting in a longer exciton lifetime and a higher quantum yield for photoinduced charge separation as compared to $MAPbI_3$. The cell achieved a certified

triple-layer device also exhibits excellent long-term stability.

A schematic cross section of the triple-layer, perovskite-based, fully printable mesoscopic solar cell (Fig. 1A) shows that the mesoporous layers of TiO_2 and ZrO_2 have thicknesses of ~1 and 2 μm, respectively, that were deposited on a F-doped SnO_2 (FTO)-covered glass sheet. The mesoporous layers were infiltrated with perovskite by drop-casting from solution through a 10-μm-thick carbon layer printed on top of the ZrO_2. The energy band alignment of the device (Fig. 1B) prevents electrons, injected from the photoexcited perovskite into the TiO_2 scaffold, from reaching the back contact because of the 0.6-eV offset between its conduction band and that of ZrO_2. The compact TiO_2 layer deposited on the FTO conducting glass prevents the valence band holes from reaching the FTO-covered front electrode. The $CH_3NH_3PbI_3$ perovskite unit cell (Fig. 1C) contains one Pb^{2+}, one organic ammo-

图 5 身边太阳能电池研究相关的 *Science* 论文截图

（2）分享授课教师关于太阳能电池研究所获奖项（图6）。通过分享学生身边的优秀研究论文、授课教师所获奖项，让学生思想上和行动上铭记创新发展是走向卓越的必然之路。

图6　授课教师所获太阳能电池相关奖项

（3）布置课后作业题，完成课程调研小论文。学生可以调研我国太阳能电池发展历程，分析如何提高太阳能电池效率，了解太阳能电池分类和应用领域等。

五、课后拓展

组织学生实地参观华中科技大学太阳能电池研究实验室，参加相关太阳能电池研究前沿报告会（图7）。

图7　参观身边从事太阳能电池研究的实验室

特色和创新点

作为一门应用性较强的学科，“半导体物理”在多个领域发挥着举足轻重的作用。半导体的光生伏特效应是其在实践中应用较多的一个属性。本次课程主要介绍半导体的光生伏特效应，具有如下特色和创新点。

(1) 将太阳能电池对可再生能源的利用与国家推进生态文明建设的步伐关联在一起进行讲解。

(2) 突出我国太阳能电池产业创新发展历程的思政教育效果。

(3) 采用多维度(太阳能电池在时间维度上的发展历程、太阳能电池技术和产业在空间维度上的发展差异等)、多方式(传统板书形式、多媒体形式等)、浸入式(国家政策、产业策略、个人技能交互穿插，学术研究和技术研发相互支持等)教学方法。

效果体现

本课程在知识技能的传授和理想信念的塑造方面具有较明显的积极作用。

(1) 课程团队在融合专业教育和思政教育的过程中，丰富了课程的层次，提升了课程的意蕴，获得了湖北省高等学校教学成果奖一等奖。

(2) 学生在课程学习过程中不仅获得了专业知识，而且增强了学习兴趣，坚定了走创新发展道路的信念。如电子1702班陈艺在课后谈道：“前几周有幸在宋海胜老师的带领下参观了实验室，宋老师给我们介绍了实验室研究出的几种太阳能电池原理，以及制作太阳能电池所用到的一些仪器。在介绍太阳能电池的过程中，他很详细地讲解了原理，并且和我们所学的半导体物理知识联系了起来，让我体会到我们所学知识的具体实现，再回到课堂上学习半导体物理知识时，可以与之相结合，知识于我也就不再那么地抽象，也更容易去理解和记忆了。在带领我们参观实验室的过程中，宋老师说了一段话给我印象很深，大致意思是：我们学习半导体物理的知识，不止是为了了解半导体相关材料、器件，更重要的是，我们有了对半导体物理知识的深刻理解，就可以在遇到一些问题时，提出有创造性的解决方案，这就形成了科技的不断发展。这启发我用一个新的角度来看待我们所学的知识。我觉得参观实验室也是我们学习知识的一个途径，学到的知识更贴近实际，而且因为和实例结合，知识也变得更加有趣。”

(3) 课程使教与学得到深度融合，形成了良好的教学氛围，学生在这种氛围中很自然地萌生了尊重科学、勇于争先的态度和精神。如通过北大交叉学院夏令营面试并被录取的电子1405班的荆兆坤写邮件说道：“尊敬的罗老师：您好！我是电子1405班的荆兆坤，这个月上旬参加北京大学交叉学院夏令营时，顺利通过了面试并被黄如院士录取，因此决定直博北大。学生特此向罗老师表示感激！谢谢您的推荐信帮我争取到了夏令营的入营资格，也更加感谢您教授的‘半导体物理’知识，在您的课上我形成了对半导体物理基本概念和基本模型的理解，这对我后面的学习和此次面试至关重要，再次感谢罗老师的指导和推荐，祝老师身体健康，心情愉快，工作顺利。”

计算机科学与技术学院“IT 中国”课程思政案例

章节名称

第 1 章“信息技术前沿导论”。

课程目标

一、知识目标

(1) 了解信息时代的意义。通过梳理信息世界的发展脉络，认识到人类社会正从农业时代、工业时代向信息时代过渡，并全面理解信息技术的原理、应用和发展。

(2) 综览信息技术前沿知识。了解当前业界前沿技术方向(如人工智能、超级计算机、云计算与大数据、物联网、信息安全等)，从全局上把握相关技术的历史起源、基本概念、体系结构、分类特点、热点问题与典型应用、发展挑战与演化趋势。

二、能力目标

(1) 专业能力目标。通过参与相关领域人士开展的“大课堂、大主题、大报告”，培养全面综合认识新技术的能力以及洞察探究前沿领域的能力。

(2) 学习能力目标。通过完成课后作业和阅读重要文献，理解信息技术不同发展方向的知识和原理，激发进一步学习这些知识和技术的兴趣，增强持续跟踪新技术和适应技术发展趋势的能力。

(3) 思维能力目标。通过了解目前世界范围内信息技术产业的前沿知

课程负责人：刘方明。

课程组成员：金海、李瑞轩、王天江。

执笔人：刘方明。

识,扩展探究信息技术的视野和思维。

三、价值目标

(1) 建立终身学习的意识。通过了解信息技术日新月异的发展面貌,认识到持续学习新知识、培养新能力的必要性,从而养成主动探索、自我更新的终身学习习惯。

(2) 培养工程师的社会责任感。通过对各类课程和讲座的学习,逐渐认识到工程师是技术发明和应用的主体,对人类社会和自然环境的影响越来越大,从而建立大工程思维,深刻理解和培养工程师的社会责任感。

(3) 塑造深邃的家国情怀。通过了解我国信息技术产业在筚路蓝缕中不断崛起的过程,认识到我国信息技术在基础研究和产业应用中面临的机遇和挑战,增强振兴我国信息技术产业的使命感,塑造深邃的家国情怀。

教学内容

(1) 介绍信息技术的发展历史,让学生了解计算机的运用是如何从军事领域逐步扩展到社会各个领域的,体会信息技术对现代人类社会产生的重大影响。

(2) 解读人工智能、超级计算机、云计算与大数据、物联网、信息安全等信息技术新兴领域及其背后的技术基础,激发学生学习专业知识的兴趣。

(3) 分享业界前沿技术案例,展示信息技术渗入我们微观生活和引发社会宏观变化的强大力量,从而树立学生的专业自信。

(4) 结合社会时事帮助学生理解信息技术在现代国家博弈中的重要地位,激发学生投身国家信息技术建设的热情,增强学生振兴我国信息产业的使命感。

思政素材

(1) 信息技术能力已经成为国际竞争中综合国力的重要组成部分。课程通过生活中的实例介绍信息技术自主可控在国家发展战略布局中的重要意义,鼓励学生深入技术底层,为实现我国信息技术自主可控奉献力量。

(2) 随着信息时代的到来,越来越多的信息行业从业者选择创业,将自身价值与国家命运紧密联系起来。课程通过介绍这些身边的创业英雄,鼓励学生在新时代创新创业,将自身的成长并轨到国家的发展上来。

(3) 近年来,越来越多新的信息技术出现在我们的生活中,如人工智能技术带来产业价值的爆发式增长,其背后则是人工智能技术令人惊叹的更新迭代速度。课程通过介绍人工智能所带来的巨大经济效益以及人工智能领域激烈的国际技术竞争,让学生明确人工智能产业在国家经济发展中的重要地位,引导学生认识到只有保持不断进步的状态,才能为实现人生理想和伟大中国梦做好准备。

思政元素

(1) 介绍国之重器超级计算机的故事,增强学生的家国情怀和民族自信。

(2) 比较中美之间的数字经济体量,培养学生的使命担当。

(3) 介绍身边的互联网创业英雄,如PPlive创始人姚欣、微信之父张小龙、小米集团创始人雷军等,激发学生的创新创业精神。

(4) 介绍在"双11"购物节期间和12306购票网站上为巨量交易提供支持的信息技术等,使学生了解国内信息产业生态构建情况,激发学生为信息技术自主可控而奋斗的责任感和使命感。

教学安排

本次课程包括课前阅读资料、课中授课与讲座相结合并开展互动讨论、课后完成作业等环节。

本科生对信息技术前沿领域的了解相对有限,因此课程为学生提供了课前阅读资料,鼓励学生提前了解与课程知识相关的技术背景,这有助于学生在课中充分理解授课和讲座内容,培养学生的自学能力和终身学习意识。

课中,授课教师首先从以下三个方面为学生介绍相关前沿技术:前沿技术在日常生活中的典型应用,以及这些应用是如何让人们的生活更加便利的;前沿技术所带来的巨大经济效益、未来的发展前景,以及在国内外的发展现状;前沿技术所带来的社会讨论。

在学生对课程内容已经有所了解的基础上,授课教师请出来自企业(如达梦数据库、浪潮、华为等)的专家从如下两个方面进一步介绍我国信息技术企业是如何在前沿领域做到技术自主可控的:前沿技术在目前工业界的关键地位,以及国内外企业在这场看不见硝烟的战场上竞合发展的过程;企业创始工程师的成长经历、创业历程和工匠精神。

在受邀嘉宾演讲结束后，本课程以互动问答的形式让学生与授课教师、受邀嘉宾开展零距离的讨论交流，及时解答学生对相关技术问题的疑惑，并合理引导学生的价值取向和职业路径，进一步激发学生对本专业的学习热情。

课后，授课教师根据课程内容有针对性地布置专业知识与思政元素相融合的作业，包括体现知识目标的客观题、体现能力目标的思考题、体现价值目标的思政题，不但鼓励学生主动深入钻研相关技术，而且促进学生深度思考国家与时代赋予当代青年人的责任。

特色和创新点

(1) 课程思政模式新。“大课堂、大主题、大报告”的教学模式有效营造了课程思政的氛围，丰富了课程思政的教学内涵，增强了课程思政的吸引力和感染力。

(2) 课程思政机制新。产学研协同的课程思政机制贴近产业实际和学术前沿，直面卡脖子的难点和痛点，吸纳了学术界与工业界蕴含的思政资源，有利于思政教育入脑、入心、入行，增强了课程思政的说服力和感召力。

(3) 课程思政评价新。基于目标导向的课程评价方法，关注专业知识和思政效果的考核及其达成度，并形成了良好的持续改进机制。

效果体现

(1) 影响力广泛。“IT 中国”课程建设在业界引起了广泛关注，大量来自优秀企业的专家纷纷加入“IT 中国”课程教学团队，如浪潮集团副总裁、滴滴公司首席智能科学家、统信软件副总裁、达梦数据库董事长、中兴通讯首席科学家、华为智能多模存储技术专家、国家超级计算无锡中心研发中心主任等。

(2) 教学效果好。本课程得到了校院两级督导的高度评价，学生评教结果也名列前茅，充分激发了学生振兴我国信息产业的决心与信心。例如，陆亦萍同学对本课程反馈道：“我们要有责任意识，科学技术的发展与国家的兴荣紧密相关；我们要有整体意识，以国家的科研事业为己任，夯实专业功底，下功夫攻克技术难题。”

(3) 思政价值高。例如，中兴通讯首席科学家从需求、产业、技术、产品、热点五个维度回顾 5G 技术的发展历程，横向比较了各国 5G 技术的发展情况，对 5G 技术的发展趋势做了深入剖析，用创业的艰辛、竞争的残酷、引领的自豪勉励学生扎实学好科学文化知识，积极投身民族信息事业，为实现“5G时代，中国引领”的宏伟目标奉献青春与力量。

(4) 作业反响大。课后作业有机融合了课程知识和思政元素，使学生很自然地就吸收了思政教育的养分。例如，童子钊同学在课后作业中写道：“国际竞争、科技竞争，归根到底是人才的竞争。新时代中国青年要坚定理想信念，站稳人民立场，练就过硬本领，投身强国伟业，始终保持艰苦奋斗的前进姿态，为我国自主信息领域与智能计算产业打造永续发展的不竭动力。”

网络空间安全学院“网络空间安全综合实践”课程思政案例

章节名称

第4级第1章“网络渗透测试攻击技术”。

课程目标

通过相关教学活动，帮助学生了解网络渗透测试的基本概念，学习多种网络渗透测试安全工具的使用，能够对现有系统和网络漏洞进行渗透测试攻击，以了解网络系统的脆弱性，建立关于网络空间安全的空间想象力和直观感受，建立思考网络空间安全的框架思路。

课程的具体目标如下。

一、知识目标

掌握网络渗透测试的基本知识与技能，包括：什么是渗透测试及渗透测试流程；配置Kalilinux系统；熟悉Kalilinux系统已有的渗透测试攻击工具；对攻击目标系统进行信息收集；扫描目标系统的漏洞；使用Metasploit进行漏洞利用；掌握攻击工具进行Web漏洞攻击，包括XSS、弱口令、文件上传漏洞、SQL注入漏洞、逻辑漏洞、信息泄露、配置错误、反系列化、权限绕过等。

二、能力目标

掌握网络空间安全思维和理念、渗透测试攻击工具与基本技能。在不断的渗透测试攻击中，提高对网络空间安全脆弱性的认识，树立整体网络空间安

课程负责人：陈凯。

课程组成员：邹德清、崔永泉、付才、汤学明、骆婷、王美珍、肖凌、韩兰胜、鲁宏伟。

执笔人：崔永泉。

全观，并培养自主学习和终身学习的能力。

三、价值目标

了解网络空间安全攻击与防御的最新态势，以及国内外网络安全攻防对抗技术发展情况，增强专业使命感。以小组为单位，分工合作完成课程任务，提升工程实践能力和团队合作能力。遵守国家法律法规，遵循网络攻防中的基本原则。

教学内容

本章的主要教学内容包括如下几个方面。

（1）渗透测试的概念和流程。

（2）配置Kalilinux系统，熟悉Kalilinux系统已有的渗透测试攻击工具。

（3）对攻击目标系统进行信息收集。

（4）扫描目标系统的漏洞。

（5）使用Metasploit进行漏洞利用。

（6）掌握攻击工具进行Web漏洞攻击。

思政素材

本课程所面向的对象，是具备专业背景的高年级本科生。他们已经熟悉本专业领域的网络安全基本架构，需要对网络空间安全攻防对抗知识和技能做进一步提升。我们将以影响较为广泛、后果较为严重的勒索病毒、APT攻击等典型安全事件作为研究讨论的对象，通过集中观看案例视频、分组讨论、代表发言、教师总结等互动参与流程，引发学生对事件原因进行探索与思考，使学生逐步学会自主探究，发现网络空间攻防对抗中的关键问题及研究方向，把对网络空间安全的认知提升到国家安全的高度，把个人的学业发展需要与国家主权维护、网络空间安全防护、职业生涯规划等密切联系起来，从而帮助学生在网络空间安全领域树立远大的职业理想，培养学生为国家未来、为民族命运而奋发拼搏的家国情怀。

1. 勒索病毒

2017年5月12日爆发的“WannaCry”勒索病毒，通过将系统中的数据信息加密，使数据变得不可用，借机勒索钱财。病毒席卷近150个国家和地区，教育、交通、医疗、能源网络成为本轮攻击的重灾区。

2. APT 攻击

APT 攻击，即高级可持续威胁攻击，通常认为由 2006 年的美国空军上校 Greg 提出。Greg 原来担任圣安东尼奥凯里空军基地 23 期信息作战军队的指挥官，后来成为白宫网络安全部门主管和空军信息站业务指挥官，之后又创办过安全企业。当前主要担任资本方，为摩根大通的总经理。他的这种人生轨迹，在美国的政治背景上可以用非常典型的词来形容，就是旋转门。APT 带有浓重的大国博弈的色彩。

3. 国内遭受网络攻击的实际情况

图 1 和图 2 为 2021 年上半年我国互联网网络安全监测部分数据情况。

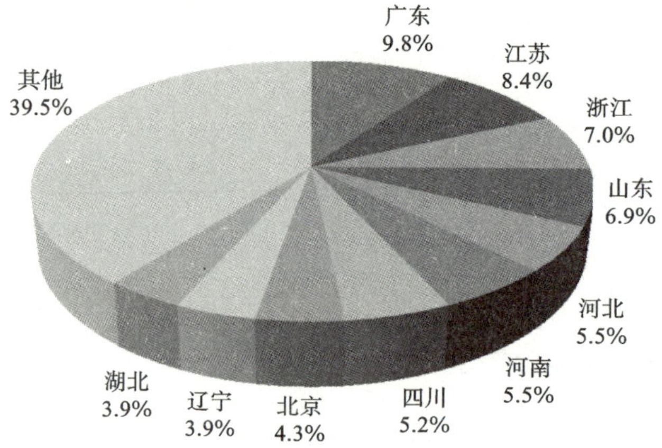

图 1　我国受恶意程序攻击的 IP 分布情况

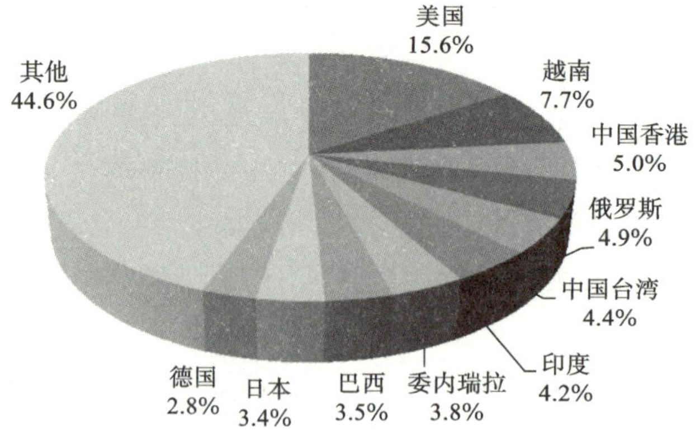

图 2　控制我国境内主机的境外计算机恶意程序控制服务器数量分布

4. 国内关于网络空间安全的顶层设计

2014 年 2 月 27 日，习近平在中央网络安全和信息化领导小组第一次会议上发表讲话，着重指出，没有网络安全就没有国家安全，没有信息化就没有现代化，网络安全和信息化是一体之两翼、驱动之双轮。

5. 国内关于网络空间安全的法律法规

《中华人民共和国电子签名法》《中华人民共和国网络安全法》《中华人民共和国密码法》《中华人民共和国数据安全法》《中华人民共和国个人信息保护法》《关键信息基础设施安全保护条例》等关系我国网络空间安全的法律法规相继出台实施。

思政元素

“网络空间安全综合实践”课程第4级第1章“网络渗透测试攻击技术”涉及的课程思政元素主要包括以下几个方面内容。

1. 国家安全

课程以“网络空间安全学科与国家主权安全”作为讨论主题。网络空间已经成为继陆、海、空、天之后的第五大主权领域空间，我们的网络空间安全正在面临严峻挑战。“没有网络安全就没有国家安全”，按照国家网络安全法律、战略和等级保护制度要求，推广安全可信产品和服务，筑牢网络安全底线，是时代赋予我们的使命。

2. 遵纪守法

引导学生探索和思考信息类法律法规。《关键信息基础设施安全保护条例》明确指出：任何个人和组织不得实施非法侵入、干扰、破坏关键信息基础设施的活动，不得危害关键信息基础设施安全；未经国家网信部门、国务院公安部门批准或者保护工作部门、运营者授权，任何个人和组织不得对关键信息基础设施实施漏洞探测、渗透性测试等可能影响或者危害关键信息基础设施安全的活动。对基础电信网络实施漏洞探测、渗透性测试等活动，应当事先向国务院电信主管部门报告。

3. 职业道德

当前社会的运行已离不开信息技术与网络的支持，而网络安全技术与其他技术类似，都有两面性，是把双刃剑。学会网络渗透测试攻击技术，也要具备社会责任感，不能违背科学伦理，不能随意扫描网络资产，不能随意探测网络漏洞，不能进行未经允许的渗透测试活动，要坚守专业底线，具备良好的职业道德。

4. 团队精神

学生以小组为单位，针对操作系统、数据库、防火墙、Web服务器等各个部分，运用网络漏洞扫描、抓包协议分析、系统漏洞利用、用户口令破解、用户权限提升等技术手段，进行实际渗透测试攻击训练。在攻击训练过程中，采用AWD竞赛对抗模式，培养团队合作精神。

教学安排

一、观看趋势科技拍摄的APT攻击影片片段，了解APT攻击过程

1. 教学过程

(1) 观看趋势科技拍摄的APT攻击的影片片段。(5分钟)

(2) 分组讨论，每组学生分别查找资料，并在组内讨论APT攻击的发生原因、背景和相应的防御手段。(15分钟)

(3) 教师对APT攻击进行讲解。(25分钟)

2. 教学关键点

(1) APT攻击涉及的技术手段。

(2) APT攻击背后浓重的大国博弈色彩。

3. 教学重点内容

课程以“网络空间安全与国家主权安全”为主题。网络空间安全是指信息环境中作为一个整体域的网络空间的安全性。网络空间须由独立且互相依存的信息基础设施组成，保障互联网、电信网、计算机系统、嵌入式处理器和控制器系统等网络空间各要素的安全。保障网络空间安全运行，在政治意义上，可以防止敌对势力进行政治攻击；在经济意义上，有助于规避和减少经济安全风险；在文化意义上，可以确保自身文化安全，防止敌对文化入侵；在军事意义上，可以防止网络空间病毒、恶意程序等的攻击，保证网络信息系统正常可靠运行。

二、观看关于酒店信息泄露的新闻短片，讨论隐私保护问题

1. 教学过程

(1) 观看关于酒店信息泄露的新闻短片。(5分钟)

(2) 分组讨论，每组学生分别查找资料，并在组内讨论隐私泄露有哪些途径，如何防止，事后如何处理。(15分钟)

(3) 教师对隐私保护问题进行讲解。(25 分钟)

2. 教学关键点

(1) 隐私泄露涉及的技术手段。

(2) 隐私泄露涉及的法律法规。

3. 教学重点内容

《中华人民共和国网络安全法》于 2016 年 11 月 7 日通过,于 2017 年 6 月 1 日起施行。制定网络安全法是出于维护国家网络空间主权的迫切需要,打击网络违法犯罪、维护广大人民群众利益的迫切需要,参与互联网国际竞争和国际治理的迫切需要,以及深化网络安全等级保护制度、保护国家关键信息基础设施的迫切需要。网络安全法是保障我国信息安全的基础性法律,其他法律法规还包括《中华人民共和国密码法》《中华人民共和国数据安全法》《中华人民共和国个人信息保护法》《中华人民共和国电子签名法》《关键信息基础设施安全保护条例》等。

三、观看震网病毒新闻短片,理解病毒相关问题

1. 教学过程

(1) 观看震网病毒新闻短片。(5 分钟)

(2) 分组讨论,每组学生分别查找资料,并在组内讨论震网病毒攻击的危害、病毒攻击的典型意义。(15 分钟)

(3) 教师对病毒相关问题进行讲解。(25 分钟)

2. 教学关键点

(1) 震网病毒涉及的技术手段。

(2) 团队协作的重要性。

3. 教学重点内容

网络空间中的病毒攻击已经从个人黑客的小打小闹,上升为团队的集体行为。在维护网络空间安全的过程中,成员之间必须加强团队合作。目前,网络空间中的病毒威胁已不仅仅来自黑客群体对网络资产的谋夺,而是发展到敌对势力对国家关键基础设施的网络攻击,比如乌克兰电网攻击事件、美国东部最大燃油管道商遭网络攻击暂停运营事件等,这些网络攻击事件极易造成社会动荡。这类威胁甚至上升到霸权国家通过网络战争侵犯国家主权的地步,比如震网病毒事件。要应对这些日益加剧的网络空间安全威胁,仅靠个人的力量是远远不够的,必须充分发挥团队协作的作用。

特色和创新点

本课程从“没有网络安全就没有国家安全”的高度,将思政课程融于专业课程的细节之中,落实课程思政的教学目的。

(1) 课程在传授学科专业知识的基础上,着重强调了国家安全的理念,引导学生了解并遵守相关法律法规,重视团队合作,讲求职业道德。

(2) 课程案例选自现实中影响范围广泛、不良后果严重、对国家关键信息基础设施造成重大破坏的网络空间安全事件,融合了专业性和趣味性。课程在进一步提高学生渗透测试攻击技能的基础上,逐步将学生引向保护关键信息基础设施、保卫国家主权安全、保障社会持续繁荣稳定的认识高度,增强学生的社会责任感和专业使命感。

(3) 课程在教学过程上采用 AWD 攻防对抗模式,让学生从网络攻击的角度去发现网络信息系统的脆弱性。并以此为基础,结合网络安全等级保护需求,对网络信息系统进行安全防护,提高系统的安全性。在 AWD 攻防对抗中,学生发现问题、解决问题的能力得到提高,团队协作和创新能力也得到增强。

效果体现

课程通过学生自主学习、教师评价总结、课堂互动谈论等环节,使学生得以主动发现网络空间安全专业研究的不同分支,培养了学生主动探索的兴趣和积极创新的思维。其中的案例教学,促进了课程思政教育目标的实现,在课程反馈中取得了良好的评价。

课程的教学效果具体体现在以下几个方面:对案例的多媒体展示直观、形象,充分引发了学生的学习兴趣;带有明确主题和问题的分组讨论,使学生提升了利用网络资源和阐释自身见解的能力;教师的针对性讲解有利于学生对自己的思路进行纠正、扩展和总结;典型的思政案例扩展了学生的知识视野,学生逐渐学会从国家安全的高度来审视自身的专业知识和能力。

人工智能与自动化学院“自动化控制原理”课程思政案例

章节名称

第9章“状态空间分析与综合”第1节：状态空间和状态方程。

课程目标

一、知识目标

(1) 了解经典控制方法的不足，认识状态空间法的诞生背景和发展历史。

(2) 系统掌握状态空间法的基本概念，学习状态空间模型的基本结构和特点。(重难点)

(3) 对比状态空间模型和经典控制模型，明确各自的优缺点和适用场景，辩证地认识和理解状态空间法。(重难点)

(4) 了解国内和国际上自动化领域的丰硕成果，以及未来现代控制理论的发展方向。

二、能力目标

(1) 能够针对简单的现实系统，选取状态，建立状态空间模型，提高知识运用能力。

(2) 能够针对具体问题选择适合的自动化模型，提高辩证思维能力。

(3) 了解自动化发展前沿，强化理论联系实际的能力。

课程负责人：樊慧津。

课程组成员：黄剑、苏厚胜、刘磊、张征、李炜、王燕舞、张海涛、秦肖臻、秦元庆、池明、吴计生。

执笔人：樊慧津。

三、价值目标

(1) 了解科学探索的道路并不平坦,只有勤于思考、勇于挑战、不畏困难、坚持不懈,才能到达科学的高峰。

(2) 了解自动化学科当前所面临的机遇和挑战,紧跟行业发展趋势。

(3) 提高对现代自动化的认识,增强专业自信和民族自信。

(4) 将所学知识运用到简单物理系统中,实现学以致用,从而培养尊重自然规律的科学态度。

(5) 提高辩证思维能力。

教学内容

本节主要讲授状态空间法,分别从状态空间法的提出、基本概念的建立、状态空间模型的构造、与经典模型的对比等四个方面进行讲授,其中状态空间模型的构造是重难点。

(1) 分析状态空间法的诞生背景和发展历史。首先回顾20世纪50年代前后的国际历史背景,介绍航空航天业的发展对传统经典控制理论的挑战。然后分析经典控制方法的不足,引导出状态空间法的起源。最后介绍状态空间法理论的发展历史。

(2) 介绍以状态空间法为基础的现代控制技术的发展成果。首先展示自动化技术在工业、医疗等领域相关热点问题中的发展应用。然后重点介绍我国在自动化领域取得的丰硕成果,比如航空航天、水下机器人等关键技术的研发。最后介绍自动化技术所面临的挑战和未来的发展方向。

(3) 讲授状态空间法的基本概念。首先从简单物理系统出发,通过实例介绍状态空间法中的基本概念,强调状态变量的不唯一性。然后系统地介绍状态空间模型的结构,分析和强调状态方程和输出方程的结构特点。

(4) 分析和比较状态空间模型与经典控制模型的优缺点。全面分析和比较状态空间模型与经典控制模型的区别,进而加强对不同模型优缺点的认知。

思政素材

(1) 在分析状态空间法诞生背景和发展历史的过程中,指出学者们在面对空间技术发展所提出的挑战时,不满足于经典控制理论方法,打破传统思维的禁锢,另辟蹊径,在矩阵论和线性代数的基础上建立了动态系统的内部表达——状态空间模型。

(2) 介绍具有爱国情怀的自动化领域专家钱学森先生、提出自抗扰控制算法的韩京清教授等学者的先进事例。他们为了推进自动化产业的自主化，坚持自己的理想和信念，不畏艰辛，克服困难，扎实工作。课程通过这类介绍，强化前辈学者科技报国和矢志求真的示范作用，促进学生思考科技创新与国家富强之间的关联。

(3) 在讲授现代控制技术时，展示国内外的自动化科技成果，强调自动控制原理的基石作用，激发学生的学习热情和求知欲。其中，重点介绍我国近年来屡受世界瞩目的科技成就，如空间站、月球车、潜水器等，强化学生的专业自信和民族自信。

(4) 介绍现代控制技术的发展前景时，指出国家科技的腾飞还面临着许多挑战，如核心算法的持续性研发不足、Matlab 软件使用权受限等，以客观的态度来分析自动化行业的发展前景和愿景，培养学生科技报国的理念。

(5) 在讲授状态空间法的基本概念时，从简单物理系统出发，循序渐进，同时强调状态变量的非唯一性、状态空间模型的非唯一性，以此培养学生尊重规律、求真务实的科学态度。

(6) 采用理论与实践相结合的教学方法，介绍空调、电梯、机器人、飞行控制系统等实际控制系统的基本构成。通过展示控制技术的多种应用场景，让学生深刻地认识到所学课堂知识给我们实际生活带来的改变，激发学生的学习兴趣，提升学生理论联系实际的能力。

(7) 从信号、数学工具、应用场景等角度对比状态空间模型与经典控制模型，引导学生对模型的优缺点进行全面分析，提高学生的辩证思维能力。

思政元素

(1) 借助状态空间法的发展史和学者们遇到问题后解决问题的背景故事，培养学生崇尚科学、遇到难题坚持钻研的科学精神。

(2) 展示我国现代自动化行业的建设成果，增强学生的“四个自信”，激励学生的家国情怀，培养学生的社会责任感。

(3) 展示自动化学科的国际学术前沿和现代化发展，拓展学生的国际视野，加深学生对自动化理论和技术的认识，激发学生专业学习的积极性和使命感。

(4) 通过对实际物理问题的分析,选取变量状态、建立状态空间模型,加强理论与实际的联系,进而培养学生尊重自然规律的科学态度。

(5) 通过对不同模型的比较,使学生多角度全面地理解和分析问题,从而提高科学素养和辩证思维能力。

教学安排

一、回顾经典控制模型

线上开展随堂测试,要求罗列几类常用的经典控制模型,并分别从信号、数学工具、应用场景等角度分析经典控制模型,便于后期与状态空间模型进行对比。

二、引入状态空间法的诞生背景

提问:已学习的经典控制模型能否满足飞行控制目标?如果运用自动化技术,会遭遇哪些挑战?

飞行控制目标包括:①保持机翼水平,不发生滚转;②保持选定的飞行方向;③保持飞机当前的俯仰角;④保持选定的飞行高度;⑤保持选定的上升速率或下降速率等。

经典控制模型面临的挑战包括:①只能处理输入和输出信号之间的关系,不能观察和分析系统内部的信号;②适用对象是单输入单输出系统,无法应用于多输入多输出系统;③主要用于分析线性系统,很难分析非线性系统、时变系统等。

通过讨论经典控制模型面临的挑战,启发学生思考经典控制模型的不足,体会当年学者们面临挑战时的状态,激发对即将讲授知识的求知欲。

三、介绍状态空间法的出现和发展

展示多媒体资讯:数学家鲁道夫·埃米尔·卡尔曼(Rudolf Emil Kalman)的研究成果;具有爱国情怀的自动化领域专家钱学森先生的事例。

空间技术的发展迫切要求建立新的控制理论和方法,以解决多控制目标、多输入输出信号问题,诸如用最少的燃料或最短的时间把宇宙火箭和人造卫星准确送入预定轨道等控制问题。这类控制问题十分复杂,鲁道夫·埃米尔·卡尔曼不满足于传统的经典控制理论,另辟蹊径,在矩阵论和代数论的基础上建立了动态系统的内部表达——状态空间模型。在控制输出的同时考虑了系统内部的状态信息，从而为分析控制要求更高、适用对象更复杂的自动化系统提供了模型依据，并据此建立了与可观测性、可控性等相关的一系列控制理论，开辟了控制理论新方向——现代控制理论。

再转到我国前辈学者钱学森先生的爱国事例，他为了国家复兴牺牲个人利益，将个人的发展与国家的富强统一起来，生动地说明了知识对于国家富强的重要性，也说明了国家科技的进步必须靠一代代学者的奋斗才能实现。

小组讨论并列举国内外现代自动化行业的发展成果。

近年来，我国屡屡展现让世界瞩目的科技成就。在航空方面，2003年，我国“神舟”五号宇宙飞船成功发射，标志着我国成为世界上独立自主地完整掌握载人航天技术的国家之一。2019年，“玉兔二号”驶抵月球背面，首次实现人类在月球背面着陆，成为中国航天事业发展的又一座里程碑。2021年，我国首次进入自己的空间站。到2024年国际空间站退役时，我国有可能成为全球唯一拥有空间站的国家。在深潜方面，2010年，我国载人潜水器——“蛟龙号”在南海完成了多次下潜任务，最大下潜深度达到了7020米，是当时下潜能力最强的作业型潜水器。2020年，“奋斗者号”深海载人潜水器在西太平洋马里亚纳海沟顺利完成万米深潜试验。此外，我国在工业自动化、智慧城市建设、无人驾驶等领域的发展也是日新月异。

四、从实际物理问题出发开展状态空间建模

使用幻灯片讲解状态空间法的基本概念和模型结构。从RLC电路出发，逐步引入状态、状态空间、状态方程、输出方程等概念。接着以机械位移系统、飞行控制系统等物理系统为例巩固基本概念。

布置和解答课堂练习——机械位移系统的建模，使学生在练习中加强知识的理解和吸收，培养理论联系实际、学以致用、尊重自然规律等素养。

五、分析和比较状态空间模型和经典控制模型

使用幻灯片多角度（信号、数学工具、应用场景等角度）分析状态空间模型。小组讨论状态空间模型和经典控制模型的异同和优缺点。

经典控制模型更直观、简洁，着重于输入输出信号间的关系，模型相对稳定，但是应用对象受限，只能处理单输入单输出系统、线性系统等。而状态空间模型可以同时描述系统内部和外部的信号关系，能够处理多输入多输出系统、非线性系统等，应用对象广泛，但是系统模型与状态选取有关，模型不唯一。

特色和创新点

课程坚持把立德树人作为教育的根本任务，坚持知识传授与价值引领相统一、显性教育与隐性教育相统一，不断提升课程品质。

1. 打造高质量课程，为实施课程思政搭建平台

高质量课程是开展课程思政建设的重要平台。一方面，高质量课程在教学过程中，可以有效地帮助学生拓展国际视野、夯实职业技能、养成科学态度；另一方面，高质量课程中有机融入了多种思政元素，使课程具有潜移默化的感染力。本课程团队分别于2017和2019年开发了“自动控制原理”和“自动控制原理(二)”两门MOOC课程。两门课程均入选国家精品在线开放课程，并于2020年被评为线上线下混合式国家级一流本科课程。这些高质量的课程为开展课程思政建设提供了强大助力。

2. 强调教师的引领示范作用

教师是课程思政的规划者和实施者。教师的教学理念、治学作风、工作态度和营造的师生关系获得学生的认可，是课程思政得以顺利实施的前提。本课程团队成员以身作则、言传身教，创设出了融洽和谐的思政教学氛围。

3. 发挥团队共建积极性，整体规划课程思政建设路径

课程团队在集体讨论与备课过程中，紧密跟踪思政工作动态，密切交流思政教学心得，致力于将专业知识与思政元素进行深度融合。在整体规划课程思政建设路径方面，调整了课程目标，修订了教学大纲，重新编制了教案，基本实现了思政元素在课堂教学内容中的全覆盖。

4. 实现知识传授与价值引领的有机统一

课程团队坚持以学生为中心，深度挖掘各种思政素材，借助丰富的线上线下资源和多媒体展示形式，融合实例引入、榜样示范、讨论分析、焦点思辨、实践探索等多种教学方法，实现了知识传授和价值引领的有效统一。

5. 建立评价机制，打造多元的思政效果反馈通道

课程团队结合课程的知识、能力和价值目标，从课程建设、学生反馈、同行评价、实验实践成果等多个角度，综合评价课程思政成效，打造多元的思政效果反馈通道。

效果体现

一、课堂教学及课后实践成效

(1) 学生增强了学习的热情和积极性，加深了对课程内容的理解。

(2) 多名同学将自动控制原理及相关知识应用于创新实践中，其中任康同学研发的智能餐勺“睿餐”，利用设计的控制算法对检测到的手部抖动进行抵消，极大地改善了帕金森病人的进餐质量，任康同学也因此获评“全国向上向善好青年”。

(3) 我院本科生以自动控制原理为基础背景知识，综合设计和运用多种控制算法，在全国乃至世界性的学科竞赛中获得优异成绩，其中包括“恩智浦杯”全国大学生智能汽车竞赛一等奖、世界机器人大赛冠军等。

二、学生和同行的评价

(1) 2016—2021 年，课程团队所有教师在年度教学评价中的得分均在 90 分以上，本课程多次获评为“学生最满意课堂”。

(2) 国家精品在线开放课程“自动控制原理”和“自动控制原理(二)”已分别完成 10 期和 8 期开课，选课总人数已达到 26 万人次，在同类课程中居于首位，讨论区里学员们好评如潮。

(3) 2019 年 7 月 14 日，“自动控制原理”国家精品在线开放课程得到“学习强国”每日慕课栏目推荐。

电子信息与通信学院“无线通信基础”课程思政案例

章节名称

第5章“多址接入”第4节：面向频谱共享的异构多址接入技术共存。

课程目标

一、知识目标

了解无线通信的基本概念和发展历程，理解无线通信发展的内在逻辑。掌握多址接入技术及其在5G、LTE、Wi-Fi等实际无线系统中的应用。熟悉频谱共享领域的最新发展趋势，熟悉异构多址接入技术共存的最新研究成果。

二、能力目标

通过本节内容的介绍，阐明为什么无线通信课程是培养研究型思维、批判性思维的极佳载体。通过将一流科研成果引入教学，建立学生的系统观和全局观，培养快速理解前沿成果的创新能力。强调学生要以课程学习为基本途径，锻炼发现、分析和解决研究工程问题的能力。

三、价值目标

通过梳理本科电子信息工程和通信工程专业教学计划中所列思政教育知识点，以一流科研成果为引领，潜移默化地引导学生坚定理想信念，厚植家国情怀，实现润物无声式的思政教育，同时对学生进行职业理想和职业道德教育。

课程负责人：高雅玙。

课程组成员：肖泳、李强。

执笔人：高雅玙。

教学内容

（1）无线通信历史。回顾人类的通信系统发展史，帮助学生建立发现问题、解决问题的研究型思维。

（2）频谱共享发展趋势以及关键挑战。介绍频谱共享技术的含义，以及频谱共享技术面临的主要技术挑战和未解决的科学问题。

（3）异构多址接入技术共存。讲解异构多址接入技术领域的最新研究成果，包括数学模型、性能优化以及对实际系统设计的理论洞见。

（4）基础理论与工程技术的关系。讲解基础理论与工程技术之间的关系，引出对职业规划的思考。

思政素材

一、华为在5G领域取得世界领先地位，但我国部分关键技术仍面临“卡脖子”困境

华为创始人任正非在2020年5月的一篇访谈中谈道：“大家今天讲5G标准对人类社会有多么厉害，怎么会想到，5G标准是源于十多年前土耳其Arikan教授的一篇数学论文？Arikan教授发表这篇论文两个月后，被我们发现了，我们就开始以这个论文为中心研究各种专利，一步步研究解体，共投入了数千人。十年时间，我们就把土耳其教授（的）数学论文变成技术和标准。我们的5G基本专利数量占世界27%左右，排第一位。”创新工作不能照抄照搬，需要从基础原理、机理上解决问题。正如任正非所讲，我国5G的发展能够领先世界，是因为我们解决了关键的算法问题。

但是，我们仍在一些关键技术上被卡了脖子。移动设备进行无线通信需要SOC的支持，其中的半导体芯片是其核心，而半导体芯片就被卡了脖子。要在这些技术上取得突破，必须重视研究型思维的培养，大力培育创新型人才。大学要激励学生为国家复兴努力学习，尤其要注重基本知识的学习。只有打好基础，后面才有能力担负起创新性工作。

二、从华为人才体系到职业规划选择

2021年8月，任正非在中央研究院创新先锋座谈会上指出，研究前沿科技，一条是走科学家的道路，做科学无尽前沿的理论研究，在公司的愿景和假设方向上创造新的知识；一条是走专家的道路，拿着“手术刀”参加“杀猪”“挖煤”等商业化战斗。从事基础科学理论研究的就是科学家,用掌握的基础理论来解决实际商业问题的就是专家。任正非还说道,我们还要去寻找“又瘦又胖”的人,就像冯·诺依曼那样,既能解决理论问题,又能解决实际问题。

三、将教师一流研究成果引入课堂教学

在多址接入问题方面,无线频谱资源会呈现结构性短缺,这激发了频谱共享这一新的研究方向。在频谱共享的场景下,会出现多种异构的接入机制共存的问题。课程成员所在课题组最新的研究成果发现,当Aloha和CSMA共存时,如果二者各自优化自己的性能,将导致严重的不公平现象,且原本性能更差的Aloha将获得比CSMA更高的性能。只有二者合作优化全局网络性能,才能既公平共存,又实现更高的系统性能。

思政元素

(1) 借助无线通信技术与理论的发展历史,让学生了解技术突破的历史脉络、无线通信基础理论与工程技术,激发求知欲和探索精神。

(2) 通过介绍华为的Polar码方案被采用为5G标准、华为因5G专利全球领先而被美国封锁和卡脖子的事件,使学生建立对祖国的政治认同、思想认同、情感认同,更加坚定道路自信、理论自信、制度自信、文化自信。

(3) 通过引入伟大先驱的科学研究故事,引导学生培养家国情怀,产生科学报国志向,为国家复兴学习本领。

(4) 通过介绍理论研究与工程研究的内在关联和华为科学家与专家的人才道路,深化学生的职业理想和职业道德教育,增强学生的专业认同感,引导学生做好职业规划。

(5) 通过将一流科研成果引入课堂教学,引导学生认识到在资源共享的异构网络共存场景下,如果仅仅追求局部或者单一性能最优化,必然导致公平性和整体系统受损,从而培养学生的系统观与全局观。

教学安排

一、通过问题驱动、“剥洋葱”等交互式教学方法,引出无线通信的内在逻辑(10分钟)

从介绍古人的通信方式(烽火通信、驿传通信、飞鸽传书等)开始,通过抽丝剥茧的提问法(设置学生容易回答的问题,增强课堂互动参与度,同时激发

学生的学习兴趣，锻炼他们的逻辑思维能力与创新思维能力)，引导学生发现每种通信方式的优劣之处，以及人类对通信系统的关键要求，即速度、效率和可靠性。通过介绍现代通信理论与技术的发展，引导学生发现无线通信发展的内在逻辑，让学生在收获专业自豪感的同时，坚定未来投身无线通信领域、为国家高科技行业奋斗的信念。

二、介绍未来无线通信发展的重要趋势，以及面临的问题和挑战(10分钟)

在前述课程导入的基础上，指出目前无线通信发展面临的主要限制之一是频谱资源严重短缺(图1)，向学生提问有什么方法可以解决这一问题，从而引出频谱共享这一未来无线通信发展趋势，以及其中的三大技术挑战和科学问题，激励学生思考科技前沿问题，培养研究型思维。

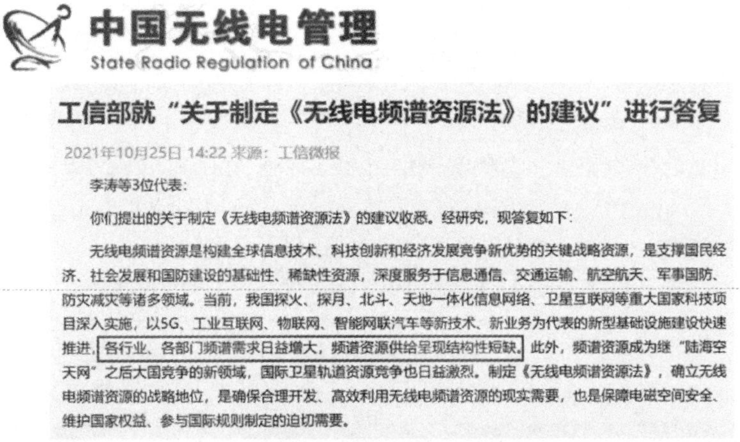
中国无线电管理
State Radio Regulation of China

工信部就“关于制定《无线电频谱资源法》的建议”进行答复

2021年10月25日 14:22 来源：工信微报

李涛等3位代表：

你们提出的关于制定《无线电频谱资源法》的建议收悉。经研究，现答复如下：

无线电频谱资源是构建全球信息技术、科技创新和经济发展竞争新优势的关键战略资源，是支撑国民经济、社会发展和国防建设的基础性、稀缺性资源，深度服务于信息通信、交通运输、航空航天、军事国防、防灾减灾等诸多领域。当前，我国探火、探月、北斗、天地一体化信息网络、卫星互联网等重大国家科技项目深入实施，以5G、工业互联网、物联网、智能网联汽车等新技术、新业务为代表的新型基础设施建设快速推进，各行业、各部门频谱需求日益增大，频谱资源供给呈现结构性短缺。此外，频谱资源成为继“陆海空天网”之后大国竞争的新领域，国际卫星轨道资源竞争也日益激烈。制定《无线电频谱资源法》，确立无线电频谱资源的战略地位，是确保合理开发、高效利用无线电频谱资源的现实需要，也是保障电磁空间安全、维护国家权益、参与国际规则制定的迫切需要。

图1　频谱资源供给呈现结构性短缺

三、讲解最新的一流研究成果，培养学生的研究型思维(50分钟)

从多址接入问题开始，讲解两种典型的分布式多址接入协议Aloha与CSMA，以及它们各自的性能情况(图2)。基于频谱共享的发展趋势，进一步引出多种不同制式、不同技术的通信系统共存的必然性，在此基础上讲解最新的相关科研成果，并介绍其数学模型、性能优化和对实际系统设计的洞见。在讲解过程中，着重指出只有当Aloha和CSMA合作时，全局网络性能才能得到优化，而当它们不合作时，就会导致严重的不公平现象，以此帮助学生形成系统观和全局观。

四、介绍基础理论与工程应用的关系，讨论职业发展规划(10分钟)

再次回顾无线通信的发展逻辑和历史(图3、图4)，讲解基础理论与工程

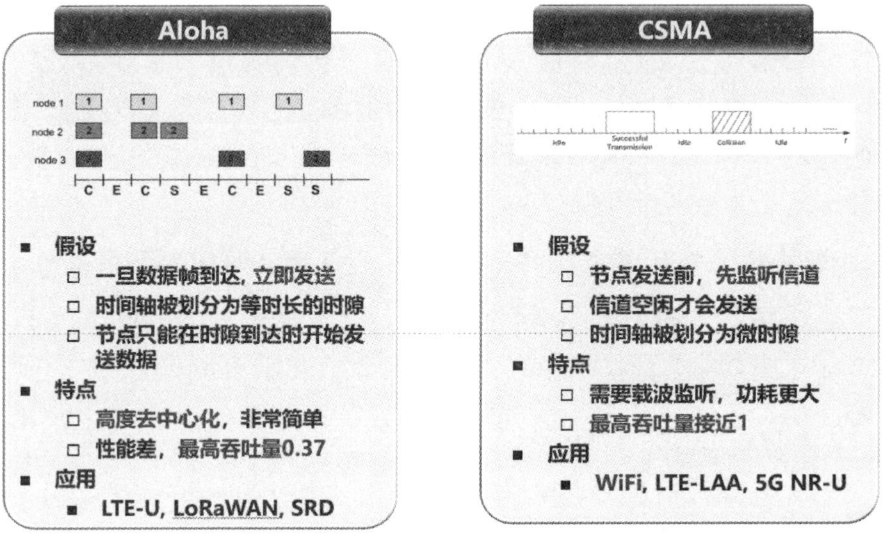

图 2 Aloha 与 CSMA

技术的内在关系，引导学生思考哪种类型的工作更适合自己，更让自己有成就感。以任正非对“科学家”和“专家”的区分，帮助学生做好职业规划。

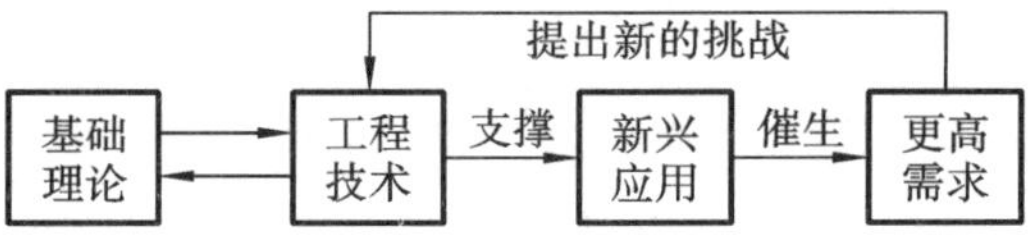

图 3 无线通信发展的内在逻辑

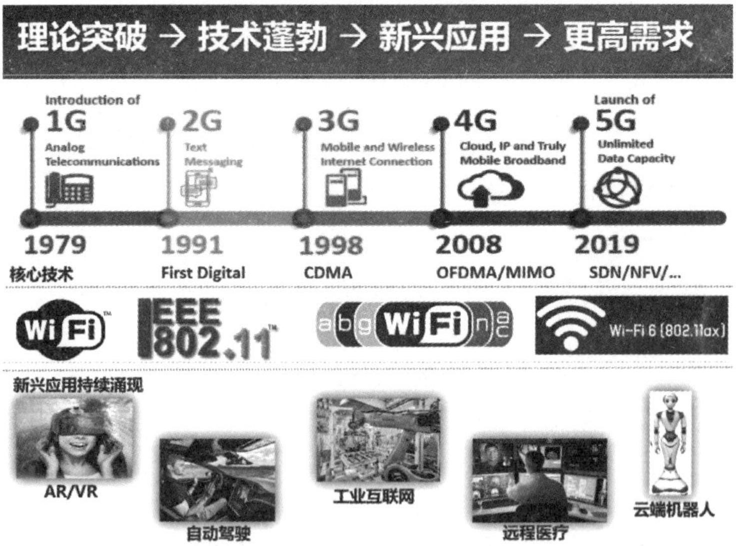

图 4 无线通信的发展史

五、布置思考题(5分钟)

根据课堂上讲的内容,引出华为公司提出的数学挑战问题,激发学生的学习兴趣。

六、布置作业(5分钟)

(1) 就身边的无线通信问题或通信先驱故事展开讨论,并提交报告。

(2) 浅谈无线通信基础在某个方向/领域的最新进展,并提交综述报告。

特色和创新点

一、革新课程教学理念,以一流科研成果引领本科课程

课程团队围绕“能力绘象、实践育行、思政塑心”三位一体的教学理念,在本科教学中形成了基础理论、动手实践、科技前沿依次递进的教学内容,将团队最新科研成果反映到课堂中,使得课程教学内容与前沿学术成果保持持续的良性互动,从而开拓学生的研究视野,激发学生的学习热情,培养学生的创新思维,提升学生的探索型、研究型思维和能力,引导学生在求索中领悟科学的真谛,在实践中感受知识的魅力,做到“知而有识,学而善用”“内化于心,外化于行”。

二、创新教学方法设计,将思政元素无形地融入专业课堂

课程团队将BOPPPS教学模型、问题驱动法等教学方法应用到课程思政的设计上,贯彻和落实课程思政理念,深入挖掘育人元素,做到不离课程讲思政,渗透思政讲课程。团队教师根据本课程的专业特色和定位,就如何“因地制宜”“因时制宜”地将思政元素自然有效地融入课堂教学进行了多样的尝试,拓宽了课程思政的内容供给,在润物无声中帮助学生养成正确的价值观。

三、结合通信行业特色,多维度挖掘课程思政案例

课程团队立足学科和课程定位,结合通信行业的特色,挖掘了华为5G技术领先、关键技术遭卡脖子、人才培养和使用体系出色等思政案例,着力构建体现家国情怀、倡导科技兴国的课程体系,融合和深化专业教育和思政教育,让大学生在收获专业自豪感、科研成就感的同时,坚定投身无线通信领域、为国家高科技行业奋斗的信念,找到自己的职业理想和人生方向。

效果体现

本课程在传授专业知识和实施课程思政方面取得了良好的效果,具体表现为以下几个方面。

(1) 提升了教师实施课程思政的主动意识与能力,使专业课程与思想政治理论课同向同行。

(2) 学思结合、知行统一,增强了学生的探索创新精神和解决问题的能力。

(3) 将一流科研成果反哺教学,推进了学生学习知识的热情和兴趣,更激发了学生科技报国的家国情怀和使命担当。

(4) 使学生体会到从事科研创新的成就感、对民族企业的自豪感,坚定了学生投身无线通信领域、为国家高科技行业奋斗的信念。

机械科学与工程学院“机械设计理论与方法”课程思政案例

章节名称

第9章“装配图”第7节：部件测绘。

课程目标

一、知识目标

（1）理解部件测绘是实现设备改造和创新设计过程的重要技术方法。通过观察齿轮泵的外观和结构，查阅有关技术资料，掌握齿轮泵的组成及工作原理，完成齿轮泵零部件测绘，实现齿轮泵关键零部件创新设计和改造。

（2）掌握测量工具的使用，认识测量误差。了解同一操作者按同一测量方法操作同一台仪器进行若干次测量，所获得的结果会有所不同。在部件测绘过程中要掌握测量工具的正确使用方法，可取多次测量平均值，以避免产生较大误差。

二、能力目标

（1）掌握部件测绘的方法步骤。通过观察或动手来分析齿轮泵的各个零件的结构和作用，确定各零件之间的相对位置关系、装配关系以及连接的方式。按装配干线顺序拆解齿轮泵，在拆卸过程中学习测量工具的使用，理解零件间的配合连接方式如何满足工作生产的需要。从装配核心干线开始，选择合理的视图表达方案，绘制装配示意图的结构简图。

课程负责人：阮春红。

课程组成员：张俐、刘世平、罗年猛、黄其柏等。

执笔人：张俐。

(2) 使用零件草图表达结构。零件草图是绘制装配图的依据,需要认真测量、仔细绘制。

(3) 通过齿轮泵的装拆和改进设计实验培养学生动手实践和创新设计的能力。齿轮泵左右泵盖和泵体由圆柱销和螺栓固定连接,圆柱销在装拆过程中出现易松动或难拆卸两种现象,需要通过改进设计来加以调整。通过引导学生观察并发现问题,主动思考改进方案,进而解决问题,完成齿轮泵关键零件的改进设计。

三、价值目标

(1) 通过动手实践过程,养成认真对待工程测量和工程图纸绘制标准的态度,树立严谨求实的科学精神。

(2) 结合业界案例,阐明创新设计对于突破卡脖子技术、破除技术垄断封锁的必要性和重要意义。

(3) 引入加工过程仿真和面向制造的设计技术,将设计与制造数据高度关联,帮助学生培养工程素养,建立大工程观。

教学内容

(1) 部件测绘知识点。包括:部件测绘的工具及其使用方法;部件测绘的步骤。

(2) 部件齿轮泵的组成及工作原理。

(3) 部件齿轮泵的的拆装实验。要求学生分组领取两种齿轮泵和拆装工具进行实际操作实验,注意引导学生观察零件间的装配连接关系、定位和各零件的工艺结构,学会正确拆装和绘制装配示意图。

(4) 齿轮泵结构的改进创新设计。梳理齿轮泵零件之间的关系和不同零件结构的功能,引导学生发现连接泵体和泵盖的圆柱销难拆卸或过于松动的问题,并分组讨论,提出解决方案。

(5) 基于DMF的建模方式。包括:DMF的含义;使用基于DMF的建模方法表达和实现创新设计结构。

思政素材

(1) 位于四川省德阳市的东方汽轮机有限公司燃机整机试验室传来捷报:我国首台自主研发的F级50兆瓦重型燃气轮机顺利实现满负荷稳定运

行。保证稳定运行的关键在于透平叶片的自主研制，这意味着我国科研团队成功攻克重型燃机完全自主研制的关键瓶颈，打破了国外的长期技术垄断。

(2) 赵学田老教授提出工程制图九字口诀，主张简化绘图方法，倡导为工农群众服务。

(3) 1992 年于我国扬州出土的铜卡尺，比 1631 年法国人发明的现代卡尺早 1600 余年。

(4) 采用国产工业软件 CAM 仿真和增强现实技术，制作简短的部分典型零件（齿轮油泵的输入轴）加工过程仿真视频，在线显示和编辑三维模型，解决了大一学生工程经验缺乏的问题，展示了国产工业软件的研发进展，体现了课程工具与业界的紧密联系。

思政元素

(1) 从打破国外技术封锁的实例引出我国关键技术仍受制于人的现实。要打破国外技术封锁，实现核心零部件国产化，须从关键零件的革新设计开始，以此培养学生的家国情怀、大工程观和创新意识。

(2) 通过介绍图学的历史沿革、仪器工具的变迁，引导学生建立技术自信和文化自信。

(3) 以业界实际问题为引导，通过播放齿轮泵输入轴的实际加工仿真视频，帮助学生建立面向制造的设计意识，培养学生的工程素养。

(4) 以小组为单位进行零件创新设计，在绘制新方案的草图后进行同伴互评，并分别阐述创新方案，引导学生树立责任意识。

(5) 通过齿轮泵关键零件改进创新设计，引导学生不断发现问题、解决问题，养成持续学习和终身学习的素养。

(6) 通过展示国产工业软件的进展、应用和功能，激励学生响应国家工业软件核心技术自主创新的号召，建立专业自信。

教学安排

一、课程导入

1. 问题导入

通过 50 兆瓦燃气轮机透平叶片等零部件设计成功攻克瓶颈、打破国外技术封锁的实例，引出我国关键技术仍受制于人的现实。要打破国外技术封锁，实现核心零部件国产化，须从关键零件的革新设计开始。

2. 教学目的

部件测绘是正确表达设计构思的全面实践过程，也是创新设计思维能力培养的启蒙阶段。本节课将通过测绘实验引导学生明确设计概念，了解设计过程，引导学生训练初步的零件构形能力和部件的设计能力，提高学生的创新思维能力，从而为后续课程的开展奠定良好的基础。

二、讲授新课

1. 课程内容简述

(1) 简述学习目标(图1)，包括：围绕零部件测绘方法，开展实践工作；掌握制图的基本技能、测绘的基本方法；掌握分析问题和解决问题的能力；树立正确的工作态度，培养独立的工作能力和严谨的工作作风。

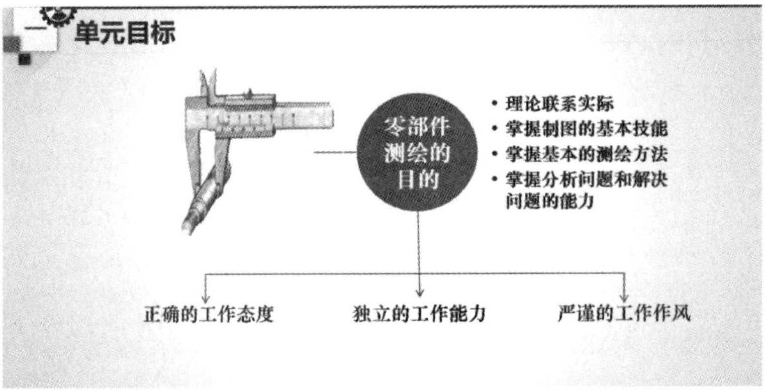

图1 学习目标简述

(2) 简述教学内容，包括：了解拆装工具、测量工具的使用方法；了解零件加工表面与非加工表面的区别；了解零件的工艺结构；了解零件图的内容和作用；掌握零件的常见工艺结构和结构分析；掌握零件表达方案的选择方法和步骤；正确绘制不太复杂的零件图，视图数量不少于3个，做到正确选择视图；掌握零件图的尺寸标注的原则，尺寸标注完全、清晰。

讲述赵学田老教授的事迹，强化工程制图九字口诀——“长对正，高平齐，宽相等”，倡导为工农群众服务。

2. 翻转课堂串讲部件测绘知识点

解答学生预习线上资源后提出的主要问题。部分同学在预习了线上资源后，提出了以下问题：①零部件测绘有什么应用？②如何认识测量误差？③如何根据零件工艺结构确定表达方案？④如何进行尺寸标注和公差选择？

针对问题①和问题②，主要进行知识性解答，如图 2、图 3 所示。

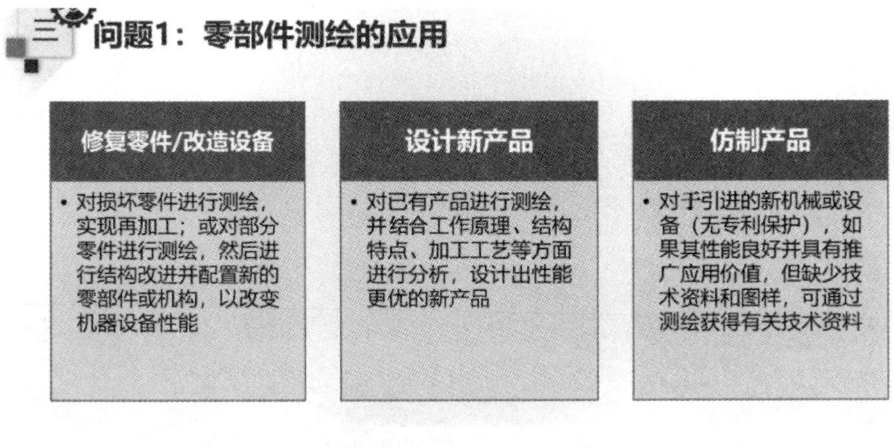

图 2　零部件测绘的应用

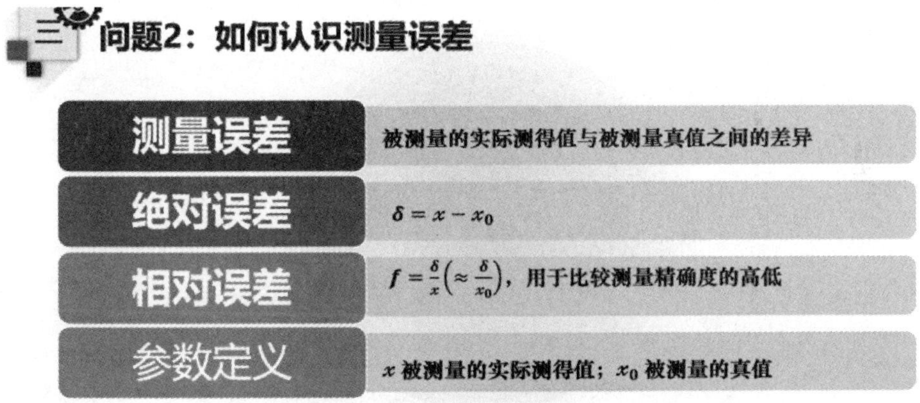

图 3　认识测量误差

关于问题③和问题④，将在后续课程内容中详细阐述相关理论和方法。

3. 部件测绘工具的使用

(1) 引入思政素材：古代铜卡尺的使用早于现代游标卡尺的发明 1600 多年。

(2) 部件测绘是仿制和创新设计部件或机器的重要技术，掌握科学的测绘方法有助于实现设计创新。

(3) 简要介绍部件测绘的工具及其使用方法，引导学生使用并掌握游标卡尺、内外卡的用法。

(4) 讲解部件测绘的步骤，重点讲解部件拆卸的过程和注意事项。

4. 齿轮泵组成及其工作原理

(1) 通过视频介绍齿轮泵的装拆过程。

(2) 以二维码为入口,使用增强现实技术讲解齿轮泵的虚拟拆装和测绘,详细介绍零件间的连接关系、定位和拆装方式,帮助学生建立相关感性认识(图4)。简述国产工业软件的发展历程,指出当前的业界需求为采用数字化、信息化手段进行创新设计提供了强大助力,引导学生积极响应国家自主创新的号召,在学习和设计工作中灵活应用国产工业软件。

图4 通过扫描二维码进行虚拟拆装

(3) 通过视频介绍齿轮泵的工作原理。

5. 拆装齿轮泵实验

(1) 提出问题:为什么要拆装和比较两种不同的齿轮泵?提出实验要求,列出实验任务,对比分析两种齿轮泵的用途。

(2) 分组领取两种齿轮泵和拆装工具进行实际操作实验,拆装过程中注意引导学生观察零件间的装配连接关系、定位和各零件的工艺结构,指导学生正确拆装和绘制装配示意图等。

6. 齿轮泵结构的改进创新设计

(1) 对拆装实验进行小结,通过课堂互动邀请学生回答相关思考题,包括齿轮泵体泵盖之间的定位和连接方式、不同销和螺钉的功能等,进一步梳理齿轮泵零件之间的关系和不同零件结构的功能。

(2) 引导学生回顾拆装实验,发现齿轮泵拆装过程中连接泵体和泵盖的圆柱销难拆卸或过于松动的问题。

(3) 邀请学生共同讨论和思考解决问题的方法,随后分组回答,从中选用两种较常见的解决方法。

(4) 进一步提出改进后的工艺结构是否还存在拆装难的问题，并展开深入探讨。引导学生对工艺结构进行再设计，提出详细的解决方案，培养学生不断创新、持续学习和终身学习的素养(图5)。

图5 学生阐述创新解决方案

7. 采用DMF三维建模方式表达和实现创新设计结构

(1) DMF的含义。DMF(design for manufacturing)，即面向制造的设计，是全寿命周期设计的重要内容之一，也是产品设计与后续加工制造并行设计的方法。其关键在于把产品设计和工艺设计集成起来，目的是使设计的产品易于制造、易于装配，在满足用户要求的前提下降低产品成本，缩短产品开发周期。课程结合业界需求进行设计建模，培养学生的工程素养。

(2) 基于DMF的建模方法。采用Inventor软件进行开槽圆锥销的建模，在建模过程中，依据DMF设计准则，将建模过程按加工工序分为三步，先建立圆锥销整体，再进行倒角特征建模，最后采用特征建模建立开槽。

8. 课堂小结

本次课程以齿轮泵零件之间的关系、功能和结构等问题为导向，通过动手实践和对比分析，共同发现问题、解决问题，实现了零件结构的创新设计。

9. 布置作业

(1) 鼓励学生继续动手实践,围绕问题做进一步的改进设计。

(2) 将创新设计结构进行三维建模,然后在工程实训中心预约3D打印机进行实现。

(3) 布置线上MOOC单元测验和主观题作业。

特色和创新点

(1) 以业界实际案例为引导,融合毕业要求和价值目标。“机械设计理论与方法”课程的价值目标和机械设计制造及其自动化专业的毕业要求一脉相承、高度一致。课程以我国F级50兆瓦重型燃气轮机国产化的实例开篇,引出核心零部件国产化的必要性,强调要对关键核心零件进行革新设计,从而培养学生的爱国情怀,引导学生建立大工程观。课程还结合齿轮泵测绘实践,进一步引导学生思考如何准确绘制零件图并根据现有零部件装配问题进行创新设计,这样一来学生就能自然而然地达成知识、能力与价值目标。

(2) 革新教学方法和技术手段,采用翻转课堂进行线上线下结合教学,运用BOPPPS教学设计方法和现代化数字信息技术,将思政元素融入教学全过程。课程注重师生互动、动手实践和学生互评,提倡学生开展参与式学习和独立思考,从而以润物无声的形式实现课程的价值目标。

效果体现

本课程通过四种方式考查教学效果:一是发放课程调研问卷,调查学生对授课方式、内容、教学手段和价值目标等教学情况的评价;二是组织期末考试,目的是考查学生对知识的掌握程度和运用知识解决实际问题的能力,并从学生解决问题的方案中考查价值目标教学效果;三是分析学习强国平台上的慕课“3D工程图学”的关注和学习数据,从课程思政素材的受欢迎情况来推测课程的教学效果;四是分析课程相关竞赛的获奖数据,从拔尖人才培养方面了解课程思政对于学生学习的引导意义。

(1) 通过整理调研问卷的反馈意见发现,总体而言,学生在学习课程后普遍能够理解机械核心零部件结构创新设计的必要性,理解部件测绘对于培养训练创新设计思维能力的重要性,明确机械工程师崇高的职业责任。在经历一系列思政案例的熏陶后,学生更有意愿和信心成为理想信念坚定、品德修养高尚、专业素质过硬、爱国情怀深厚的社会主义事业建设者和接班人。

(2) 通过分析试卷完成情况,可以发现学生对产业政策、领域动向和技术标准的掌握程度有显著提升,这说明课程提高了学生对价值目标的认可度和学习思政内容的积极性。

(3) “3D工程图学”是我校首批入选学习强国平台的慕课之一。截至2021年12月,其课程思政素材点击播放量为158714次,可知其受欢迎的程度。

(4) “高教杯”全国大学生先进成图技术与产品信息建模创新大赛是由教育部高等学校工程图学课程教学指导委员会、中国图学学会制图技术专业委员会和中国图学学会产品信息建模专业委员会联合主办的图学类课程高级别赛事。课程团队在课堂训练和课余时间中都积极辅导学生,选送优秀人才参加该类比赛。个人组竞赛自2016年至今获奖人次逐年上升,团体组竞赛自2019年至今获一等奖四项、二等奖一项。课程通过竞赛培养学生的工匠精神,激发学生的创新意识,探索图学发展的新方向,创新成图载体的方法与手段。

航空航天学院“工程力学”课程思政案例

章节名称

第1章“绪论”。

课程目标

一、知识目标

(1) 了解什么是工程力学,明确学习工程力学的目的和方法。

(2) 了解力学和工程的关系、工程力学在工程中的应用、工程力学知识对后续课程学习的作用。

(3) 明确力和运动的基本概念,以及用静力学研究问题的基本方法。

二、能力目标

(1) 初步了解用工程力学分析工程问题的基本方法。

(2) 体会分析研究工程问题的科学方法,培养学生的研究型思维。

三、价值目标

(1) 培育严谨科学的工作态度。

(2) 树立报国之志,坚定为民族复兴而奋斗的信念。

(3) 培育家国情怀、科学精神和正确的价值观。

教学内容

(1) 基本内容:什么是力学;什么是工程力学;力学与工程的关系;工程力

课程负责人:王元勋。

课程组成员:魏俊红、胡洪平、杨新华、罗俊、胡元太、熊启林、安群力、王琳、章建军、曹继光、陈传尧、陈健桥。

执笔人:王元勋。

学的研究对象、研究方法和基本假定;力学与研究型思维;如何学习工程力学。

(2) 基本概念:力,运动,力与运动的关系,力学模型。

(3) 重难点:工程力学的研究主线和方法;工程力学与物理学中的力学的异同;工程力学有利于培养解决工程实际问题的研究型思维的原因。

思政素材

一、工程中的力学问题

结合各专业背景,引入工程案例,融入思政元素,讲解工程中的力学问题。

(1) 以学生熟悉的电机为例,通过电机结构设计,说明相关工程力学知识,进而引出关键技术被卡脖子的问题,激励学生担当民族复兴的使命。

(2) 引入工程中因设计原因产生破坏性后果的案例,如塔科马海峡大桥、魁北克大桥的坍塌、郑州特大暴雨地下排水阻塞等,告诫学生在工程设计过程中要懂得敬畏生命,敬重职业伦理,要有严谨的科学态度,不能迷信权威,也不能盲目自信。

(3) 引入我国古代赵州桥、卢沟桥历久不衰的案例和现代港珠澳大桥、杭州湾大桥创造非凡壮举的案例,体现我国古代劳动人民的非凡才智和当代社会经济建设的伟大成就,培育学生的民族自豪感和自信心。

二、力学领域的科学家故事

介绍力学的发展,自然融入我国在极端艰苦的条件下研发“两弹一星”的伟大创举,通过鲜活的案例激发学生的家国情怀,培育学生的科学精神。

(1)“中国航天之父”钱学森在美国留学期间,与教师一起提出了卡门-钱近似方程,创立了工程控制论。新中国成立后,他积极要求回国参与建设,受到美国阻挠和迫害,被监禁5年,最终在毛泽东主席和周恩来总理的争取下回到祖国。钱学森的回国,使我国的导弹、原子弹等工程向前推进了至少20年。在他心里,国为重、家为轻,科学最重、名利最轻。作为中国航天事业的先行人,他不愧是民族的脊梁、全球华人的典范,他向世界展示了华人的风采。

(2) 获得烈士称号的“两弹一星”元勋郭永怀放弃在美国的重大研究项目,历经艰辛回国。他在第一颗导弹热核武器的发射中发现重要线索,争分夺秒乘飞机从青海赶往北京汇报。但飞机在降落时失事坠毁,郭永怀不幸牺牲。事后,当人们费力地将他和警卫员分开时,发现那只装有绝密资料的公文包竟安然无损地夹在他们胸前,相关数据得以保留下来。他以赤子之心报效祖国,为中国在核事业尖端技术方面取得非凡成就付出了生命。

(3) 中国核武器研制工作开拓者和奠基人邓稼先仅用了一年多时间便获得美国普渡大学的博士学位。为了建设祖国,他放弃了既有的一切,在获得博士学位9天后,就回到了当时一穷二白的祖国。从1958年接受研制原子弹任务开始,他隐姓埋名进入与世隔绝的戈壁滩,在人间"蒸发"了整整28年,直到临终前1个月才向世人公布身份,就连妻子许鹿希也只知道他在执行一项特殊任务。邓稼先曾对与他一起工作的年轻大学生说:"干我们这个工作,就要甘心当无名英雄,一没有名,二没有利,还要吃苦,做出的科学成果又不许发表论文。"

这样默默奉献的科学家很多,是他们使我国的国防实力发生了质的飞跃,开创了我国的科技新事业,造就了一支能吃苦、能攻关、能创新、能协作的科技队伍。"两弹一星"伟业是新中国建设成就的重要象征,是中华民族的荣耀与骄傲,也是人类文明史上勇攀科技高峰的空前壮举。

三、我国古代关于力学的见解

在介绍力的概念、力与运动的关系时,引入我国古代关于力学的见解,培育学生的民族自信。

(1) 我国古代哲学家墨子早在公元前4世纪就非常准确地给出了力的阐述:"力,刑(通形)之所以奋也。"

(2) 弹性变形最早在《诗经·小雅·角弓》中有记载:"骍骍角弓,翩其反矣。"《考工记·弓人》中记有:"量其力,有三均。均者三,为之九和。"这说明我国早在春秋战国时期就已经有关于力和变形的描述,比胡克定律早2000多年。东汉经学家郑玄注《考工记·弓人》道:"假令弓力胜三石,引之中三尺,驰其弦,以绳缓擐之,每加物一石,则张一尺。"这揭示了变形与力的关系,比胡克定律早1500多年。

思政元素

(1) 激发家国情怀,引领人生价值。工程技术中的卡脖子问题可以让学生明白时代给予的使命担当,力学先驱的故事则让学生激扬起家国情怀,确立科学报国志向。

(2) 培育民族自信,激发创新意识。墨子对力的阐述等我国古代部分力学见解早于现代科学中力学定理的出现，体现了我国文化的博大精深，有利于学生增强民族自信，勇于开拓创新。

（3）培育科学精神，培养创新能力。工程案例的教学可以培养学生严谨的治学态度和工作态度，对工程问题的分析不仅是向学生传授课程知识，而且是让学生体会分析工程问题的科学方法，培养高阶研究型思维。

教学安排

一、介绍工程力学的概念，指出工程力学的作用

1. 结合专业背景，引入工程案例

提问：如何设计性能优良的电机？在同样的功率下，如何使电机节省电能？

请学生发散思维展开讨论并发言，教师在黑板上写出学生的观点。

教师对学生的观点进行点评，说明哪些与工程力学相关，相关的方式是什么。指出工程力学在提高电机性能方面的作用。

2. 教师对上述内容进行拓展

目前，我们的流水生产线、机器人等常见机械仍大量使用西门子、摩根等国外品牌的电机，而航空发动机等高端产品的关键核心部件、传感器等依然依赖进口，半导体芯片被国外卡脖子。要突破这些技术的封锁，必须培育创新型人才。创新工作不能照抄照搬，需要从基础原理、机理上解决问题。中国5G的发展能够领先世界，正如华为公司创始人任正非所说，是因为我们解决了关键的算法问题。国家应重视基础教育，大学应培养学生的研究型思维，学生应注重基础知识的学习，只有打好基础，才能真正有所创新。

3. 引入工程事故案例，指出工程力学的作用

案例讲解：1940年，塔科马海峡大桥坍塌。当时著名的桥梁设计师莱昂·莫伊塞夫过度自信，将7.6米高的桁架梁改成2.4米高的钢梁，致使桥身刚度不足，再加上风洞效应，最终使桥梁在通车后仅4个月便坠毁。1907年，加拿大圣劳伦斯河上的魁北克大桥，由于设计师库珀过度自信，将设计跨度由约500米增加到600米，致使上弦杆件出现问题，19000吨钢材和86名建造工人落水，75人遇难。后来，人们将这些钢材打造成戒子(称为"工程师之戒")以警诫后人。

这些工程案例都在告诫学生，在工程设计过程中要时时牢记"工程师之

戒”,要懂得敬畏生命,敬重职业伦理,要有严谨的科学态度,不能迷信权威,也不能盲目自信。

二、介绍力学的发展历史,培养研究型思维

培养创新型人才的核心是培养研究型思维。工程力学思维综合了数学抽象思维和工程具象思维的特点,将理论与实际紧密结合,是培养学生研究型思维的极佳载体。课程是学生学习的主渠道,在传授学生知识的同时,也培养学生的创新能力。本节内容引导学生如何以课程为载体培养研究型思维。

课程着重诠释部分力学先驱的科学研究故事,展示研究型思维具体是如何运作的,引导学生在困难面前勇于攀登,在挫折面前敢于创新。这些力学先驱从错综复杂的自然现象、科学实验结果和工程技术实践中抓住事物的本质,提炼出力学模型,又采用合理的数学工具,分析自然规律,进一步提出解决工程技术问题的方案,并在与观察和实验结果的反复比较中确认自己真正理解和掌握了什么。这一过程正是运用科学研究方法的过程,也是培育研究型思维的过程。

三、清晰讲解基本概念

培养研究型思维必须掌握基本概念,学习工程力学应从基本概念入手。力学离不开对力、力的作用效果和力与运动关系的分析。

1. 力的概念

力是物体间的相互作用。我国古代哲学家墨子早在公元前 4 世纪就指出:“力,刑之所以奋也。”在工程力学中,力分为表面力和体积力。表面力是指直接接触的物体在接触面的相互作用,体积力是指非直接接触的物体间的相互作用。

2. 力的作用效果

运动是力作用的结果,它有两种效应:外效应,即物体在空间位置随时间的变化;内效应,即物体自身形状的局部畸变。

3. 力与运动的关系

牛顿第二定律解释了力与运动的关系:物体运动状态的改变与作用于其上的力成正比,并发生于该力的作用线上。

课程在这里强调力与变形的关系,这是与材料有关的物理行为,并介绍胡克定理和《诗经》《考工记》中关于力与变形的描述。

四、介绍工程力学的分析方法和力学模型的基本概念

1. 介绍工程力学的分析方法

工程力学的分析方法类似于一般科学的研究方法，主要包括以下步骤：提出问题，选择有关的研究系统；对系统进行抽象和简化，建立力学模型；利用力学原理进行分析、推理，得出结论；与已知结论进行比较，或开展实验进行验证；进一步改善模型，深化认识。其中，建立力学模型是最关键的一步，需要丰富的知识和经验。

2. 介绍力学模型的基本概念

展示几种力学模型（图1），让学生初步了解力学模型的概念，体会工程问题处理方法，提升研究型思维。

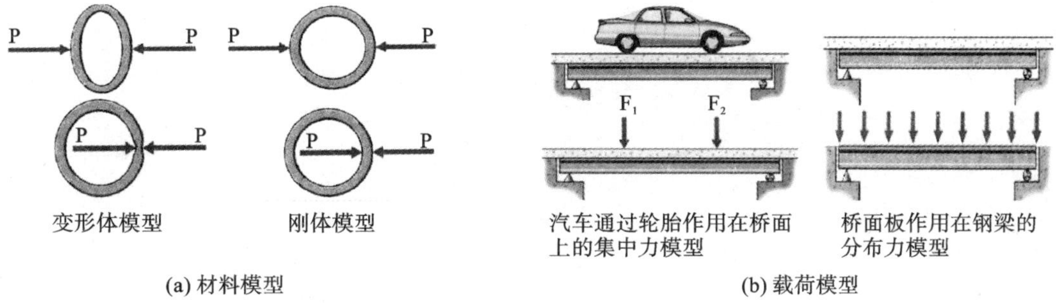

图1　力学模型初步认知

作业：查阅相关资料，了解我国的运载火箭为什么起名为"长征"，低轨道、中轨道、高轨道运载火箭有什么区别，其中包含怎样的力学原理。

特色和创新点

(1) 融入工程力学案例，通过工程技术中的卡脖子问题引导学生努力学习，开拓创新，勇担民族复兴重任。

(2) 融入力学先驱的科学研究故事，激发学生的家国情怀，坚定科学报国志向。

(3) 融入我国古代力学见解，培养学生的民族自豪感和自信心。

(4) 线上线下教学相结合，提升课程质量。

(5) 以课程为载体，培养学生高阶研究型思维。

效果体现

(1) 课程注重创新思维的引导和正面情感的熏陶,增强了学生学习力学课程的兴趣,使学生在课程中收获良多。

(2) 专业知识与思政元素紧密融合,坚定了学生学以致用、科学报国的志向。

(3) 教师开展课程思政的意识和能力得到提高。

航空航天学院“疲劳与断裂”课程思政案例

章节名称

第 2 章“高周疲劳”第 1 节：基本 S-N 曲线。

课程目标

一、知识目标

(1) 了解疲劳试验的背景知识。

(2) 掌握 S-N 曲线的一般形状、主要特征和几个重要的数学模型。

二、能力目标

(1) 掌握疲劳试验方法、疲劳试验数据处理方法和 S-N 曲线的估计方法。

(2) 具备独立开展材料疲劳试验的能力。

三、价值目标

(1) 激发学生的求知欲和探索精神。

(2) 树立“敬畏标准，规范做事”的理念。

(3) 崇尚科学公式的简洁美。

教学内容

(1) 介绍 S-N 曲线的一般形状和主要特征。(教学重点)

(2) 描述 S-N 曲线的主要数学模型。

(3) 讲解在实验条件缺乏的情况下 S-N 曲线的近似估计方法。(教学难点)

课程负责人：杨新华。

课程组成员：王元勋、罗俊、魏俊红。

执笔人：杨新华。

思政素材

(1) 两个历史故事：最早的疲劳试验和 Wöhler 曲线。

(2) 国家标准对试样形状、尺寸以及加工和安装质量的要求。

(3) 前几届学生在本科阶段参与开发的虚拟仿真实验系统。

(4) 数学模型的简洁美。

思政元素

(1) 借助疲劳试验背后的两个历史故事，让学生了解科学知识形成发展的历史脉络和内在逻辑，激发学生的求知欲和探索精神。

(2) 通过对金属材料疲劳试验国家标准相关规定和要求的学习，让“敬畏标准，规范做事”的理念入脑入心。

(3) 通过对高年级同学参与开发的虚拟实验系统的观摩，体验力学、实验技术和计算机科学等多学科的完美结合，同时树立起身边的学习榜样，激发“我也能，我将能”的坚定斗志和信心。

(4) 从广为接受的应力寿命关系数学模型中认识科学公式的简洁美。

教学安排

一、课程导入(7 分钟)

1. 回顾上次课程知识，引出本次课程知识点(2 分钟)

上次课程介绍了疲劳现象发生的前提条件是有扰动载荷或循环载荷作用，循环载荷的应力水平是决定疲劳寿命最重要的因素。

提问：应力水平和疲劳寿命之间存在怎样的关系？如何获得应力—寿命关系？

在学生回答的基础上指出，开展疲劳试验的目的就是建立材料的应力—寿命关系。

2. 背景知识介绍(5 分钟)

介绍两位早期的科学家对疲劳试验做出的贡献。

1829 年，德国采矿工程师 Albert 对疲劳进行了研究。他将矿山升降机链条的一端跨过一个直径约为 360 厘米的圆盘后受载，通过一个曲柄连接器带动扇形块，使圆盘来回摆动，链条因此受到每分钟 10 次的反复弯曲载荷作用，总计循环了10^5次。这是有记录以来最早开展的疲劳试验。

针对车轴的疲劳问题，德国工程师Wöhler在1852年至1869年间开展了系统的研究，设计和制造了世界上第一台旋转弯曲疲劳试验机，加载频率为每分钟72转。他耗费约3年半的时间，对一个试样做了13225万周的循环加载试验。由于在疲劳试验方面的巨大贡献，Wöhler被后世尊称为“疲劳试验之父”。

1867年，巴黎博览会展出了他的疲劳试验结果。1871年，当地报纸用整版篇幅介绍了疲劳试验机和疲劳试验结果。目前，这台疲劳试验机收藏在慕尼黑德国自然博物馆。

Wöhler的疲劳试验结果是采用表格形式给出的。他的继任者Spangenberg后来用曲线形式将其表达出来，人们称之为应力—疲劳寿命曲线或S-N曲线。为了纪念Wöhler，又称之为Wöhler曲线。

二、主要知识点教学（突出重点和难点，35分钟）

1. 裂纹萌生或失效的判定（3分钟）

（1）脆性材料：小尺寸试样发生断裂。

（2）延性材料：小尺寸试样出现可见小裂纹或5%～15%的应变。

提问：为什么脆性材料和延性材料有不同的裂纹萌生或失效判定标准？（请学生略作思考以后回答）

2. 国家标准的规定和要求（5分钟）

国家标准《金属材料疲劳试验轴向力控制方法》（GB/T3075—2008）对试样形状、加工和安装质量以及载荷和环境条件等，都有明确的规定和要求。我们必须严格遵照执行，让“敬畏标准，规范做事”的理念入脑入心。

3. 金属材料疲劳虚拟仿真实验展示（5分钟）

播放金属材料疲劳虚拟仿真实验录屏视频。

通过观看视频，让学生初步了解金属材料试验的目的、主要内容、基本流程、获得的主要数据及其处理方法，以及结果的呈现方式等。这些知识还会在课后的实体实验中得到进一步的解释。

华中科技大学2016级工程力学专业的2名学生刘琰和邵贤民在本科毕业设计期间参与了该虚拟仿真实验系统的研发。课程通过让学生观摩该系统，让学生体验力学、实验技术和计算机科学等多学科的精彩碰撞，同时鼓励他们做出自己的尝试，激发“我也能，我将能”的斗志和信心。

4. S-N 曲线的一般形状和主要特征(教学重点,8 分钟)

(1) 应力幅越低,寿命越长。因此,S-N 曲线是单调下降的。

(2) 应力幅小于某个极限值时,试样永远都不会发生破坏,寿命趋于无限大。因此,S-N 曲线存在一条水平的渐近线。

(3) 疲劳强度(fatigue strength):与寿命 N 对应的应力,称为寿命 N 的疲劳强度,记作 σ_N。

(4) 疲劳极限(endurance limit):寿命 N 趋于无穷大时所对应的应力,称为材料的疲劳极限,记作 σ_f。

提问:材料的疲劳强度与静强度极限有什么相似之处和不同之处?

5. S-N 曲线的数学模型(6 分钟)

1) Wöhler 公式

德国工程师 Wöhler 最早提出了一个指数形式的表达式:

$$e^{m\sigma}N = c.$$

式中,m 和 c 是与材料、应力比、加载方式等有关的参数。

对上式两边同时取自然对数得

$$\sigma = a + b\ln N.$$

其中 $a = \dfrac{\ln c}{m}$,$b = -\dfrac{1}{m}$。

Wöhler 公式给出的应力寿命关系,满足半对数线性关系。

2) Basquin 公式

1910 年,Basquin 在研究材料的弯曲疲劳特性时,提出了描述材料 S-N 曲线的幂函数表达式:

$$\sigma^m N = c.$$

对上式两边同时取对数得

$$\lg\sigma = a + b\lg N.$$

其中 $a = \dfrac{\lg c}{m}$,$b = -\dfrac{1}{m}$。

Basquin 公式给出的应力寿命关系,满足对数线性关系。它可以反映大多数材料的应力寿命关系,因此应用最广。

3) Stromeyer 公式

Wöhler 公式和 Basquin 公式虽然简单明了,但是不能表达 S-N 曲线存在水平渐近线的事实。1914 年,Stromeyer 基于 Basquin 公式提出了一个新的表达式:

$$(\sigma - \sigma_f)^m N = c .$$

公式中引入了疲劳极限 σ_f。很明显，当 σ 趋于 σ_f 时，寿命 N 趋于无穷大。

上述三个公式在形式上都非常简洁，用以引导学生在学习和研究中，逐步发现并追求科学简洁的形式美。

提问：相对于 Basquin 公式，Stromeyer 公式的优势体现在哪里？

6. S-N 曲线的近似估计（教学难点，8 分钟）

在缺乏试验结果或无法开展试验的情况下，可以依据材料的静强度数据对材料的疲劳极限和 S-N 曲线进行简单估计。

1）疲劳极限估计

通过关于大量不同材料的旋转弯曲疲劳试验发现，一些常用金属材料在极限强度不超过 1400MPa 时，疲劳极限与极限强度之间满足近似线性关系，而在极限强度超过 1400MPa 以后，疲劳极限变化不再明显。

考虑到加载方式的影响，疲劳极限与极限强度一般存在下述经验关系：

$$\sigma_f = \begin{cases} k\sigma_u, & \text{当}\sigma_u < 1400\ \text{MPa}, \\ 1400k, & \text{当}\sigma_u \geqslant 1400\ \text{MPa}. \end{cases}$$

式中，σ_u 为材料的极限强度，系数 k 与加载方式有关。对于弯曲疲劳问题，k 的取值范围为 0.3～0.6，一般取 $k=0.5$。对于轴向拉压对称疲劳问题，k 的取值范围为 0.3～0.45，一般取 $k=0.35$。而对于对称扭转疲劳问题，k 的取值范围为 0.25～0.3，一般取 $k=0.29$。

2）S-N 曲线估计

如果已知材料的疲劳极限和极限强度，就可以用下述方法对 S-N 曲线做偏于保守的估计。

假定 $N=10^3$ 对应的疲劳极限为 $0.9\sigma_u$，另外偏于保守地假定对应于疲劳极限 σ_f 的寿命为 10^6 次。根据 Basquin 公式，有

$$(0.9\sigma_u)^m \cdot 10^3 = c ,$$

和

$$\sigma_f{}^m \cdot 10^6 = c .$$

联立以上两式求解可得

$$m = \frac{3}{\lg 0.9 - \lg k},$$

和

$$c = \frac{6\lg 0.9 + 3(\lg \sigma_u - \lg k)}{\lg 0.9 - \lg k}.$$

提问：什么情况下需要做材料的 S-N 曲线估计？

三、知识点总结(3 分钟)

(1) S-N 曲线是单调下降的，有一条水平渐近线。与给定寿命对应的应力，称为疲劳强度，而与无限大寿命对应的应力，则称为疲劳极限。

(2) 描述 S-N 曲线的常用模型有 Wöhler 公式、Basquin 公式和 Stromeyer 公式，其中 Basquin 公式应用最广。

(3) 在已知材料静强度极限的情况下，可以近似估计疲劳极限和 S-N 曲线，以用于初步设计。

特色和创新点

(1) 引导学生了解科学知识形成发展的历史脉络和内在逻辑，激发学生求知欲和探索精神，并引导学生欣赏和追求科学的简洁之美。

(2) 充分挖掘多样化的课程思政素材，引导学生坚定理想信念，激发“我也能，我将能”的斗志和信心，引导学生加强品德修养，敬畏标准，规范做事。

(3) 将专业知识与思政元素充分融合，实现知识传授、能力培养和价值观引导的统一，在如盐入水、润物无声中取得良好的课程思政效果。

效果体现

通过互动环节的课堂提问、课后个别交流和访谈等方式，了解到课程实施效果如下。

(1) 受课堂时间限制，课堂提问主要针对 S-N 曲线的一般形状、主要特征及其近似估计方法等教学重难点进行。从回答的情况来看，学生对知识的理解和掌握情况非常好。

(2) 关于教学内容和素材的组织、教学手段和方法的运用，以及正面价值引导方面，学生总体认为，在学习专业知识的过程中并未明显感觉到思政素材的导入，而且非常认可这些思政素材的意义。

能源与动力工程学院“现代电站锅炉”课程思政案例

章节名称

第1章“锅炉系统及其组成”。

课程目标

一、知识目标

(1) 掌握燃煤锅炉的构成、主要系统、参数、主要特征指标和分类。

(2) 了解我国燃煤发电在经济和社会发展中的基础性作用及我国先进、清洁、高效的燃煤发电技术，了解国内外锅炉发展的历史与灵活、清洁、高效、智能化的发展趋势。

二、能力目标

(1) 建立系统观，培养用系统的观念或方法分析问题的能力。

(2) 培养就科学、技术、工程、社会等问题与团队其他成员有效沟通、探讨、协作等综合能力。

三、价值目标

(1) 了解煤炭是我国的基础性能源，也是未来具有灵活性的战略能源，承担着能源“压舱石”的作用，应避免因环境与气候问题，在能源领域采用“一刀切”和“运动式”的做法，给国计民生带来重大影响，引导学生实事求是，科学决策。

(2) 了解我国清洁高效燃煤发电技术的发展成就、发展前景及其对国家

课程负责人：陈刚。

课程组成员：方庆艳、张成、向军、张世红、刘豪、苏胜、王贤华。

执笔人：方庆艳、陈刚。

发展的巨大贡献,拓展学生的认知视野,提升学生的专业认同感,增强学生的家国情怀和使命感。

教学内容

(1) 我国煤电的基础性地位与先进的燃煤发电技术。

(2) 燃煤锅炉的发展现状和趋势。

(3) 燃煤锅炉的构成和主要系统。

(4) 燃煤锅炉的参数、主要特征指标和分类。

思政素材

一、我国煤炭的基础能源地位

(1) 目前,我国的能源资源储备和能源消费都以煤炭为主,煤炭关系到国家能源战略安全。我国高度重视煤炭的开发利用,大力推进煤炭清洁高效利用,保障国民经济发展。

(2) 为治理雾霾,国家自2013年起在北方地区实施清洁供暖煤改气工程,要用天然气来供暖。2017年,为了加快推进该项工作,部分地区禁止使用散煤,但由于煤改气工程还没有真正完成和天然气存在短缺,部分地区被迫延迟供暖,甚至供不上暖,影响了人民群众过冬。

二、世界领先的清洁高效燃煤发电技术与装备

(1) 我国实行最严格的火电厂大气污染物排放标准,部分地区实施的排放限值远低于欧盟标准。我国燃煤发电机组超低排放及改造技术已经达到世界先进水平,燃煤发电已成为我国最清洁环保的用煤方式。此外,我国的超超临界燃煤发电技术处于世界领先水平,清洁高效的高参数超临界/超超临界燃煤发电机组,已经成为我国火力发电的主力机组,并出口到东南亚国家。在燃煤清洁发电领域,我国自主科技创新成果显著,多个项目获国家级奖励,例如,600MW超临界循环流化床锅炉技术开发、研制与工程示范项目和燃煤机组超低排放关键技术研发及应用项目分获2017年国家科技进步一等奖和国家技术发明奖。这些成果都是历经十多年的自主创新和潜心钻研取得的,是非常不容易的。

(2) 清洁、高效、灵活、低碳一直是电力发展的目标。智能发电是电力行业

迈向工业4.0的核心内容之一，将大数据、人工智能与传统燃煤发电技术，如配煤掺烧、优化控制等深度融合，可有效提高机组运行安全性、经济性和环保性，能够为煤电未来的发展提供新动能。

三、"双碳"目标

(1) 目前，全球每年向大气排放约510亿吨的温室气体，这带来了严重的气候问题。《巴黎协定》的目标是减缓气候变化，使碳排放尽早达到峰值，并在21世纪中叶实现碳中和，以在21世纪末将全球地表温度相对于工业革命前上升的幅度控制在2℃以内。随着全球气候变化对人类社会日益构成重大威胁，越来越多的国家将碳中和上升为国家战略，多数发达国家在实现碳达峰后，明确了碳中和的时间表。

(2) 2020年，我国基于推动实现可持续发展的内在要求和构建人类命运共同体的责任担当，宣布了碳达峰碳中和的目标愿景。"双碳"目标将对经济社会发展产生深刻的影响。当前，我国距离实现碳达峰目标的期限不足10年，而从碳达峰到碳中和仅有30年左右的时间。与发达国家相比，我国实现"双碳"目标的时间更紧、幅度更大、困难更多。但辩证地来看，"双碳"目标的实现过程，也是催生全新行业和商业模式的过程，将为我国推进绿色转型带来巨大机遇和动力。

思政元素

(1) 煤炭是我国的基础性能源，也是未来具有灵活性的战略能源，承担着能源"压舱石"的作用。应该认识到，清洁取暖不代表"去煤化"，我国燃煤发电超低排放实践表明，煤炭是可以实现清洁高效利用的。因此，能源转型，要实事求是、科学决策、先立后破，避免先破后立以及"一刀切"和"运动式"的做法给国计民生带来重大影响。

(2) 我国电力技术和装备的发展走的是引进、消化、创新、输出的道路，我国在燃煤火力发电行业取得的重大成就和技术创新成果，处于国际领先地位。能源行业与能源人不甘落后，奋力拼搏，不断创新，最终赶超国际先进水平。这证明了我国电力行业发展道路的正确性，能够充分激发学生对电力行业的自豪与自信，使其积极投身其中，贡献自己的力量。

(3) 实现"双碳"目标是国家重大战略决策，也是我国推动可持续发展的内在要求，体现了我国构建人类命运共同体的责任担当。我国实现"双碳"目标,时间更紧、幅度更大、困难更多,需要我们一起发挥才智、努力奋斗。

教学安排

本课程为国家级一流本科课程,课程组高度重视课程思政建设,明确将提升学生思政素养作为课程教学目标之一。

一、以话题讨论引入课程内容

分组讨论“能源与动力”相关话题:我眼中的能源与动力;能源与动力的现状与挑战;未来的能源与动力。以5人为一组,讨论10分钟,随后各组推荐1人代表团队分享讨论结果,用时5分钟。在学生分享完后,教师做点评,适时引入课程内容。

二、介绍我国煤电的基础性地位和燃煤发电技术发展现状

这一部分从历史的角度和国际的视野出发来看待我国的煤电发展情况,坚持价值引领,做到三个突出:突出我国煤炭的基础能源地位不可替代;突出我国在煤电行业取得的重大成就,清洁高效超超临界发电技术与装备世界领先,在更高效率超超临界和智能发电等方面大有可为;突出“双碳”目标为国家推进绿色转型与可持续发展提供了巨大机遇和动力。

三、讲授燃煤锅炉相关知识

这一部分系统地讲解燃煤锅炉的构成、主要系统、参数、主要特征指标和分类,将现代电站锅炉系统模块化,归为燃料燃烧模块、运行问题模块、热力计算模块和三个主要系统及其子系统等模块。三个主要系统为制粉和燃烧系统、烟风系统和汽水系统。制粉和燃烧系统包括制粉系统和燃烧系统,烟风系统包括送风系统、引风系统和烟气污染物脱除系统,汽水系统则包括水冷壁系统、过热器系统、再热器系统和省煤器系统。在讲授锅炉系统模块之前,先讲授燃料燃烧与锅炉热平衡模块,随后讲授锅炉运行问题模块。热力计算模块则作为课程衔接内容,放在课程最后讲授。这既体现了教师的教学设计与实施思路,即教什么、怎么教,也让学生掌握了学好这门课的思路,即学什么、怎么学。

四、演示现代电站锅炉系统模型

这一部分基于课堂上关于锅炉系统的模块化讲解,在目前最先进的1000MW超超临界锅炉实物模型演示平台上,进行现场演示教学。该实物模

型包含了当前最先进的燃煤锅炉系统主机、辅机、管路布置以及在当前“超低排放”要求下燃煤电厂最新的污染物控制装备，可以实现动态的演示，让学生了解目前最先进、最前沿、最主流的技术、设备的发展现状。现场演示需要做到以下几点：结合课堂知识进一步挖掘和呈现思政元素，如该实物模型代表着我国清洁高效的超超临界燃煤发电技术与装备已经处于世界领先水平，从而激发学生的专业自豪感，强化其专业认同感；基于系统的观念，讲解锅炉三个主要系统及相关子系统等，增强学生对现代电站锅炉的感性认识；结合模型的声光设计，演示各系统的装置组成和结构、工作流程和作用原理。通过演示让学生对锅炉系统的整体有一个深入的了解，为后续深入学习锅炉各系统和模块打下良好的基础。

特色和创新点

(1) 高度重视课程思政建设，明确将提升学生思政素养作为课程教学目标之一。

(2) 提出“四新”教学设计与实践，以新时代课程思政价值为引领，创新教学体系与内容、教学模式与技术、教学评价与反馈改进，将思政育人有机融入教学的全过程。

(3) 结合能源专业特色，开展增强专业行业自信教育，培养实事求是、科学决策的精神。

效果体现

(1) 学生在课程中充分发挥了主观能动性，课程参与感强，在掌握锅炉系统、组成、参数等知识的同时，培养了沟通和思辨的能力，扩展了历史和国际的视野，更重要的是增强了专业自信和使命感，为日后积极投身清洁低碳能源事业打下了基础，达成了知识、能力与价值目标的有机融合。教学调查表明：对课程表示满意和比较满意的学生占比100%；有效达成和基本达成课程目标的学生占比99%；获得感强和比较强的学生占比99%。

(2) 教学调查中部分学生的评价如下。①课程内容丰富，学完后对电站锅炉的发展历程和未来趋势有了清楚的了解，对于锅炉有了很系统的认识，有利于与热电厂、燃烧理论等课程中的知识融会贯通，综合分析问题的能力得到了提高，全面思考问题的能力有很大加强，对本专业的认同感增强。②70%的过程考核成绩占比有助于我们更加注重平时课程的学习,而不是像以往一样在一个集中的时间段内复习以通过考试。多样化的过程考核方式,如科技写作作业、团队作业研讨和课堂报告等都让我们耳目一新,使我们受益匪浅。通过这种互动性和过程性更强的学习过程,我们对知识掌握得更扎实,并能将其与实际问题结合起来,从而对本专业的学习有了更多兴趣。③对热能发电这一领域有了更深刻的认识,并对自己的未来规划有了更清晰的想法。

船舶与海洋工程学院“船体振动”课程思政案例

章节名称

第 7 章“船舶结构振动控制”第 1 节：隔振原理。

课程目标

本课程是船舶与海洋工程专业的核心课程之一，其课程目标主要包括如下内容。

一、知识目标

（1）理解隔振原理及其意义，了解隔振技术发展历程，掌握离散振动系统隔振微分方程的建立流程、求解方法和分析技术。

（2）掌握对计算结果进行无量纲化处理的方法并绘制力传递率曲线，能从曲线中揭示隔振规律，获得指导工程设计的方法，能认识到隔振器刚度的选择关系到隔振性能及物体的运动稳定性。

（3）了解表征隔振性能的不同物理指标的含义和相互关系。熟悉现代隔振器的类型、构造、作用原理。掌握简单振动系统的隔振设计与隔振器选型。

二、能力目标

（1）能够分析和求解离散振动系统固有频率、振型、自由振动和强迫振动。

（2）能够初步建立隔振系统数学关系或数值关系，具备应用振动知识分析和解决隔振问题的能力。

课程负责人：李天匀。

课程组成员：李威、朱翔、殷彩玉、李家盛。

执笔人：李天匀、李威、殷彩玉。

(3) 能够突破习惯性认知模式,处理隔振设计中隔振性能与运动稳定性之间的技术矛盾,学会权衡获益和风险,具备综合平衡多种性能的能力。

(4) 能够设计合理可行的隔振系统,并选择合适的隔振器,培养解决复杂问题的综合能力和创新思维,并从学术思想层面认识隔振的本质,即以柔克刚、刚柔并济。

(5) 能够进行深度分析、大胆质疑、勇于创新。

三、价值目标

(1) 将隔振技术与舰艇水下噪声有机联系起来,减少舰艇噪声对水生物的不利影响,使学生认识到所学的专业技术知识有利于减少工程实践对环境、社会发展的负面影响。

(2) 以隔振能有效降低潜艇辐射噪声并提升潜艇声隐身能力为例,引出中国科技工作者自立自强、研制大国重器、建设海洋强国的思政素材,引领新时代大学生将社会主义核心价值观内化于心、外化于行,让大学生在收获专业自豪感的同时,找到人生发展的方向,做到爱国、忠诚、奋斗、奉献。

教学内容

本节主要讲授单自由系统第一类、第二类隔振系统的隔振原理及其力学建模、方程求解、分析方法,并按照“理解基本概念—掌握分析方法—领会学术思想”的逻辑联系组织教学内容。

(1) 隔振是在振源和舰艇结构之间增加柔性元件(隔振器)形成串联系统,从而使振源传递至基础结构(或经基础结构传递至设备)的力响应或运动响应得以降低的措施。

(2) 我国科技工作者研制的具有国际先进水平的船用典型隔振器。

(3) 将力学类物理问题的描述转化为微分方程,建立参数间的函数关系。

(4) 用数值方法求解方程,并将数学关系刻画成图形曲线,揭示隔振的物理规律,以便指导工程设计和解决工程难题。

(5) 表征隔振性能的物理指标的内涵和相互关系,以及隔振性能与运动稳定性间的博弈关系。

(6) 隔振的本质:以柔克刚、刚柔并济。

思政素材

一、舰艇隔振的意义

舰艇主机、辅机、轴系等存在各类振动现象，导致噪声辐射等一系列问题。隔振技术能有效降低舰艇的辐射噪声，减少舰艇噪声对水生物的不利影响，还可以提升其声隐身能力，进而提高其生命力、战斗力。

二、舰艇减振专家与水生物保护专家的事迹

中国工程院院士、海军工程大学何琳教授在舰艇减振领域取得了突出的成就。何琳院士团队依靠自主创新，攻克理论、结构、材料、工艺和试验等多项难题，发明并研制出我国具有自主知识产权的第一代和第二代隔振装置，还开发出第三代智能隔振装置，使我国潜艇降噪水平有大幅度提升。

中国科学院水生生物研究所研究员、武汉白鱀豚保护基金会秘书长王克雄致力于长江航运等噪声环境下江豚和中华白海豚的研究与保护工作。声音是豚类水生物感受水下世界的主要渠道，王克雄团队通过各种方式减少水下噪声污染，为豚类水生物创造了良好的生存环境，生动体现了生态文明的理念。

三、优秀校友的事迹

华中科技大学校友吴崇建是我国某型常规潜艇的总设计师，为我国的潜艇总体噪声振动控制做出了重大贡献。校友吴刚是"东方红 3"科考船总设计师，"东方红 3"科考船的水下辐射噪声通过了挪威船级社的权威认证，获得全球最高等级——"静音科考"级认证证书，成为国内首艘、国际上第四艘获得这一等级证书的海洋综合科考船，也是目前世界上获得该证书吨位最大的静音科考船。

思政元素

(1) 以概念、方法、思想三层次教学法训练和教育学生，引导学生体会物理描述与数学表达的结合之美，培养学生的科学思维能力，有效提升学生的学习获得感。

(2) 隔振设计中的隔振性能与设备运动稳定性之间存在矛盾。在教学中通过强调"对症"和"剂量"的重要性，教会学生辩证地看待事物，引导学生学会

权衡收益和风险，树立辩证思维和全局观念。

(3) 阐述隔振技术对降低舰艇水下噪声的重要性，引出舰艇噪声对生态环境的负面影响，引导学生树立工程实践与自然环境协调发展的理念，重视生态文明建设。

(4) 挖掘中国船海人打造大国重器，实现科技自立自强，团结协作、勇攀高峰的事迹，培养学生精益求精的大国工匠精神和科技报国的家国情怀。

(5) 以优秀校友的先进事迹为载体，结合教师的言传身教，潜移默化地传递爱国、忠诚、奋斗、奉献精神，使先进典型背后的精神力量成为课程教学的宝贵资产，引领新时代大学生将社会主义核心价值观内化于心、外化于行。

教学安排

一、课程导入(4分钟)

总结前期课程中学习的各类舰艇振动案例，并提问道：舰艇的上述振动现象会导致哪些危害？请学生思考2分钟后发言。

记录学生的观点，总结舰艇振动导致的噪声辐射、水下噪声污染等一系列问题，并以王克雄研究员关于长江航运等噪声环境下江豚和中华白海豚保护的研究工作为例，启发学生思考舰艇振动噪声控制与生态文明建设的关联。(1分钟)

进一步提问：如何降低舰艇上的各类振动问题？

总结学生的观点，并引入本节课程的知识点——隔振，指出隔振系统的性能对潜艇声隐身性能的影响，引导学生思考隔振对于舰艇的重要意义。(1分钟)

二、专业知识教学与课程思政教学(突出重点和难点，38分钟)

1. 第一类隔振问题的隔振原理、数学建模、方程求解及分析方法(15分钟)

首先以工程中典型的隔振器的图片为素材，使学生对隔振器建立起直观的认识。在此基础上，将第一类隔振问题的物理模型转化为数学问题，通过建立及求解数学微分方程，剖析第一类隔振问题的隔振原理，总结隔振规律，以便指导工程设计。引导学生思考隔振性能与设备运动稳定性之间的矛盾，学会辩证地看待事物，权衡收益和风险，树立辩证思维和全局观念。

2. 第二类隔振问题的隔振原理、数学建模、方程求解及分析方法(12 分钟)

以第一类隔振问题为基础，阐述第二类隔振问题与第一类隔振问题的区别，通过建立和求解数学模型，分析第二类隔振问题的隔振原理。

3. 隔振效果的评价指标(6 分钟)

总结两类隔振问题的异同点，讲解第一类隔振问题和第二类隔振问题的三种评价指标：插入损失、振级落差和力传递率。重点讲解三种评价指标的区别及工程实用性，引导学生学会理论联系实际。

4. 舰艇隔振器应用案例(5 分钟)

以图片形式展示隔振器在舰艇上的应用案例。

提问：上述隔振器处理的是哪一类隔振问题？判断依据是什么？

同学生分享何琳院士、吴崇建研究员在相关领域的成就，鼓励学生以业内优秀的学者、专家为榜样，努力学习、艰苦奋斗、不断努力，为建设海洋强国贡献自己的力量。

三、课程总结(3 分钟)

总结本节课程的重点和难点，并结合自身在舰艇振动控制领域的研究工作，分享舰艇隔振的前沿研究工作。以吴刚总设计师设计的水下辐射噪声控制达最高等级的"东方红 3"科考船为例，激励学生始终保持对新事物的求知欲和探索欲，强化创新思维。

特色和创新点

一、特色

课堂中的课程思政教学主要围绕以下五个角度展开。

(1) 强化理论学习，提升任课教师的课程思政教学能力和立德树人目标的达成度。

(2) 发挥课程组功能，使思政元素与专业知识充分融合。

(3) 挖掘思政素材，充分展现专业领域隐藏的思政魅力。

(4) 完善课程保障，有效提升课程思政教学体系的运行。

(5) 建立评价体系，及时掌握学生对课程思政效果的评价。

二、创新点

(1) 绘制课程思政建设"设计图"。课程组集体推进课程思政建设工作，加强课程规划设计，根据学科特点找准切入点，将价值引领具化为课程教案，将思政元素融入知识教学，将课程思政贯穿教学全过程。

(2) 规划课程思政发展“路线图”。课程组确立“思政塑心、能力绘象、实践育行”三位一体的教育理念，注重以国家重大战略为导向，培养学生精益求精的大国工匠精神和科技报国的家国情怀。

(3) 细化课程思政教育“施工图”。课程组在课程设计中贯彻和落实课程思政理念，深挖育人元素，做到不离课程讲思政，渗透思政讲课程，提升教师进行课程思政建设的意识与能力。

(4) 擘画课程思政影响“效果图”。课程组深挖建设海洋强国的故事，着力构建以海洋强国建设为引领的课程体系，深化专业教育和行业情怀培养，让大学生在收获专业自豪感的同时，找到人生奋斗的方向。

效果体现

本课程建强教师队伍“主力军”、筑牢课程建设“主战场”、坚守课堂教学“主渠道”，将专业知识和思政元素有机融为一体，实现了显性教育和隐性教育的统一。“船体振动”课程组因此获评 2021 年湖北省高校省级优秀基层教学组织。

本课程取得的教学效果具体如下。

(1) 建立了丰富的思政资源库，构建了以海洋强国建设为引领的课程体系，有效激发了学生为祖国为人民不懈奋斗、赤诚奉献的坚定志向，深化了专业教育和行业情怀培养。

(2) 课堂互动频繁，学生回答问题、完成作业的质量高，创新思维得到充分锻炼，课程成绩大幅提升，学习积极性普遍增强，普遍有志于成为堪当民族复兴重任的时代新人。

(3) 将知识传授、能力培养和价值塑造融为一体，培养学生精益求精的大国工匠精神和科技报国的家国情怀，使学生树立建设海洋强国、实现中国梦的远大抱负。

材料科学与工程学院“材料加工工程”课程思政案例

章节名称

第1章“绪论”。

课程目标

一、知识目标

（1）掌握材料成形的基本概念，了解材料成形工艺与其他机械制造工艺的区别。

（2）通过典型历史文物和现代重大战略装备了解材料成形工艺在我国的发展历程及其在国家科技发展中的重要地位和作用。

（3）掌握材料成形工艺的基本特点，了解材料成形工艺的主要方法及其分类。

（4）结合现代科技的发展，了解材料成形工艺的发展趋势。

二、能力目标

（1）能够正确区分材料成形工艺与其他机械制造工艺的不同。

（2）对于给定的材料，能够列举用其制造零部件的主要成形工艺。

（3）对于给定的典型历史文物和现代重大战略装备，能够清晰描述其零部件的成形工艺。

三、价值目标

（1）通过了解我国材料成形的悠远历史，增强民族自豪感。结合对大国

课程负责人：周华民。

课程组成员：王新云、黄安国、董选普、黄志高、金俊松、黄亮、刘德健、刘鑫旺。

执笔人：黄志高。

重器研发瓶颈的解析,产生科技报国的使命感。

(2) 通过对比我国材料成形的历史与现状,深刻认识科学理论在技术发展中的重要作用,建立正确的科技发展观。

教学内容

(1) 介绍材料成形的基本概念,解释其与其他机械制造工艺的区别。

(2) 通过典型历史文物介绍我国材料成形的悠远历史。

(3) 通过现代重大战略装备介绍材料成形在国民经济中的作用与地位。

(4) 分析我国材料成形的现状。

(5) 介绍材料成形工艺的特点与分类。

(6) 介绍材料成形工艺的发展趋势。

思政素材

一、我国材料成形的悠远历史

我国是世界上最早运用材料成形工艺,尤其是铸造和锻造工艺的国家之一。1975 年在甘肃东乡林家遗址中发现的一把铜刀,已有 5000 多年历史。1978 年在湖北随州出土的战国初期曾侯乙编钟,包括 65 件全套编钟,分 3 层 8 组悬挂在曲尺形的铜木结构钟架上。钟面铸有变体龙纹和花卉纹饰,有的细如发丝,钟上还铸有错金铭文 2800 多字,标记音名与音律。整套编钟音域宽达五个半八度,可演奏各类名曲,音律准确和谐,音色优美动听,铸造工艺水平极高。1972 年在河北藁城商代遗址出土的兵器距今已有 3300 余年,经现代技术检验,其刃口采用合金嵌锻而成,这是我国迄今为止发现的最早的锻件。在河北怀来出土的战国早期红铜槌胎薄铜缶,被学者认为是至今为止发现的世界上第一个冲压件。此缶壁厚仅有 1 毫米左右,而且厚薄十分均匀。此器分为上下两部分,成形后再使用冷咬接技术套接在一起,器身还有精细流利的针刻文。这个薄铜缶,其制造时代之早、器皿之精美绝伦、技术复杂程度之高,都证明了我国古代劳动人民在冲压成形方面的杰出智慧。

二、华中科技大学自主研发的增材成形技术和装备

华中科技大学材料成形与模具技术国家重点实验室在增材制造的材料、工艺装备、软件、应用等全链条技术领域开展了创新研发工作,实现了产品化,

相关技术和装备已被国内外1000多家用户使用，辅助了各领域几十万种新产品的开发，为我国关键行业核心产品的快速自主开发提供了有效技术手段。这一成就还被制作成电视节目在中央科教频道多次播放，引起了社会各界的热烈反响。相关成果先后获国家科技进步二等奖和技术发明二等奖各1项、中国十大科技进展1项。

三、航空发动机的制造瓶颈

一台航空发动机有几千片不同种类的叶片，它们是发动机的关键零件，实现着发动机的核心功能。这些叶片由不同材料、不同工艺制成，面对着不同的工程学挑战。其中，高温单晶涡轮叶片是发动机加工难点中的难点，同时也是发动机制造技术最核心的部分。目前，高压涡轮叶片的产能和合格率依然是中国航天发动机工业的主要瓶颈问题。

四、华中科技大学自主研发的材料成形系列软件

华中科技大学材料成形与模具技术国家重点实验室开展了材料在固态、液态条件下的形变（流变）规律和多场、多尺度下各因素间的耦合作用机制，构建了成形过程的计算模型，建立起快速精确的数值计算方法，为全面真实地掌握材料的形变规律及机理、组织结构演变和性能预测提供了技术支撑。相关成果解决了航空航天、汽车、家电、机械等领域的成形制造技术难题，促进了行业技术进步，在国民经济和国防建设中发挥了重要的作用。

思政元素

（1）通过介绍我国材料成形的发展历史及其在我国璀璨的历史文化中的重要作用，增强学生的民族自信和文化自信。

（2）通过介绍材料成形在国民经济建设中的重要地位，特别是大国重器的制造中材料成形的重要作用和面临的瓶颈问题，引导学生重视课程学习。

（3）通过介绍我校在材料成形科研活动中取得的一系列具有国际影响力的重要科研成果，增强学生的专业自信。

教学安排

材料成形工艺主要包括液态金属铸造成形工艺、固态金属塑性成形工艺、高分子材料成形工艺和连接成形工艺等，是机械制造的重要组成部分，是现代化工业生产技术的基础。本章以大家非常熟悉的典型历史文物和现代重大战略装备为例,详解材料成形工艺在我国的发展历程及其在国家科技发展中的重要地位和作用。课程基于自主研发的虚拟仿真系统直观展示各种工艺过程,分析材料成形工艺的特点,并结合现代科技发展介绍材料成形工艺的发展趋势。

一、我国材料成形的发展历程

通过介绍典型历史文物,让学生了解我国材料成形的悠久历史和先进水平。如曾侯乙编钟,钟面铸有龙纹和花卉纹饰,有些细如发丝。铸有铭文2800多字,标记音名和音律,改写了世界音乐史,被中外学者称为"稀世珍宝"。再如一号铜马车,其各个部件为独立铸造,秦代工匠运用焊接、镶嵌、销接、活铰连接、子母扣连接、转轴连接等工艺技术,将其完美地结合为一个整体。这是20世纪考古史上发现的结构最为复杂、形体最为庞大的古代青铜器,被誉为"青铜之冠"。

讲解完上述案例后请学生列举其他文物并分析其成形方法,增强学生对于材料成形历史和我国古代科技水平的认识。

二、材料成形的作用

材料成形是机械制造的重要组成部分,是现代化工业生产技术的基础。金属材料70%以上须经过铸、锻、焊成形加工才能获得所需制件,非金属材料也主要依靠成形方法被加工成半成品或产成品。

材料成形生产能力及其工艺水平,对一个国家的航空航天、交通运输、国防军工等的发展影响很大。这里重点导入两个案例。

(1) 华中科技大学在材料成形领域取得重大科研成果——工业级激光烧结快速制造装备。经采用该装备,广西玉林柴油机公司大型六缸柴油发动机的缸盖砂芯研制周期由传统的5个月缩短至1周。

(2) 航空发动机被誉为"工业皇冠上的明珠",是一个国家工业水平的集中体现。我国是一个制造业大国,但还不是一个制造业强国,其中一项重要的指标就是我国至今还没有完全解决航空发动机叶片制造的瓶颈问题。

提问:我国古代材料成形技术领先,为什么现在落后于西方发达国家?

通过这一问题引导学生认识到我国材料成形生产虽然历史悠久,但长期处于手工作坊的落后状态,直到新中国成立之后,我国的材料成形工业才随着基础科学理论的普及和机械制造业的发展壮大起来。通过对该问题的讨论，引导学生建立正确的科技发展观。

三、材料成形数字化发展趋势

材料成形数字化主要包括材料成形过程的计算机数值模拟(CAE)和计算机辅助设计与制造(CAD/CAM)。课程基于华中科技大学自主研发的系列材料成形模拟仿真系统软件，介绍材料成形数字化技术，目前的数值模拟方法主要是有限元法等。通过对成形过程的模拟分析，可以获得工件的内部流向分布、温度场、应力与应变场等，同时可预测是否会形成缺陷及其所在位置，从而为制定合理的工艺参数、获得优质制件提供更为科学的依据。

传统的材料成形开发方法主要是尝试法，依据设计者有限的经验和比较简单的计算公式进行制品和模具设计及其工艺开发。但是在生产实际中，制品和模具的结构千变万化，生产环境和工艺条件各不相同，仅凭有限的经验和简单的公式难以对这些因素做全面的考虑和处理，而且设计者经验的积累和公式的总结也往往跟不上材料的发展速度和制品复杂度、精度的提高，因此必须反复试模、修模并调整工艺参数，甚至重新设计方案，才能正式投产。这种开发方法效率低下、生产周期长、费用高，产品质量难以得到有效保证，不利于新产品的研制和开发，特别是大型复杂制品和精密制品，问题更加突出。材料成形 CAE 等技术的发展为上述问题提供了很好的解决方法。

提问：科技创新对于传统制造业有何意义？

通过相关讲解和讨论，强化学生采用科学手段解决工程问题的思维意识。同时，华中科技大学在材料成形领域取得的杰出成就及其背后的故事，也有助于提升学生的专业自豪感和对科技自主的自信心。

特色和创新点

(1) 面对新形势下社会对具有更强创新能力的材料行业人才的重大需求，课程组针对之前的培养体系存在育人理念落后、学习动力不足等问题，补充介绍我国材料成形的悠远历史和现代发展状况，以家国情怀达成价值引领，激发学生学习热情。

(2) 将科研成果融入课程，重点介绍学院在材料成形领域具有国际先进水平的科研成果，包括材料成形系列模拟软件、3D 打印等。同时，介绍我国大国重器研发遭遇的瓶颈问题，激化学生投身材料成形领域、科技报国的使命感。

（3）以自主研发的系列材料成形模拟仿真系统软件具体演示材料成形工艺过程及其对成形缺陷的准确预测，强化学生采用科学手段解决工程问题的思维意识，促使学生建立正确的科技发展观。

效果体现

经过课程的学习，学生们建立了对材料成形工艺的直观认识，了解了材料成形在我国历史和当代发展中的重要作用，更正了以前对材料成形及控制工程专业的认识误区。课程内容紧密结合国内外行业发展动态，让学生眼前一亮，师生之间不断擦出思想的火花。课程授课教师特别注意结合自己的科研成果，介绍攻克技术难题过程中的精神状态、创新思路与方法以及团队精神，为有志于继续深造的学生开展下一步学习与实践活动提供了指引方向。同时，学生也了解到大国重器中与材料成形相关的瓶颈难题，增强了科技报国的使命感。有学生感言："该课程在认真负责的教师的讲授下，已不再是毫无生气的文字数据的堆砌，而是变成了一缕清泉，浸润着我们每一个同学的心。"

材料科学与工程学院“金属学与热处理”课程思政案例

章节名称

第 11 章“工业用钢”第 5 节：工具钢。

课程目标

一、知识目标

（1）工具钢的工作条件与失效形式。了解工具钢的概念和分类方法，熟悉各类工具钢的发展历程和应用领域，并依据各类工具钢的工作条件认识和掌握其主要失效形式。

（2）工具钢的性能要求与成分设计原则。针对各类工具钢的不同工作条件和失效形式，分析其性能要求，了解合金元素对工具钢性能的影响规律，掌握工具钢的成分设计原则。

（3）工具钢的热处理工艺与组织特点。基于工具钢的性能要求和成分特点，学习工具钢的典型热处理工艺，认识其最终成分和微观组织特点，掌握工具钢成分、组织、性能与热处理工艺间的内在关联。

二、能力目标

（1）掌握各类工具钢的牌号及其成分、微观组织和性能特点，能够分辨工具钢的种类，并根据工作条件选用恰当的工具钢。

（2）掌握各类工具钢的成分设计原则和热处理工艺，能够设计典型工具

课程负责人：杨君友。

课程组成员：曾大文、蔡启舟、罗裕波。

执笔人：罗裕波。

钢的化学成分和热处理工艺,获得预期微观组织和宏观性能。

(3)掌握工具钢成分、微观组织、性能和热处理工艺间的内在关联,具备通过调控化学成分和热处理工艺来优化工具钢性能甚至研发新型工具钢的能力。

三、价值目标

(1)通过介绍工具钢在生产生活和现代化建设中的重要地位,深化学生对本专业的认识,提高学生的专业认同度和学习兴趣。

(2)通过介绍崔崑院士在艰苦环境中研制出一系列新型模具钢的感人事迹,激励学生练就不畏艰难、勇于探索的创新精神,培养学生勤奋学习、矢志成才、科技报国的理想信念和爱国情怀。

(3)通过解读微量元素在工具钢中的重要作用,使学生明白"小螺钉也有大天地",引导学生正确认识自我,努力实现自我价值。

教学内容

(1)介绍工具钢的概念、工作条件、性能要求和应用价值,以及我国工具钢的发展历程和现状。

(2)解读各类工具钢的牌号、化学成分和应用场合,介绍典型工具钢的化学成分设计原则、热处理工艺、微观组织和性能特点。

(3)分析和讨论工具钢的成分、微观组织、性能和热处理工艺之间的内在联系,探讨给定工作条件下工具钢的成分和热处理工艺设计方案。

思政素材

一、全国道德模范——崔崑院士

崔崑院士是我校材料科学与工程学院教授,荣获第八届全国道德模范荣誉称号。崔院士是我国著名的模具钢研发专家,开发了系列新型模具钢,使我国拥有了自主研发生产模具钢的能力,打破了国外垄断。此外,崔院士捐款千万,设立了"新生助学金"和"勤奋励志助学金",用于帮助生活困难的学生顺利完成学业。崔院士是学生的"身边人",他的"烽火求学路""千锤百炼钢""为国为民心"是本课程最好的思政素材。

二、钢轨铣磨车的核心部件——铣刀

尽管我国的工具钢研究已有一段历史,并且取得了很大的进步,但在一些

关键领域还受制于人。例如,铣磨车是保障钢轨使用寿命和高铁安全运行的利器,但其核心部件——铣刀仍需从德国或奥地利进口,其生产技术被垄断。

三、微量元素的大作用

以工具钢中的碳元素为例讲解微量元素的作用。尽管碳在自然界中很常见,价格低廉,却是工具钢不可或缺的元素,0.9%~1.5%的碳含量可显著提高工具钢的硬度和耐磨性。

思政元素

(1) 通过分享崔崑院士的求学和科研经历,培养学生不畏艰难、勇于探索的开拓精神,激发学生科技报国、勤奋报国的理想信念。

(2) 通过钢轨铣磨车铣刀的案例,引导学生深刻意识到材料成形及控制工程专业的重要性和自身担负的责任,提高学生对专业的认可度,增强学生的学习热情和动力。

(3) 通过碳元素对于工具钢硬度和耐磨性的积极作用,引导学生正确认识和发现自我价值,鼓励自身优势和特长不明显的学生不妄自菲薄、不自暴自弃,努力实现自我价值。

教学安排

一、介绍背景知识

以学生见过的锉刀、车刀、钢尺、锻造成形工件等物品为媒介引入工具钢(刃具钢、模具钢和量具钢)的概念,介绍"现代工业之母"——工具钢在现代工业中所起的重要作用。高性能工具钢是制造业产业的物质载体和技术基础,是我国战略新兴产业。课程强调工具钢在生产生活和现代化建设中的重要地位,指出学习和研究工具钢的必要性和重要性,提高学生的学习兴趣和专业认识。

二、介绍刃具钢

(1) 以课件形式展示刃具钢的种类和用途,介绍刃具钢的基本性能需求:高硬度、高耐磨、高热硬性和足够的塑性、韧性。

提问:如何实现刃具钢的特殊性能需求?

(2) 解读不同刃具钢的牌号、成分特点、微观组织和性能特点,让学生了解刃具钢成分、微观组织和性能之间的内在联系，初步掌握刃具钢的性能调控方法。

(3) 以钢轨铣磨车的铣刀这一具体案例说明我国在该领域还处于被动地位，引导学生深刻意识到专业的重要性和自身担负的责任。并以铣刀为例，与学生一起探讨常见的高速钢(W18Cr4V)的失效形式，引导学生分析 W18Cr4V 的性能需求，并结合前期所学的热处理原理和工艺相关知识设计合理的热处理方案，以培养学生分析和解决实际工程问题的能力。

三、介绍模具钢

(1) 以课件形式展示模具钢的种类、用途和发展历程，使学生认识到模具钢在我国工业化进程中的重要作用。与学生一起回顾崔崑院士的“烽火求学路”“千锤百炼钢”“为国为民心”，分享崔院士在求学过程中和自主研发模具钢、打破国外技术封锁的过程中的感人事迹。引用崔院士的话语“勤奋报国是我的四字秘诀”，引导学生以崔院士为榜样，学习崔院士不畏艰难、勇于探索的开拓精神，建立科技报国、勤奋报国的理念。

(2) 展示模具钢的分类和用途，解读冷作模具钢和热作模具钢的牌号、成分特点、热处理工艺、微观组织和性能特点，探讨模具钢成分、微观组织、性能和热处理工艺之间的内在联系，让学生掌握模具钢的性能调控方法。

(3) 以崔院士发明的含铌基体钢 65Nb(获国家技术发明奖三等奖)为例，介绍其失效形式和性能需求，引导学生分析 65Nb 的化学成分特点，结合热处理原理与工艺知识建立合理的成分和热处理设计方案，提高学生分析和解决实际问题的能力。

四、介绍量具钢

(1) 以课件形式展示量具钢(卡尺、千分尺、快规等度量工具用钢)的工作条件及性能要求，引导学生自主揭示其失效形式和性能需求。

(2) 介绍量具钢的成分特点，尤其是其含碳量较高(0.9%～1.5%)，以保证足够的硬度和耐磨性，引导学生认识自我价值，树立正确的人生观和价值观。

(3) 解读常用量具钢的牌号、热处理工艺、微观组织和性能特点，与学生一起探讨量具钢成分、微观组织、性能和热处理工艺之间的内在联系，使学生掌握量具钢的性能调控方法，具备设计量具钢热处理工艺的能力。

五、课程回顾

结合板书快速总结本节内容，指导学生如何串联和理解知识点，加强学生对内容的掌握程度。

特色和创新点

一、借助榜样的力量开展课程思政教学

在模具钢部分的解读中，"因地制宜"地与学生分享崔崑院士的求学和科研之路，了解崔院士在艰苦的条件下研发出一系列达到国际先进水平的新型高性能模具钢背后的感人事迹，培养学生不畏艰难、勇于探索的开拓精神，激发学生科技报国、勤奋报国的理想信念。这可以让学生感受到榜样就在身边，进而利用榜样的力量帮助学生树立高尚的人生追求，培养学生勤、思、严、实的科研精神。

二、通过真实案例开展课程思政教学

结合时代现状，通过与学生探讨真实案例，如钢轨铣磨车的核心部件铣刀受制于人的客观事实，让学生在"听故事"的状态下自主意识到材料成形及控制工程专业的重要性和当代大学生的历史使命。这既可提高学生对专业知识的接受度，增强学生的学习兴趣，又可以使学生产生反思、产生共鸣，进而在润物无声的状态下开展入脑入心的课程思政教学。

三、通过探讨的模式开展课程思政

课程组积极改变教学方法，加强师生互动和课堂讨论，使学生认可和信任教师，以此增进师生友谊，进而促使学生积极主动地参与到课堂讨论中。该模式既可以在探讨元素作用的过程中以"不经意"的类比方法使学生正确认识自我的价值，增强自信心，又可以有效引导学生利用所学知识解决实际工程问题，增强对专业的认可度。

效果体现

(1) 课程通过生动的案例将思政教育融入课堂教学中，以探讨的模式调动学生的主观能动性和积极性，提升了学生自主分析和思考的能力。具体表现在课堂气氛活跃，学生学习积极性和主动性显著提升，学生听课的质量和专注度明显改善，抬头率高。

(2) 学生对教师的认可度和信任度提高,对教学模式的认可度亦随之提高,师生情谊浓厚、相处融洽。除了课本知识外,学生甚至会主动向教师咨询人生规划、学习方法、学习计划等问题。

(3) 学生反馈道:“您这门课的到课率是最高的。”“您这门课是我今年听得最认真的一门课。”“您的讲课方法非常新颖,课堂上会常与我们互动,让人困意顿消。您会在课后给我们做总结回顾,让知识变得条理清晰。您人也很亲切,能和学生打成一片,每次问您问题,您都会非常耐心地解答。”

工程实践创新中心“工程训练”课程思政案例

章节名称

第1章“砂型3D打印铸造训练”，第2章“加工中心训练”，第3章“智能制造系统训练”。

课程目标

一、知识目标

（1）了解智能制造的概念，了解智能制造发展经历的三个阶段以及对应的三大范式，了解中国特色智能制造的技术特点是“三国、六化、一核心”，了解智能产线的构成、原理、操作、功能和应用特点。

（2）了解现代铸造（压铸、挤压铸造、砂型铸造）的工艺原理、工作流程及安全规程，熟悉现代铸造设备的操作方法。

（3）了解铣削的特点和发展历史，熟悉加工中心的种类结构和操作方法，掌握编制简单零件的加工工艺和程序。

二、能力目标

（1）能够操纵智能制造运营管理系统，完成个性化产品选配设计并进行订单生产。

（2）能够操纵智能铸造产线，建立砂型铸造三维模型并进行铸造生产。

（3）能够利用有“中国大脑”之称的华中数控系统，建立加工模型，编制程序，控制加工中心进行实践训练。

课程负责人：王书亭。

课程组成员：罗龙君、霍肖、熊大柱、周琴。

执笔人：罗龙君。

三、价值目标

(1) 在亲身使用一流智能装备、一流数控系统、一流工业软件的过程中，树立尊重劳动、崇尚劳动的观念。

(2) 在探访大国重器、致敬大国工匠的过程中培根铸魂、启智润心，在潜移默化中坚定理想信念、厚植家国情怀，

教学内容

一、砂型3D打印铸造训练

(1) 安全教育。

(2) 现代铸造工艺原理、使用方法及特点。

(3) 弯管产品的砂型和型芯三维建模及铸造数值模拟。

(4) 砂型、型芯的清理、装配和浇注操作，铸件清理及修整。

(5) 工位清扫、操作评定。

二、加工中心训练

(1) 安全教育。

(2) 加工中心的发展历史。

(3) 机床结构、机床操作、工件装夹及对刀操作示范。

(4) 零件设计及编程。

(5) 工件加工。

(6) 零件测量及报告打印提交。

(7) 工位清扫、操作评定。

三、智能制造系统训练

(1) 安全教育。

(2) 智能制造的概念、发展历程和产线。

(3) 制造运营管理系统操作训练、个性化产品选配设计、柔性化生产过程体验、智能加工大数据提取和应用、智能产线质量检测与反馈应用。

(4) 工位清扫、操作评定。

思政素材

一、我国悠久的工艺历史

我国拥有悠久的铸造工艺历史。商朝时期，古人制作出重达832.84千克的后母戊鼎。在春秋时期，古人铸造出了世界上最早见于文字记载的铸铁件——晋国铸刑鼎。战国时期，古人制作出当时世界上最复杂、最精美的青铜器曾侯乙尊盘。在西汉时期，古人制作出震惊世界的青铜魔镜——“见日之光”透光镜，它的正面微微凸出，光洁而明亮，能够清楚地照出人的形象。它的背面铭有“见日之光，天下大明”八个字，每两个字之间有一个装饰性的符号，镜的中心有一圈连弧，如果用强光或聚光照射在镜面上，镜面的反射光线就产生出一种类似镜背的图案。

二、工程实践中的数控系统发展史

2018年5月28日，习近平总书记在中国科学院第十九次院士大会、中国工程院第十四次院士大会上指出：我国基础科学研究短板依然突出，企业对基础研究重视不够，重大原创性成果缺乏，底层基础技术、基础工艺能力不足，工业母机、高端芯片、基础软硬件、开发平台、基本算法、基础元器件、基础材料等瓶颈仍然突出，关键核心技术受制于人的局面没有得到根本性改变。数控机床是“工业母机”，代表着国家制造业的核心竞争力，数控系统是数控机床的“大脑”，决定着数控装备的功能、性能、可靠性，发展国产数控系统具有重要的战略意义，关系到我国国防安全、产业安全和经济安全。

当前，使用国外数控机床存在很多不利之处和安全隐患：①美国数控机床会对用户进行定时核查，掌握设备使用情况；②日本数控机床如果移动设备位置，数控系统将自动锁死；③德国数控机床必须上网注册激活相关功能。此外，为阻止和限制我国数控系统的自主发展，美国于2008年对我国国产数控系统公司华中数控进行制裁。

三、工程实践中的智能制造应用及其概况

制造业是立国之本，是打造国家竞争能力和竞争优势的重要支撑，历来受到各国政府的高度重视。而新一代人工智能技术与先进制造技术深度融合所形成的智能制造技术，成为新一轮工业革命的核心驱动力。为了抢占国际竞争的制高点，在全球产业链和价值链中占据有利位置，世界制造强国如德国、

美国、日本等纷纷将发展智能制造提升为国家战略,全球新一轮工业的转型升级和国家竞争就此拉开序幕。党的十九大报告强调,要加快建设制造强国,加快发展先进制造业,促进我国产业迈向全球价值链中高端。随着智能制造在全球范围内的兴起,全球产业分工格局将被重塑,中国制造业也将迎来千载难逢的历史性机遇。

思政元素

(1) 借助工种安全操作演示,讲述安全事故的预防和处理,让学生充分认识到严格遵守操作标准对于工作安全的重要性,培养执着的精神和严谨的作风。

(2) 借助铸造工艺背后的历史故事,讲好铸造工艺在中华文化史中的变迁,并将工程实践教育与文化素质教育有机融合,激发学生的求知欲望和探索精神。

(3) 通过介绍数控系统的发展史,使学生了解用“中国大脑”装备中国制造、摆脱国外技术封锁的实例,激励大学生把准方向、坚定信心,增强奋进新征程的责任感和使命感。

(4) 通过智能制造产线中“三国、六化、一核心”的应用,即采用国产智能装备、国产数控系统、国产工业软件,通过自有核心技术,实现装备自动化、工艺数字化、生产柔性化、过程可视化、信息集成化和决策自主化,并以工业大数据、云平台为核心,讲好“华中大造”故事,诠释制造强国战略和我国智能制造的使命,用科研和实业成果反哺本科教学。

教学安排

按实训要求,请学生统一着装,穿戴好工作服、防护用品进入实训室,不得穿裙子、高跟鞋、拖鞋、背心、短裤、凉鞋,女生必须将长发放入防护帽内。所有人根据相关工种要求,做好相应防护措施,各工种须严格按照设备操作说明书操作设备。通过严格考勤制度,严肃课堂纪律,规范操作流程,让学生养成遵章守纪的规则意识。安全无小事,通过开展安全教育,让学生在实践中亲身体会安全的重要性,牢固树立安全意识,引导学生学会自我保护、珍惜生命、爱护生命。

一、砂型3D打印铸造训练

1. 课程引入

组织学生观看PPT及《大国重器:3D砂型打印》,然后对学生进行提问:

(1) 在自己见过的物件中有哪些是通过铸造工艺做出来的?

(2) 铸造工艺具有哪些特点?

通过学生的讨论和教师的讲解,让学生了解我国古代精湛的铸造工艺和悠久的铸造历史,知道铸造是一个历史悠久而又发展迅速的工艺制造方法,是现代装置制造工业的基础工艺之一,从而引出铸造工艺的定义,即将金属熔炼成符合一定要求的液体并浇进铸型里,经冷却凝固、清整处理后得到有预定形状、尺寸和性能的铸件的工艺过程。铸造毛坯因近乎成形,可以达到免机械加工或少量加工的目的,从而降低了成本,并在一定程度上缩短了制作时间。

2. 操作实践

学生完成弯管产品的砂型和型芯三维建模,铸造数值模拟,筛砂、混砂,砂型3D打印机操作,砂型、型芯的清理、装配和浇注,铸件水冷及清理。通过亲自操作实践,感受技术创新的作用,重视新知识、新技术、新工艺、新方法的应用,学会创造性地解决实际问题,在实践中敢闯会创,努力成为堪当民族复兴重任的时代新人。

二、加工中心训练

1. 课程引入

组织学生观看PPT及《大国重器:智造先锋》,后者介绍了华中数控系统控制五轴加工中心开展的超精密镜面加工,然后对学生进行提问:

(1) 什么是加工中心?加工中心与普通铣床、数控铣床的区别是什么?(让学生带着问题现场参观实物,找出不同种机床的区别)

(2) 加工中心的加工优越性在哪里?

通过以上两个问题,让学生总结出加工中心的概念和特点:加工中心是带有刀库和自动换刀装置的数控机床,其特点是数控系统能控制机床自动地更换刀具,连续地对工件各加工表面自动进行钻削、扩孔、铰孔、镗孔、攻丝、铣削等多种加工操作。课程通过对比三类机床,让学生感受到我国装备制造业的发展成就,激励学生争做推进我国迈向工业强国的领军人才。

2. 操作实践

学生完成航空发动机叶轮的建模、叶轮数控程序的编制、工件装夹和对刀、操作五轴加工中心加工叶轮等任务。通过引导学生使用数控系统,向学生介绍华中数控系统是由我校周济院士牵头的科研团队四十年如一日持续攻关的科研成果,鼓励学生向老一辈科研工作者学习,在攀登知识高峰中追求卓越,在肩负时代重任时行胜于言,在真刀实枪的实干中成就一番事业。通过引导学生加工航空发动机零件,向学生介绍制约我国大飞机发展的重要瓶颈。无论是商用飞机还是军用飞机,无论是大型战略运输机还是战略轰炸机,均受制于航空发动机的制造短板,而这也是西方严密封锁的高端核心技术,从而引导学生在亲自动手、亲身实践中,肩负起时代赋予的使命,瞄准卡脖子工程,奋进新征程。通过引导学生编制数控程序,促使学生扎实学好技术,塑造工匠品格,养成认真严格、沉心静气的做事品质。

三、智能制造系统训练

1. 课程引入

请学生展开头脑风暴,各自写出与智能制造相关的关键词,由教师总结智能制造的定义:智能制造即把机器智能融合于制造的各种活动中,以满足企业相应的目标。学习完智能制造的概念和发展历程后,询问学生是否了解智能制造的实际应用,然后播放数字制造经典案例视频,并请学生分析智能制造和传统制造的优缺点。

课程通过以上讲述,引导学生思考智能制造对我国实施制造强国战略的重要性,认识到没有强大的制造业,就没有祖国的繁荣昌盛,发展具有国际竞争力的制造业是提升综合国力、保障国家安全、建设世界强国的必由之路,智能制造的兴起将助力我国从制造大国转变为制造强国。在介绍制造范式演进的过程中,带领学生体会中华民族正迎来从站起来、富起来到强起来的伟大飞跃。

2. 操作实践

学生完成个性化产品选配设计实践、制造运营管理系统生产订单录入实践、个性产品柔性化生产过程体验、大数据在智能产线中的应用、质量在线检测与反馈应用等。这些操作实践中使用的设备都是华中科技大学的科研成果,它们从实验室走向企业,在企业中实现产业化,成为“国之重器”,再经过市场选择回到教室中。学生通过亲身操作贴有“华中大造”标签的智能产线设备,可以进一步提升对国产智能装备的自豪感和自信心;通过开展质量检测实践，感受工件加工对精度的把握和要求，有利于认识到质量是产品的生命线，体会到推动中国经济发展进入质量时代的真正内涵。

在课程临近结束时，对学生的操作进行评定，并请学生动手清扫训练场地，接受劳动的锻炼，在体验简单劳动、程式化劳动和复杂劳动、创造性劳动的差异的过程中，感受劳动的价值，培养正确的劳动价值观和良好的劳动品质。

特色和创新点

一、特色

课程将思政教育同工程实训充分融合，通过应用国产智能装备、国产数控系统、国产工业软件，特别是“华中大造”设备，坚定学生的理想信念，厚植学生的家国情怀。课程中引入《大国重器》等优质视频资源片段，营造活泼积极的思政氛围。课程还有机融入了劳动教育，让学生动手实践、出力流汗，通过接受锻炼磨炼意志。

二、创新点

(1) 课程将传统的理论讲授模式转变为学生主动、教师主导的实践教学模式，将思政元素融入实践教学的全过程，鼓励学生充分发挥自己的能动性与创造性，通过亲自动手、亲身参与、独立思考，将工程实践与思政力量有机融合，如盐在水、如花在春。

(2) 课程把发展新理念、科技新进步、产业新需求融入课程内容建设中，紧扣国家需求，面向国家重大发展战略，深化工程实践教育改革，持续落实立德树人根本任务，为每个有梦想的学生提供充足的发展资源。

效果体现

“鞋子合不合脚，自己穿了才知道。”“工程训练”课程思政的质量好坏，学生和院系最有发言权。我中心积极利用信息化手段收集学生和院系对课程的评价，并邀请学生和院系代表参加师生座谈会，如图1所示。他们对“工程训练”的教学效果给予了评价，综合反馈的信息来看，本课程主要实现了以下效果。

(1) 学生认识到智能制造是一个多学科交叉的复杂工程系统，在课程上受到很大震撼。

图1 “工程体验”课程师生座谈会

(2) 学生高度认同产品质量是各生产制造要素综合控制的结果。

(3) 学生养成了安全生产的意识,保护自我和保护他人的意识增强。

(4) 学生学到了各种操作技能和制造技术,通过完成作品收获了成就感,加深了对工匠精神的认知和职业认同感。

(5) 学生意识到智能装备虽然降低了对人的操作技能的要求,部分取代了人的工作,但人依然是智能制造的决定性因素。

“工程训练”课程着力培养大学生正确的工程观、质量观、系统观,以立德树人为根本任务,培养又红又专的工程创新人才,形成了一套富有特点的华中科技大学工程实践思政教学模式。

工程科学学院“工程科学导论”课程思政案例

章节名称

第1章“生物医学工程概论”。

课程目标

一、知识目标

(1) 了解生物医学工程是什么、为什么学、如何学。

(2) 了解本学院生物医学工程的重点研究方向,掌握生物医学工程的基本概念,了解生物医学工程与生命医学及其他传统工科的密切关联。

(3) 结合实验室研究方向了解生物医学工程的多个研究领域,认识工程思想在生命医学、健康中国建设中的具体应用。

二、能力目标

(1) 认识生物医学工程是生物学、医学、工程学高度融合的综合应用学科这一学科本质,了解不同学科在生物医学工程研究中的体现与应用,培养多角度思考问题的能力。

(2) 了解生物医学工程研究、生物医学工程产业在国内国际的发展现状,关注临床医生的实际难题、患者的现实困境以及工程方法在生命医学领域的应用局限,建立起生物医学工程学科的专业思维。

三、价值目标

(1) 知道我国生物医学产业起步较晚、基础薄弱,目前使用的绝大部分高

课程负责人:骆海明。

课程组成员:龚辉、付玲、张智红、曾绍群、夏松、徐书华。

执笔人:骆海明。

端医疗器械须依赖进口的发展现状,秉持科学精神,肩负起振兴我国生物医学工程产业的时代责任。

(2) 认识到生物医学工程在生命健康领域中的重要作用,在人口老龄化背景下积极学习并运用专业知识,主动参与建设国民健康事业。

(3) 在心中树立起生物医学工程人需要坚守的基本道德准则——行善(提供帮助)与不伤害(避免伤害),明确工程技术的道德伦理界限。

教学内容

(1) 介绍生物医学工程的学科概念和研究内容,引导学生掌握正确的学科学习方法。

(2) 介绍我国生物医学工程产业的发展现状和课程实验室侧重研究的生物医学光子学方向的概况,与学生初步探讨生物医学工程在生物学、医学影像、人工智能算法、神经科学等领域有哪些可以研究的问题。

(3) 介绍布立顿·强斯(Britton Chance)、汪立宏、骆清铭等国内外知名生物医学工程专家的科研成长经历,鼓励学生打好专业基础,为实现生物医学工程人的自我价值而努力奋斗。

(4) 介绍生物医学工程专业方向,引导学生及早建立发展规划,练就过硬的专业本领,鼓励学生将个人需要与国家需要结合起来,使个人发展与国家发展同频共振。

思政素材

一、“基因编辑婴儿诞生”引发的道德伦理讨论

2018年,时任南方科技大学副教授贺建奎宣布,一对可以天然抵抗艾滋病病毒的基因编辑婴儿于中国诞生,这引发了国内外关于科学研究与生物技术应用的道德伦理讨论。基因编辑技术目前尚不成熟,不仅接受基因编辑的双胞胎女婴“被迫”丧失了平凡生活的权利,其家庭乃至全人类也面临着种种难以预知的风险。

二、在生物医学工程领域取得突出成就的学者的科研成长经历

(1) 布立顿·强斯,美国、英国等多国科学院院士,前美国总统科学顾问,生物化学、生物物理学、生物医学光子学领域的公认学术领袖,奥运会金牌与

美国国家科学奖双重魁主。强斯博士早在19岁就发表了自己的第一篇专利。二战期间，他和众多科学家一起在麻省理工学院完成了雷达的研制。二战结束后，他又转向生物学领域，并证实了酶的作用机理，后来以75岁高龄开创了生物医学光子学学科。强斯博士的一生充满了热情与挑战，其传奇的一生正是科学精神的最好诠释，为生物医学工程领域的后辈们树立了坚实的榜样。

（2）汪立宏，华中科技大学讲座教授，国际生物医学光学协会主席、加州理工学院医学工程系与电子工程系 Bren 讲席教授。2018年2月，汪立宏因在光声生物医学成像及超快成像领域的突出贡献，当选美国国家工程院院士。汪立宏教授一直致力于将光声成像技术推向临床应用，并在癌症的早期诊断等方面取得了突破性进展。

（3）骆清铭，生物影像学家，中国科学院院士，海南大学校长、教育部高等学校生物医学工程类专业教学指导委员会主任，长期从事生物影像学新兴交叉学科的研究。骆院士在神经光学成像和光学分子影像领域做出了系统的创新性贡献，实现了脑结构和功能以及活体细胞分子信息获取原理与关键技术的突破。其研制的全脑显微光学成像仪器成为国际脑科学研究中被广泛应用的装备，为脑科学研究做出了突出贡献。

三、我国医疗仪器及器械行业的发展现状

据商务部综合司和国际贸易经济合作研究院联合发布的《中国对外贸易形势报告(2021年春季)》，2021年前四个月里，我国医疗仪器及器械实现贸易顺差73.1亿元，国产医疗仪器及器械出口实现大幅增长。但由于相关基础学科和制造工艺的落后，我国出口的医疗仪器及器械仍集中于中低端品种，高端医疗仪器及器械仍主要依赖进口，CT机、磁共振设备等高端产品的进口占比均达到80%以上。

思政元素

（1）以现实中有悖道德伦理的技术应用为例引入医学伦理的话题，引导学生发表自己的观点，讨论生物医学工程技术的道德伦理界限，让学生明确生物医学工程技术的发展不能以道德伦理的丧失为代价，使学生在今后的研究工作中正确且合理地利用技术手段为人类生命健康谋福祉。

（2）以生物医学光子学领域的著名科学家布立顿·强斯、汪立宏、骆清铭的科研成长经历为例，激发学生的学习动力和研究热情，鼓励学生早日明确目标,为实现自我价值与社会价值而努力。

(3) 以医疗仪器及器械行业为例,介绍我国生物医学工程的产业现状:基础薄弱,绝大部分高端设备依靠进口,巨大的社会需求与薄弱的研发基础形成了突出矛盾。以此激励学生重视专业课程的学习,重视科研实践项目的参与,肩负起助力国民健康事业发展和国家科技振兴的时代使命。

教学安排

一、生物医学工程是什么?为什么学?如何学?

1. 生物医学工程是什么

生物医学工程以生命医学关键科学问题中的工程原理、方法研究和高端仪器研发为己任,为重大疾病研究与诊疗提供新的技术与设备支撑,是生物学、医学和工程学高度融合的综合性应用学科。课程从产生的新知识(从分子水平到器官水平的知识)、新技术(创新的生物学制品、材料、加工方法等)及其应用(用于疾病预防、诊断和治疗,病人康复,卫生状况的改善等)等方面来详细阐述生物医学工程的概念。生物医学工程需要将医生的梦想(看到"看不到"的信息)和患者的梦想(无创、无痛、安全)变为现实,因此生物医学工程人需要从不同角度看问题,需要具有很强的道德伦理意识与社会责任感。

随后提出道德与伦理的概念。道德是对事物负责、不伤害他人的一种准则。而伦理是人际之间符合某种道德标准的行为准则。课程以社会新闻"中国首例基因编辑婴儿诞生"为案例,讨论生物医学工程技术的道德伦理界限,让学生明确生物医学工程技术的发展不能以道德伦理的丧失为代价,提出两条生物医学工程人应尽力遵守的基本道德准则:行善(提供帮助)与不伤害(避免伤害)。

2. 为什么学生物医学工程

从学院培养目标出发,重点介绍医学影像与神经工程两个研究方向,并根据这两个方向,进一步介绍生物医学信号检测与传感器、生物医学信号处理、生物信息处理技术、图像处理、医学影像与人工智能技术等知识和当前的研究热点。最后与学生分享生物医学工程未来的十大突破点,并详细介绍其原因,引导学生掌握科学方法,肩负使命感,树立强国之志。

3. 如何学生物医学工程

引导学生理解生物医学工程学科的基本操作:针对问题提出可行的方案,

进行设计与开发，检测医学或生物样品，根据检测结果调整设计方案，如此循环反复，直至得到满意的结果。其中重点介绍如何提出可行的方案，设计与开发的注意点是什么，如何辩证地认识检测反馈的信息等。

讨论环节：如何利用好学院资源，有效进行生物医学工程专业的学习？

教师总结：建议学生一要了解生物医学工程专业相关的国家需求与行业方向；二要充分认识自己的特长和兴趣点，通过与辅导员、学业导师等沟通确定自己的专业方向与培养方案，制定自己的长远规划，进行模块化学习；三要提前进入实验室，尽可能多地了解学院各位教师的研究方向，明确自己的科研兴趣。

二、生物医学工程的深入介绍

1. 我国的生物医学工程产业现状和政策

我国的生物医学工程产业基础薄弱，绝大部分高端设备依靠进口，巨大的社会需求与薄弱的研发基础形成了突出矛盾。近年来，我国面临着人口老龄化加剧的问题，这刺激着医疗健康产业的兴起，《中国制造2025》明确将生物医药及高性能医疗器械作为重点发展的十大领域之一。因此，我国需要培养大量创新型、高精尖的生物医学工程人才，以加快我国生物医药及高性能医疗器械行业的发展步伐。通过介绍行业现状及国家政策，唤醒学生的家国情怀，激发学生的报国热情，激励学生重视专业课程的学习，重视科研实践项目的参与，肩负起助力国民健康事业发展和国家科技振兴的时代使命。

2. 生物医学光子学简介

生物医学光子学是生物医学工程的二级学科，涉及生物学领域（研究生物组织结构与功能、生物分子水平的机理，监测分子结构与功能）与医学领域（研究宏观和微观下的疾病探测、诊断和治疗）。生物学领域主要包括分子光子学（分子影像）、生物超微弱发光、光镊与微操控、超分辨成像、分子诊断（包括生物芯片、基因测序、PCR等）等研究方向。医学领域主要包括活体诊断与成像（医学光谱诊断、OCT、散斑、DOT、光声、双光子、内窥镜、X光、CT、PET等）、光治疗与保健（光动力治疗、光热治疗、强激光治疗、弱激光治疗、光子嫩肤与美容、射线刀等）等研究方向。

3. 生物医学工程研究的问题

与学生初步探讨生物医学工程在生物学、医学影像、人工智能算法、神经科学等领域有哪些可以研究的问题，激发学生的学习兴趣。

讨论环节:我们如何在生物医学工程产业振兴之路上贡献自己的力量?

教师总结:我们在本科阶段应该学好各门课程,练好过硬的专业本领,同时关注学科前沿发展动态,培养自己的学科兴趣,拓宽自己的学术视野,为未来在生物医学工程领域大展拳脚做好准备。

三、生物医学工程人的自我价值

以布立顿·强斯、汪立宏、骆清铭院士为例,向学生分享生物医学工程人应如何实现自我价值,引导学生砥砺奋斗,将个人理想与现实的科学需要相结合。

介绍生物医学工程专业方向、本学院生物医学光子学功能实验室主要研究方向,让学生对学术前沿动态有直观感受,引导学生合理规划大学时光,练就过硬的专业本领,将个人发展同科学研究的需要、同人民群众的需要结合起来,与实现国家富强、民族复兴、人民幸福的伟大事业结合起来。

讨论环节:我们从这些榜样中学到了什么?未来如何实现自我价值?

教师总结:我们应该将个人的发展与国家的发展结合起来,将自己的人生理想与国家需要结合起来,胸怀抱负,敢于坐冷板凳,坚持奋斗,这样终会守得云开见月明。

特色和创新点

(1) 思政课教师与专业课教师合作教学,书记、院长、“四青”等带头上课,与开展课程思政建设的教师队伍共同守好一段渠、种好责任田。

(2) 采用“专题讲授+研究报告”的形式,着重培养学生的科学思维方法,训练学生的文献获取能力和团队合作能力。

(3) 实施“一导双创三讲”,即课程组主要成员担任班主任/本科生导师,指导双创,组织名师讲坛等,课程内外都寓价值观引导于知识传授和能力培养之中。

效果体现

一、学生评价好

(1) 某黄姓同学说道:“经过这次课程,我们对于未来的发展方向有了初步认识。课程设置很好,对我们选择发展方向有指导作用。”

(2) 某杜姓同学说道:“老师授课时,多引用时事要例,生动形象,有趣丰富!”

二、“一院一品”达到预期

课程综合评价结果连续两年都在 94 分以上(图 1),实现了“一院一品”的预期目标。

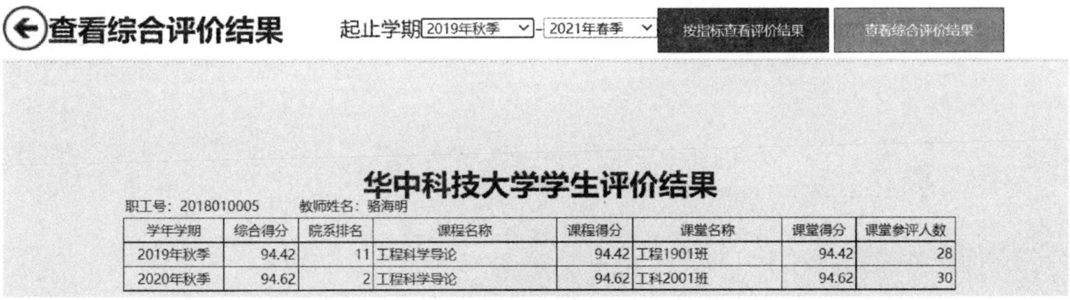
查看综合评价结果

起止学期 2019年秋季 - 2021年春季 按指标查看评价结果 查看综合评价结果

华中科技大学学生评价结果

职工号:2018010005 教师姓名:骆海明

学年学期	综合得分	院系排名	课程名称	课程得分	课堂名称	课堂得分	课堂参评人数
2019年秋季	94.42	11	工程科学导论	94.42	工程1901班	94.42	28
2020年秋季	94.62	2	工程科学导论	94.62	工科2001班	94.62	30

图 1 “工程科学导论”课程综合评价结果

建筑与城市规划学院"美丽中国"课程思政案例

章节名称

第9章"乡村振兴,田园之美"。

课程目标

一、知识目标

(1) 从悠久的建筑历史、独特的建筑体系、巨大的建设成就、丰富的文化遗产、振兴的美丽乡村、秀美的大好河山、持续的生态保护、创意的光影艺术等方面,初步了解人居环境学科的对象、内涵与流变。

(2) 全方面了解中国的"建筑之美、城市之美、生态之美、文化之美",解读美丽中国建设成就,认识专业学习对于建设美丽中国、打造生态文明、实现"双碳"目标的重要意义,树立专业自信。

二、能力目标

(1) 专业能力。学习华中科技大学对口云南临翔精准扶贫案例,培养调查场地、分析现状、感知人文、设计方案等方面的专业能力。

(2) 思辨能力。讲授田野调查成果,展现深度融入贫困一线群众生活的点点滴滴,强化发现、分析、沟通、解决问题的能力,培养思辨能力,锻炼综合素质。

(3) 社会能力。开展驻村实践调查,深度参与民族地区的各类民俗文化

课程负责人:谭刚毅、钱思、彭翀、何立群。

课程组成员:李保峰、李晓峰、白舸、赵纪军、何依、黄亚平、戴菲、耿虹、周卫、刘合林、蔡新元。

执笔人:谭刚毅、徐利权。

活动，全方位感知民族传统文化的特色和内涵，并借助专业手段对其进行传播，培养社会责任意识与使命担当。

三、价值目标

(1) 文化自信。了解我国优秀的传统文化和巨大的建设成就，增强文化自信，培养求真至善、达美图强的大志向和大担当。

(2) 专业担当。认识到设计与生活的紧密关系，了解设计在未来的机遇与挑战，培养对专业的热爱与担当。

(3) 家国情怀。走进贫困群众家中，深度融入贫困一线群众生活中去，通过同吃、同住、同行、同话，切身体验贫困群众的日常生活与人居环境，培养家国情怀。

教学内容

课程围绕“乡村振兴，田园之美”——云南临沧非遗扶贫与文化基因拯救行动，组织核心教学内容。

一、田野调查成果

学生在田野调查中，足迹覆盖临翔区南美拉祜族乡全部 4 个行政村，走访南美拉祜族村民 70 余户，详细测绘了南美拉祜族传统“栅片房”12 栋及火塘 16 处，挖掘南美拉祜族传统人居村寨 3 座，累计走访调研里程 350 余公里，拍摄调研照片 3800 余张、调研视频 50 余段。

二、访谈方法

在田野调查过程中，学生对当地政府部门、群众、文化传承人等进行了访谈，深入了解了南美拉祜族的民族历史脉络、非遗文化传承、精准扶贫实践等相关情况，对访谈方法有了更深入的把握。

三、课后驻村实践

鼓励学生课后深入一线看“振兴”，通过驻村实践建立对“贫困”的直观认识，切身体验贫困群众的日常生活与人居环境。

四、整理传播和交流转化调查成果

基于理论讲授与实践调查，完成相关测绘建档、文化习俗视频记录等工作，结合学科专业知识和技能，对访谈笔录、照片、视频等成果进行记录、归纳、整理,撰写调查报告,并绘制建造技艺图纸,通过论文、学生竞赛、短视频等方式进行传播。

思政素材

一、党旗领航工程:把红色基因融入专业精神,通过奉献提升专业价值

2010年1月22日,时任国家副主席习近平在华中科技大学建筑与城市规划学院,与正在举行“党旗领航工程”特色党日活动的学生亲切交流。习近平寄语青年学子,应该与新时代同向同行,积极投身于乡村振兴,秉承长征精神,把红色基因融入专业精神中去,在广袤的城乡大地上书写好振兴新篇章。云南临沧非遗扶贫与文化基因拯救行动正是在党旗领航工程的指导下,秉承“发挥学科特长,服务地方建设,筑牢责任意识”的指导思想,派出一支支党员先锋服务队前往云南临沧,这有助于利用服务队的学科专业特长为地方做贡献,筑牢师生的奉献意识。

二、教学结合时政:紧扣国民建设,响应国家需求

课程坚持“国家精准扶贫+民族文化传承”双重目标导向,从南美拉祜族脱贫攻坚与文化传承问题出发,采用“大地教学、田野工作”的组织形式,整合城乡规划、建筑学、艺术设计等学科师资力量,联合社会学院、新闻学院等院系的教授组建教学团队,同步面向本科生、硕士研究生、博士研究生,组织开展田野调查、干群访谈、生活体验、文化感知与整理宣传,形成多学科交叉授课、全梯队学生参与的课程教学模式,全面提升了学生对于精准扶贫、民族复兴、文化保护等国家政策与目标的认识。

三、深入一线实践:进入行走的课堂,用脚步读解中国

课程教学从课堂走向社会,带领学生走进中国贫困农村一线,走田间、踩地头,脚踏实地感受深度贫困地区的群众生活与人居环境(图1),提升学生对脱贫攻坚战的直观认识。通过组织与专业相关的社会调查,使学生的知识视野和历史视野得以融合,培育学生的家国情怀和社会责任感,激发学生为国建功的热情。

四、国际建筑双年展:从本土走向海外,以互鉴增强自信

“一步跨千年”的南美拉祜族至今仍延续着传统的生产生活方式,活态保留着众多原始民居的建造技艺文化,其建造文化的在地性、原生性与民族性,

图 1　云南临沧精准扶贫团队师生工作情景

体现了人与自然共生共融的生态哲学内涵，具有突破时间、跨越国度的文化意义。2021 年，南美拉祜族传统民居文化受邀参加由欧洲文化中心组织举办的“时空存在”国际建筑双年展，登上了世界艺术殿堂，与世界优秀经典建筑同台展示，向世界宣传与推广了南美拉祜族独特的民族文化魅力。

思政元素

（1）通过党旗领航工程全面提升学生对于精准扶贫、民族复兴、文化保护等国家政策与目标的认识，推动学生形成知、情、意、行相统一的思政观。

（2）通过行走的课堂带领学生深入中国贫困农村一线，走田间、踩地头，脚踏实地感受深度贫困地区的群众生活与人居环境。通过深入一线看发展，深入乡村看振兴，感悟祖国的伟大变迁，提升民族自豪感和专业自信。

（3）通过对可观、可感、可听的“直过民族”文化的深度观察与生活体验，全面了解不同民族文化的内涵与差异，提升学生对于中华民族伟大复兴中国梦的思想认识。

（4）2021 年，临翔区南美拉祜族传统民居文化登上世界艺术殿堂，与世界优秀经典建筑同台展示，向世界宣传与推广了南美拉祜族独特的民族文化魅力，这将极大增强学生的文化自信。

教学安排

一、课程导入：由脱贫攻坚引出课程讨论话题

首先引入我国脱贫攻坚的一个历史性时刻：2021 年 2 月 25 日，全国脱贫

攻坚总结表彰大会在北京人民大会堂隆重举行。习近平总书记在大会上庄严宣告,经过全党全国各族人民共同努力,在迎来中国共产党成立一百周年的重要时刻,我国脱贫攻坚战取得了全面胜利,现行标准下9899万农村贫困人口全部脱贫,832个贫困县全部摘帽,12.8万个贫困村全部出列,区域性整体贫困得到解决,完成了消除绝对贫困的艰巨任务,创造了又一个彪炳史册的人间奇迹!

在此基础上介绍中国特色反贫困理论,详细解读“七个坚持”,即坚持党的领导,为脱贫攻坚提供坚强政治和组织保证;坚持以人民为中心的发展思想,坚定不移走共同富裕道路;坚持发挥我国社会主义制度能够集中力量办大事的政治优势,形成脱贫攻坚的共同意志、共同行动;坚持精准扶贫方略,用发展的办法消除贫困根源;坚持调动广大贫困群众积极性、主动性、创造性,激发脱贫内生动力;坚持弘扬和衷共济、团结互助美德,营造全社会扶危济困的浓厚氛围;坚持求真务实、较真碰硬,做到真扶贫、扶真贫、脱真贫。这是我们取得脱贫攻坚全面胜利的原因,也是中国为全球减贫贡献的智慧。

在了解脱贫攻坚在实践和理论方面的巨大成果后,介绍我国在反贫困道路上新的历史方位,了解我国从精准扶贫到脱贫攻坚,再到乡村振兴的历程转换,激励师生在当前积极巩固拓展脱贫攻坚成果同乡村振兴有效衔接。

二、云南行动:深入一线开展规划扶贫

团队深入一线,走进临沧,感受到云南乡村生态环境优美、民族文化丰富,但面临着贫困根源深远、贫困类型多样的发展困境。在这种环境下,我们提出应如何用专业知识和技能帮助当地乡村摆脱贫困、在脱贫攻坚与乡村振兴中我们应有怎样的作为等问题。

团队走进南美拉祜族,通过测绘实地环境、与拉祜村民访谈等,寻找特殊地域环境孕育出的拉祜族历史印记,一方面认识中华民族传统文化宝库的丰富性与多样性,另一方面持续发掘当地南美拉祜族文化举世无双的潜在价值,避免其独特的文化基因和发展潜力在建设浪潮中遭到破坏并消失。

团队结合人居环境学科,规划建设南美拉祜族“泛博物馆”,发掘拉祜族谱系,传承“栅片房”建造技艺,建立少数民族基因库,保护修复标本村寨,指导建设文旅古村落等,用专业的力量促进了当地传统文化的传承与保护。

三、课后引导:“用脚步丈量大地”的非正式学习

结合我院暑期社会实践工作营,组织学生课后参与专业相关的社会调查,走进一线看发展，深入乡村看振兴。带领学生参与云南省临沧市临翔区编制的“科学精准规划，共建美好家园”规划，坚持“用脚步丈量大地”，通过非正式学习感悟青年人身上的时代责任和历史使命，立志于“把论文写在祖国的大地上，把科技成果应用在实现现代化的伟大事业中”。

四、传播扩散：持续讲述“建规故事”，增强学生的成就感与幸福感

团队积极推广南美拉祜族传统民居文化，并将其带到了2021年由欧洲文化中心组织举办的“时空存在”国际建筑双年展上。南美拉祜族传统民居文化走出大山、走向世界，登上了世界艺术殿堂，与世界优秀经典建筑同台展示，使人们产生了对南美拉祜族民族文化遗产的浓厚兴趣，极大地提升了学生的成就感与幸福感，增强了学生求真至善、达美图强的志向。

特色和创新点

一、从广度、温度、深度、高度上展示南美拉祜族这一鲜活的案例

鲜活的案例具有知识性、交叉性、启发性、批判性。课程结合南美拉祜族案例，讲述“直过民族”“一步千年”等充满趣味的历史人文知识，以体现课程的广度；基于南美拉祜族鲜艳的服饰，引出要有一双发现美的眼睛，以体现课程的温度；调研寻找南美拉祜族的独特文化基因和发展潜力，提出专业保护建议，以体现课程的高度与深度。

二、以反贫困为主题设计课程思政，实现润物无声的教学效果

习近平总书记指出：“好的思想政治工作应该像盐，但不能光吃盐，最好的方式是将盐溶解到各种食物中自然而然吸收。”课程围绕反贫困这一主题，让学生全面了解我国从精准扶贫到脱贫攻坚，再到乡村振兴的历程转换，从而了解前辈的艰苦付出和我辈的光荣使命，激起学生深入思考和主动实践的动力，实现润物无声的教学效果。

三、课后“实践与传播”形成持续的教学成效反馈

课程在理论讲述的基础上，结合我院暑期社会实践工作营，组织学生课后参与专业相关的社会调查，走进一线看发展，深入乡村看振兴。通过引导学生参与乡村振兴设计大赛、社会调查、作品展览、国际交流等方式，让学生在学习技能的同时参与到国家建设中去，产生持续的教学成效反馈。

效果体现

一、学生的参与感、获得感提升

课程围绕国家发展战略与需求，讲述我国社会主义建设的巨大成就，将专业知识与思政元素相结合，提升了学生的综合素质和能力。学生不仅获评学生道德模范、优秀社会实践团队成员等荣誉称号，也培养了自身求真至善、达美图强的大志向和大担当。课堂氛围十分热烈，学生的参与感、获得感满满（图 2）。

图 2　活跃的课堂现场

二、教师的认可度、成就感提升

课程将思政教育有机融入专业教学，开展了一系列教学研究，建构和完善了教学体系，先后获批湖北省普通本科高校"荆楚卓越人才"协同育人计划项目等数项教研项目，教学育人效果突出。鲜活的思政元素、活跃的课堂氛围，也使得教师的认可度、成就感得到提升。

三、课程的"传播力、国际化"提升

课程与云南临沧精准扶贫项目相结合，该项目先后获评 2016 年教育部直属高校精准扶贫精准脱贫十大典型项目和 2017 年教育部直属高校"非遗扶贫"示范创建项目。在课程项目的支持下，南美拉祜族传统民居文化由本土走向世界，受邀参加了 2021 年由欧洲文化中心组织举办的"时空存在"国际建筑双年展，南美拉祜族传统民居文化从此登上了世界艺术殿堂。

建筑与城市规划学院“中国风景园林史”课程思政案例

章节名称

第8章“中国近代园林”第3节:中西合璧的中山公园。

课程目标

一、知识目标

(1) 历史性解读本土园林传统。以历史纵深的视野,学习中西合璧的中山公园所蕴涵的园林传统内容“是什么”,解读园林传统“为什么”如此嬗变与流传,从而把握中国园林传统的本质。

(2) 批判性审视中西园林交流。基于对中山公园的案例分析与解读,认识在中国园林发展历程中中西文化交流的各种形式与内容,批判性地审视以园林为载体的中西文化交流格局与特征,从而树立文化自信,拓宽国际视野。

(3) 综合性认知美丽园林内涵。基于中山公园的发展历程所体现的园林学科的综合性与在地性,认识园林建设在美丽中国和生态文明建设中的角色和地位,从而将专业学习与家国建设结合起来。

二、能力目标

(1) 专业能力目标。通过对中山公园的建设与发展历程的综合学习,形成古今融贯的历史视野,培养全面综合地认识园林现象、解读园林本质的能力。

课程负责人:赵纪军。

课程组成员:万敏、李景奇、王通、苏畅、秦晴。

执笔人:赵纪军。

(2) 方法能力目标。通过学习中西合璧的中山公园的营造手法、形式特征、思想内涵,了解和掌握认识、解析园林历史的方法和手段,进而能够以史为镜、古为今用,形成完备的专业学习方法和专业实践能力。

(3) 社会能力目标。通过学习和认识中西合璧的中山公园的过去与现在,培养积极向上的学习和生活态度,强化诚实守信、认真负责、勇于担当的个人品质。

三、价值目标

(1) 培养具有历史积淀的家国情怀。中国园林的营造有着丰富的家国内涵,在近代园林中不乏为国为民、自主营造的园林,中西合璧的中山公园是其中的一个典型。本课程基于此,培养学生具有历史积淀的家国情怀。

(2) 培养符合历史规律的世界观和人生观。通过学习中西合璧的中山公园的营造过程,了解设计师吴国柄的品格和眼界,树立顺应世界大势、服务社会发展、助益个人身心的世界观和人生观。

(3) 培养基于历史认知的价值观和道德观。通过学习和认识中山公园的建设力图解决的社会问题和环境问题,培养关于社会事物是非、善恶的正确价值观和道德观,包括正确的生命观、幸福观、仁爱观、义利观、公德观等。

教学内容

(1) 中国近代公园营造中的"中山公园"现象。

(2) 汉口中山公园的营造缘起:天下为公与高尚娱乐。

(3) 汉口中山公园的设计特征:传统承继与中西合璧。

(4) 汉口中山公园的文化内涵:全球视野与民族振兴。

(5) 园林营造的中西合璧特征的内涵与本质。

思政素材

一、设计师吴国柄力主改良社会的家国情怀

汉口中山公园的设计师吴国柄早年留学英国,在园林建设上表达了改良社会的家国情怀。他回国后,看到武汉三镇和他出国前相同,毫无进步,一心想改变这一现状。他认为武汉太大,建设新武汉,不是短时期、花少量金钱就能办到的,当务之急是让人民出来见见天日。百姓抽鸦片、打牌、白天睡觉,没有公园、树木，连春夏秋冬都分不清。所以首先要百姓出来见天日，过有太阳的生活，可以先建一座公园，找适当的地点设计、绘图、施工，在公园里种树栽花，有运动场可以打球，游泳池可以游泳，大湖可以划船，让人人都可以锻炼身体。

二、以张公亭为载体的民族复兴内涵

张公亭为纪念张之洞而建，是汉口中山公园中重要的园林建筑之一。张之洞是湖北教育与工业近代化的奠基人。孙中山曾评论张之洞是不言革命的大革命家。毛泽东对张之洞的评价也甚高，曾说提起中国民族工业、重工业，不能忘记张之洞。张公亭蕴含着深远的民族复兴愿景，具有历久弥新的历史价值。

三、以四顾轩为代表的中西互摄的制宜营造

四顾轩作为汉口中山公园中重要的园林建筑之一，在中国传统的轩廊建筑中融入了西方文艺复兴建筑的“帕拉第奥母题”，丰富了观景建筑的形式与内容，其他体现制宜营造的园林建筑还包括公园入口大门、张公亭等。这种融汇中西的制宜营造理念与手法，是风景园林专业教育中应当强调的专业素养。

四、以山水格局为特征的本土园林文化传承

中国园林历来以山水格局著称于世，汉口中山公园通过土方的挖填平衡，打造公园的基本山水骨架，形成公园的基本空间格局，再现和传承了以“山水”为基础的本土园林文化，是培育文化认同、增强民族自豪感的良好载体之一。

思政元素

一、体会中国园林中蕴含的中华优秀传统文化

2017年1月，中共中央办公厅、国务院办公厅印发了《关于实施中华优秀传统文化传承发展工程的意见》，强调推动中外文化交流互鉴，助推中华优秀传统文化的国际传播，支持中华医药、中华烹饪、中华武术、中华典籍、中国文物、中国园林、中国节日等中华传统文化代表性项目走出去。其中提到中国园林是中华优秀传统文化的代表性项目。中国近代园林的“中山公园”现象及汉口中山公园的营造过程与成果所蕴涵的史实、史观、史论，是这种优秀传统文化的具体体现。

二、从本土园林文化中汲取文化自信

党的十八大以来,习近平总书记曾在多个场合提到文化自信。习近平总书记说:“我们要坚持道路自信、理论自信、制度自信,最根本的还有一个文化自信。”汉口中山公园具有典型的中西合璧风格,其对中国文化本质精神的充分彰显、基于对西方文化的深入理解而进行的制宜性吸纳与借鉴,都体现了鲜明的文化自信内涵。

三、培养为国为民、精益求精的专业素养

设计师吴国柄早年留学英国,因不满于留学前后以汉口民众为代表的中国国民的社会生活与精神面貌毫无进步,而致力于设计与建造汉口中山公园,力图美化环境、净化心灵、教化社会。同时,其设计、建造汉口中山公园的过程充分体现了一名职业设计师高超的专业水准及其所秉持的一丝不苟的职业品质。这即是在风景园林专业教育中应当培养的为国为民、精益求精的专业素养。

教学安排

一、课程导入:什么是“中山公园”现象?

以纪念孙中山为话题引入“中山公园”现象,即国内外设计建造有200多座中山公园,从而揭示中山公园本身具有的思政内涵,即对国家富强、民族复兴、人民幸福的期盼。

二、设计师吴国柄设计和建造汉口中山公园的原因

基于“课程导入”的内容,向学生提问:为什么设计师吴国柄要设计和建造汉口中山公园?请学生思考、讨论1分钟,并请若干同学举手发言,教师在黑板上写出相关观点,直至没有更多的意见被发表。

由于学生对相关历史知识的掌握并不充分,答案可能不够完整或有偏差。教师对学生的观点进行简要点评,并说明以中国园林为载体的中国文化的重要性。

教师介绍设计师吴国柄改良社会与环境的初心,以及时任汉口市市长刘文岛在市政建设经费紧张的情况下,支持汉口中山公园建设的先进眼光,从而使学生认识到公园因何而来、为谁而建,并认识到自身应具备哪些专业素养和职业操守。

三、汉口中山公园的设计特征和文化内涵

向学生展示汉口中山公园的历史平面图和历史照片(图1),提出有关汉口中山公园设计特征和文化内涵的若干问题,引导学生积极思考和探索,在一问一答的过程中达到课程思政的目的。

图1　汉口中山公园的历史平面图和历史照片①

(1) 公园在“传统承继”方面有哪些特征?(答:基于私家园林扩建而成、“挖湖堆山”形成山水格局和旷奥空间、诸多园林命名体现出诗情画意等。引导学生了解中国园林中蕴含的中华优秀传统文化)

(2) 公园在中西合璧方面有哪些特征?(答:公园总体布局体现中西结合特色,园林建筑的西方物质外形与本土文化内涵相融合等。引导学生了解西学东渐背景下本土园林文化传承的自信)

(3) 公园在“民族振兴”方面有哪些特征?(答:张公亭寄寓着对张之洞的纪念,及其代表的兴文教、兴工业的治国方略;诸多运动场所的设置蕴含着鼓励强身健体、健全体魄的内涵。引导学生了解和理解近代积贫积弱背景下的园林建设所蕴含的民族振兴功能和愿景)

(4) 公园在“全球视野”方面有哪些特征?(答:公园大门效仿英国白金汉宫的入口,公园内建有巴黎埃菲尔铁塔、凯旋门等缩微景观等。引导学生了解“睁眼看世界”背景下园林建设所秉持的全球视野以及相应的社会教化功能)

---

① 图片来源:汉口市政府编《汉口市政概况》(1930年)、《汉口市政概况》(1934年);武汉市档案馆编《大武汉旧影》,湖北人民出版社1999年版,第101、358页;中国第二历史档案馆编《湖北旧影》,湖北教育出版社2001版,第78页;武汉园林分志编纂委员会编《武汉园林资料汇编(第一辑):私园和公园(建国前)》,1985年版,第79—80页。

四、汉口中山公园现场考察与教学

基于地处武汉能够实地考察汉口中山公园的便利条件,课程设置了现场考察与教学环节,增强学生的课程思政情景体验(图2),使学生在现实场景中深化对园林建设历史知识和思想内涵的理解。

图2 汉口中山公园现场考察与教学合影

特色和创新点

一、从中国园林文化的角度深化文化自信的内涵

中华民族伟大复兴需要文化自信,坚定中国特色社会主义道路自信、理论自信、制度自信,说到底是要坚定文化自信。课程以中西合璧的中山公园所蕴含的历史与文化为切入点,深化文化自信内涵,这是对"中国风景园林史"课程思政教学的探索与创新。

二、以多种形式的实践参与突破历史知识的传统传授模式

本课程突破传统的课堂教学模式,结合思政教育的工作目标,开展现场情景体验、核心议题小组讨论等多种形式的实践操作,丰富课程教学内涵、提升思政教育效果。

三、以历史纵深的视野呈现完整的中国园林史脉络

本课程突破现有的以中国古代园林史为基本框架的教材与教学框架,纳

入中国近代园林史的学术研究成果，使课堂内容既具有历史纵深视野，又表现出继往开来的精神，使对中国园林发展史的教学脉络更为完整，从而更好地响应建设美丽中国的时代诉求。

效果体现

一、形成了认知中国园林历史进程的总体视野

现行《中国园林史》教材一般仅包括古代部分，本课程在此基础上，以中西合璧的中山公园为载体，增加近代部分的授课内容，使学生得以更为完整地理解中国园林从古至今的发展脉络，对于学生整体把握中国园林历史进程，统一过去、现在、未来的认知视野，深入认识中华优秀传统文化具有重要作用。

二、增强了对中华优秀传统文化的认同感

学生通过学习有关中山公园的史料、事例、人物等历史知识，得以体会中华传统文化的独特语境。同时，对中西文化交流相关内容的讲授，使学生更为深入地理解了中西文化的异质性，也使学生认识到只有在本土文化语境中，才能对中国园林的历史现象形成准确的理解，从而增强对中华优秀传统文化的认同感。

三、丰富了建设美丽中国的专业知识储备与技能

中国园林营造蕴含着丰富的艺术手法和生态智慧，是如今建设美丽中国和生态文明的宝贵历史财富。通过学习以中山公园为代表的园林案例，学生丰富了建设美丽中国的专业知识储备与技能，从而可以更为有效地将理论知识与设计实践结合起来。

土木与水利工程学院“可持续建设概论”课程思政案例

章节名称

第5章“工程的安全与风险”第6节：工程风险分析与评估。

课程目标

一、知识目标

（1）从技术、环境、社会等多维视角了解和熟悉可持续建设中的工程风险。

（2）熟悉工程风险评估的原则、途径、方法，掌握工程风险评估的整体框架和思路。

二、能力目标

（1）理解工程风险不仅仅是纯粹的工程问题，而且是一个与社会联系紧密、须从多维视角思考的问题，具备从多维视角思考和理解工程风险的能力。

（2）塑造可持续建设理念，提高工程社会意识。

（3）培养探究精神，提高思辨能力与表达能力。

三、价值目标

（1）正确认识工程风险中的伦理责任与社会责任，具备工程伦理意识。

（2）理解中国特色生态文明建设，具有家国情怀和社会关怀意识。

（3）树立可持续发展、公平公正等观念，形成正确的价值观。

课程负责人：钟波涛。

课程组成员：孙峻、骆汉宾。

执笔人：钟波涛、杨静。

教学内容

教学内容包括工程风险的来源和防范、工程风险的评估两部分。

一、工程风险的来源和防范

(1) 工程技术风险的来源和防范。

(2) 工程环境风险的来源和防范。

(3) 工程社会风险的来源和防范。

二、工程风险的评估

(1) 基本概念,包括工程风险问题与伦理问题等。

(2) 评估原则,包括以人为本、预防为主、整体主义与制度约束等。

(3) 评估途径,包括专家评估、社会评估与公众参与等。

(4) 评估方法,包括评估主体、评估程序与评估效力等。

思政素材

思政素材来源于科研项目中的实际工程案例。课程以川藏铁路为例,通过介绍其基本情况、主要环境特点、建设挑战等,启发学生从案例中发掘问题,学习相关的知识点,并在此基础上,引导学生进行自主探索与思考,培养其工程伦理意识和社会责任感等。

一、川藏铁路基本情况

川藏铁路东起成都,西至拉萨,途经雅安、康定、昌都、林芝、山南,是一条连接四川省与西藏自治区的快速铁路,被列为国家重点工程项目。

川藏铁路修建难度大,途经地区属青藏高原地震区,有多年冻土,高寒缺氧,滑坡、岩爆等地质灾害严重,线路"八起八伏",累计爬升高度超过14000 米。

二、川藏铁路的主要环境特点

川藏铁路沿线地质条件极其复杂,且气候条件特殊,不同区域气候变化剧烈。

三、川藏铁路的建设挑战

川藏铁路的建设挑战主要包括:显著的地形高差,强烈的板块活动,频发的山地灾害,脆弱的生态环境。

思政元素

一、思政元素融合思路

（1）以中国建造为引领，围绕建造大国的需求、挑战与成就展开教学内容，激发学生的家国情怀和专业使命感，进而培养其社会责任感和工程创新精神。

（2）关注工程风险的技术、环境、社会等维度，融合科学知识和人文知识，引导学生形成可持续建设理念与工程社会意识。

（3）以专业知识为依托，以实际工程案例为载体，创设课程思政情景，将专业知识与思政元素有机结合，使学生在工程风险的评估与预防中，加深对工程问题和伦理问题这两个核心问题的理解。

具体融合思路见图1。

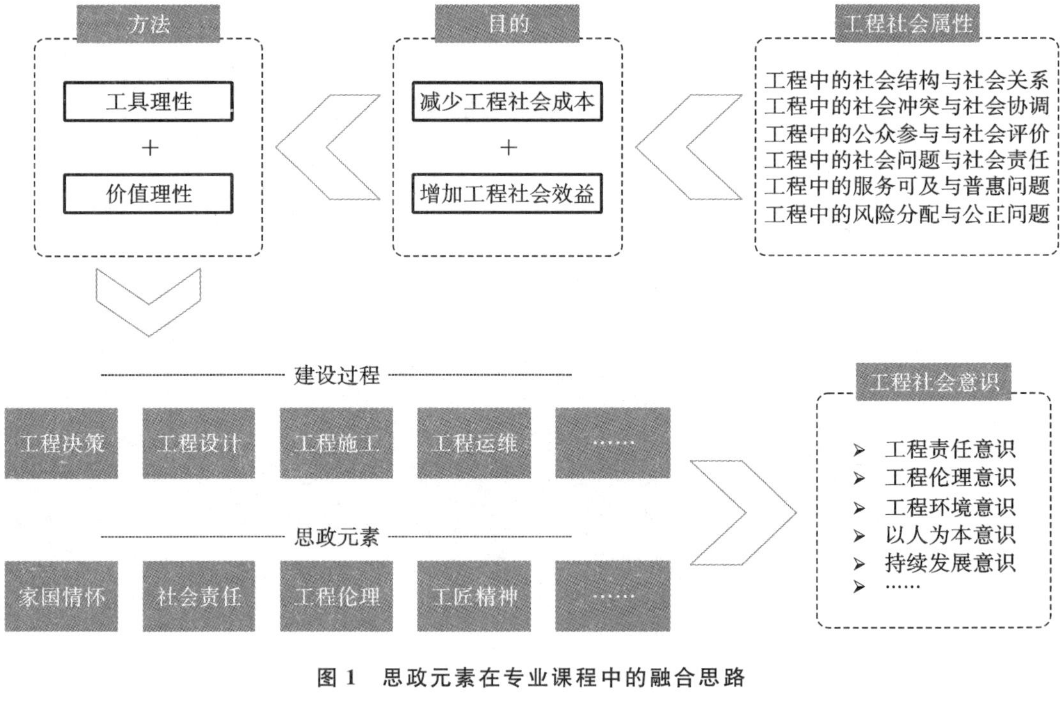

图1　思政元素在专业课程中的融合思路

二、思政元素融合目标

通过深度融合专业知识与思政元素，从为什么建、为什么能建、建设目标是什么、面临哪些挑战四个问题层层递进地展开，从而实现思政元素融合目标（图2）。

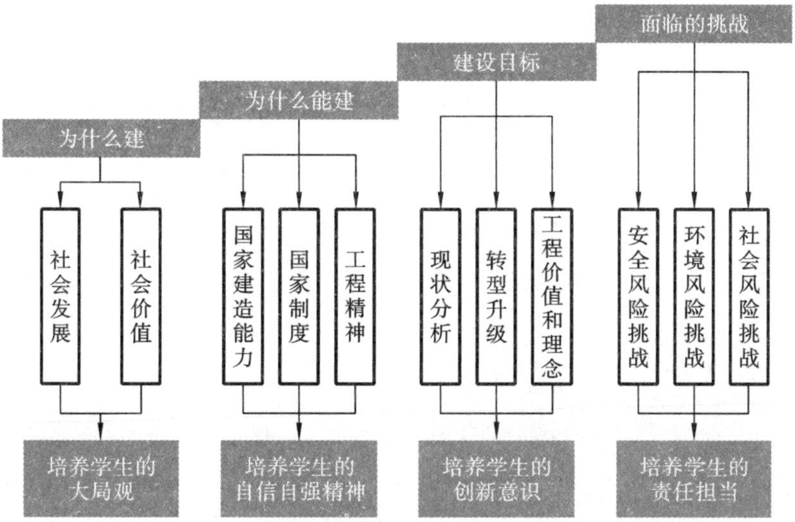

图2　专业课程中的思政元素融合目标

1. 为什么建

通过探讨为什么建的问题,融入可持续发展理念等思政元素,培养学生的大局观。

2. 为什么能建

(1) 通过介绍我国是建造大国,正在迈向建造强国的事实,融入家国情怀等思政元素,激发学生的专业自豪感和成就感。

(2) 通过认知重要的制度保障,融入制度自信等思政元素,引导学生更加坚定中国特色社会主义制度自信。

(3) 通过发掘工程精神,融入社会责任、工匠精神等思政元素,激发学生的专业使命感,激发学生做一名优秀工程师的志向。

3. 建设目标是什么

通过探讨建设目标是什么,融入社会责任、技术伦理、创新精神等思政元素,引导学生认识这些理念和价值的重要性。

4. 面临哪些挑战

(1) 安全风险。通过展示和讨论安全风险案例,融入伦理责任、工程善举、技术哲学等思政元素,引导学生认识工程师预防风险的伦理责任。

(2) 环境风险。通过讨论"针对建设过程中面临的环境风险,我们是否可以直接应用西方环保理论来解决"的问题,融入理论自信等思政元素,引导学生正确对待西方理论,使学生意识到要立足中国国情,开展中国特色生态文明建设。

通过展示修建青藏铁路的案例、讲解青藏铁路用导热管解决冻土问题等,融入创新精神、技术伦理等思政元素,激发学生的工程创新意识,引导学生做负责任的工程创新者。进而针对建设过程中遇到的渣土量问题进行知识拓展,融入创新意识等思政元素,引导学生创新施工方式。

(3) 社会风险。通过讲解预防为主的风险评估原则,融入社会责任、技术伦理、工匠精神等思政元素,使学生认识到工程师的风险预防责任,提高学生的责任意识,进而通过探讨“多大程度的工程风险是可接受的”的问题,融入社会责任、社会关怀等思政元素,引导学生关注工程建设的社会维度,培养工程社会意识等价值理性。

教学安排

一、问题导入

以建设青藏铁路为例,层层递进地提出为什么建、为什么能建、建设目标是什么、面临哪些挑战的问题,引发学生探索和思考。

1. 通过探讨“为什么建”,引导学生多角度思考问题

教师引导学生从社会可持续发展需求和社会价值的视角展开探讨。

探讨结果:

(1) 社会可持续发展需求:地区发展均衡,增进藏区民众福祉。

(2) 社会价值:维护国家统一,促进民族团结,维护边疆稳定。

2. 通过探讨“为什么能建”,培养学生的专业自信

教师引导学生从工程成就、制度优势、工程精神三方面进行思考和讨论,明确我国是建造大国,正在迈向建造强国。

探讨结果:

(1) 我国工程建造成就显著,建有港珠澳大桥、大兴国际机场、川藏公路、青藏公路等重大工程。

(2) 我国的社会主义具有集中力量办大事的制度优势。中共中央总书记、国家主席、中央军委主席习近平对川藏铁路开工建设作出重要指示,强调发扬“两路”精神和青藏铁路精神,高质量推进工程建设。

(3) 建设者具有珍贵的工程精神。工程精神包括“两路”精神和青藏铁路

精神。其中,两路精神是指在修筑川藏、青藏公路时所体现的一不怕死、二不怕苦,顽强拼博、甘当路石,军民一家、民族团结的精神。其中,一不怕死、二不怕苦是指不畏艰难险阻的革命英雄主义,对理想事业的坚定与忠诚;顽强拼博、甘当路石是指勇往直前、敢为人先的进取意识和担当精神,甘于吃苦、乐于奉献的高尚情怀;军民一家、民族团结是指水乳交融、血肉相连的军民鱼水深情,平等团结互助和谐的社会主义民族关系。

3. 通过探讨建设目标是什么,培养学生正确的价值观

教师引导学生从我国正从建造大国走向建造强国的现状出发进行思考和讨论。当前,我国工程建造行业正面临转型升级,须实现可持续高质量发展,我国应从建造大国走向建造强国。"强"不仅指工程质量好、创新水平高,更是指发展理念的融合提升。

探讨结果:建设目标是建造高质量、安全可靠、绿色环保的工程。

4. 通过探讨面临哪些挑战,培养学生多维思考的能力

教师引导学生从技术、环境、社会等多方面探讨工程建设过程中面临的风险。

探讨结果:工程建设面临技术风险、环境风险、社会风险等。

二、通过案例导入和情景设置,讲解工程技术风险知识

以川藏通道上大仁烟大桥建设过程中发生的大型山体滑坡为例,讲解工程建设面临的技术风险及其预防。

案例导入:大仁烟大桥建设过程中发生的大型山体滑坡事件。

知识拓展:教师提出"为了降低安全风险,如何监测边坡风险"的问题,引用米切姆提出的"需要做到考虑周全的责任",进而引导学生时刻铭记作为工程师的伦理责任,要时刻为公众福祉着想。

情景设置:假设你现在是工程师,在建设过程中遇见陡峭边坡,需要对其进行监测,考虑到相关标准规范更新不及时或者标准规范不适用于特定环境,以及扩大监测范围会带来成本上升等情况,为减少或避免安全隐患,作为一个工程师,你会选择勉强满足标准规范还是选择扩大监测范围?工程师的责任如何体现?

情景探讨:在设置的情景中,引导学生探讨工程师的伦理责任,让学生明确应如何履行工程师的伦理责任,预防工程安全风险。

三、通过案例导入,讲解工程环境风险知识

以我国第一条全方位保障生态安全的"绿色铁路"——青藏铁路为例,采用以问题为导向的教学方法,依循"问题导入—知识讲解—知识拓展—教师引导"的流程为学生讲解工程环境风险知识。

案例导入:我国第一条全方位保障生态安全的"绿色铁路"——青藏铁路。

1. 工程环境风险

问题导入:通过展示案例,教师提出"如何看待工程建设与环境保护"的问题并邀请学生思考和讨论。

知识讲解:师生共同探讨,得出川藏铁路沿线桥梁、隧道、施工便道等的施工范围,以及施工过程中的取、弃土场会影响到沿线保护区、重要湿地、饮用水源地、国家公园等生态敏感区,可能会带来生态环境风险。教师根据探讨结果并结合专业知识为学生讲解环境风险的知识。

知识拓展:在讲授知识后,请学生思考"面对我国现有的环境风险,是否可以直接应用西方环保理论来解决"。

教师引导:引导学生正确对待西方理论,使学生意识到要立足中国国情,开展中国特色生态文明建设。

2. 工程环境风险的应对

问题导入:通过展示青藏铁路用导热管解决冻土问题的案例,提出"如何看待工程建设与环境保护"的问题,引发学生思考和讨论。

知识讲解:教师总结讨论结果后,讲解工程环境风险的处理。

知识拓展:通过知识讲解,引发学生思考川藏铁路在崇山峻岭间施工所产生的弃土弃渣应如何解决。

教师引导:教师从工程创新的角度引导学生思考解决方法。在学生讨论后,师生共同总结答案。教师以汶马高速-汶马克枯大桥建设为例,讲述其采用钢管混凝土组合桁梁桥的方法,指出该方法具有减少施工便道等动土工程的渣土量的优势。

四、工程社会风险

教师引导:教师以实际工程案例为载体,引导学生关注工程风险的社会维度,关注工程风险分配中的公平与正义,关注工程中的弱势群体。

知识讲解：

1. 工程社会风险

以实际工程案例为载体，讲述工程风险不仅要考虑工程的技术风险和环境风险，还要关注工程的社会风险，并讲解工程社会风险的概念、意义等。

2. 工程社会风险分析

工程建设可能会导致社会不公或使现有冲突加剧，阻碍社会发展目标的实现，破坏发展目标的实现手段等。

3. 工程社会风险因素识别

对影响工程的各种社会因素进行识别排序，对社会风险进行预测，分析可能出现风险的社会环境和条件，提出防范和减少风险的建议。

五、基本概念与评估原则、途径和方法

教师引导：教师以实际工程案例为载体，引导学生培养工程伦理意识、人文关怀、家国情怀、创新意识、公平公正意识。

知识讲解：

1. 工程风险评估的概念

结合课前案例视频，介绍工程风险评估不仅仅是一个工程问题，其核心问题是“工程风险在多大程度上是可接受的”这一问题，这本身也是一个工程伦理问题。

2. 工程风险评估的原则

主要讲解以人为本原则、预防为主原则、整体主义原则、制度约束原则。基于评估的四点原则，结合身边的实例，引导学生思考其中有哪些不合理的地方。

3. 工程风险评估的途径和方法

重点介绍评估途径中的专家评估、社会评估、公众参与，从多角度思考三种评估途径的利弊。

六、课后设计

课后设计的目的是巩固课堂知识，拓展学生知识面，提高学生的知识应用和实践能力，培养学生的责任意识等。课后设计具体包括如下内容。

(1) 复习课堂知识，巩固本节学习内容。

(2) 阅读论文、报告等课程资源，拓展知识面。

(3) 参与了解与课程内容相关的科研项目,应用所学知识分析、评估项目中潜在的风险,通过问卷、访谈等方式进行项目调研,完成调研报告。

特色和创新点

一、特色

课程通过实际工程案例,以问题为导向,激发了学生学习和探究的积极性,采用案例教学、情景设置等多种教学方式,引领学生跳出课堂,使其切身投入工程学习中,形成了以学生为中心、教师为辅助的自主探究与合作教学新模式。

二、创新点

(1) 以中国建造为引领,构建课程思政体系,设置相应课程模块,实现课程思政教育、工程教育协同育人,进而推动工程教育从单纯强调工程技术的工具理性向突出价值理性的方向转移提升,从知识传授和能力培养延伸到价值塑造,将学生最终培养成兼具专业技术和人文情怀的大国工匠。

(2) 构建了适合培养工科学生可持续发展意识、工程社会意识与工程伦理的教学体系,引导学生多维视角地看待工程可持续建设问题,避免思政教育与专业教育"两张皮"的现象,提高学生对思政元素的领悟能力,强化学生践行思政目标指向的意识和能力。

效果体现

(1) 课程强化了学生的工程伦理意识和社会关怀,学生的专业自豪感明显提升,对专业知识的学习兴趣增大,开始自发地查阅相关文献资料并积极与教师讨论,并能从国家战略、社会发展、行业需求、技术挑战等不同角度思考工程建设问题。

(2) 学生具备了从社会维度看待工程、理解工程、解决相关工程问题的意识和能力,可以在坚持工程可持续建设理念的基础上解决未来工程实践中遇到的部分问题。

环境科学与工程学院“建筑环境测试技术”课程思政案例

章节名称

第3章“温度测量”第1节：温度测量概述。

课程目标

一、知识目标

(1) 学习温度与温标的概念。科学且精准回答什么是温度，并理解什么是温标，以及温度与温标的关系等重要知识点。讲解“是否存在温度上限”等科学问题与相对论、量子力学理论的关系，以扩展学生的知识面。

(2) 理解温标的分类与发展。在讲解温度与温标的关系的基础上，通过讲解温标的三要素，使学生掌握经验温标、理想气体温标、热力学温标、国际温标之间的联系、区别、特点以及适用范围等知识点。

(3) 掌握测温仪器的使用方法。通过两种最常见的测温方法与仪器，讲述接触式与非接触式测温的基本原理、差异、各自特点与优缺点，使学生从整体上掌握基本测温方法。强调测量的本质特征，以及该本质特征在温度测量上的具体体现。

二、能力目标

(1) 关联知识点与构建知识网的能力。学生前期已学过专业基础课“工程热力学”与“传热学”，但是学生往往只是孤立地学习每门课的知识点。为培养学生的专业综合能力，着重提醒学生注意本门课与专业基础课之间知识点

课程负责人：罗勇强。

执笔人：罗勇强。

的关联,逐步提升学生构建知识网的能力。

(2) 独立思考与自主探索的能力。通过质疑教材上关于温度的定义,引出温度的宏观定义、微观定义和热力学定义,借此鼓励学生独立思考现有的知识,凡事多问自己一个“为什么”“对不对”。延伸介绍温度下限与温度上限,鼓励学生面向科学前沿问题,激活学生自主探索科学问题的能力。

(3) 自主学习与终身学习的能力。通过布置课后搜集现代先进温度测量方法与仪器设备的作业,培养学生主动搜集、学习和整理资料的能力。通过讲述科学家的故事,激发学生终身学习的内在动力。

三、价值目标

(1) 弘扬中国传统文化,提升民族自豪感。早在春秋战国时期,我国的多本古籍中就出现了关于现代温度测量方法的雏形,多种现象记录与规律总结领先西方一千余年。通过发掘和弘扬中国传统文化,提升学生的民族自豪感。

(2) 弘扬科学家艰苦奋斗的精神。通过讲述温度测量与温标发展过程中的科学家故事,弘扬科学家为探索自然规律、发展科学方法,在困境中坚守初心、艰苦奋斗的精神。

教学内容

(1) 温度的宏观定义、微观定义、热力学定义。

(2) 温度与温标的关系。

(3) 温标三要素。

(4) 经验温标、理想气体温标、热力学温标、国际温标的内涵与特征。

(5) 温度测量方法与测量仪器分类。

思政素材

一、教材关于温度的定义

教材上的知识往往被学生认为是真理,但重大研究发现往往都是在推翻这些普遍被认同的知识后取得的。盲目相信教材容易使学生思维固化,创新能力不足。教师在课堂上先给出教材上基于日常经验作出的关于温度的定义,然后向学生举出一些不符合这一定义的反面现象,引导学生深入思考温度的内涵,让学生意识到独立思考的重要性。杨振宁与李政道提出的弱作用下宇称不守恒定律、哥白尼主张的日心说、爱因斯坦构建的相对论等，均是独立思考、思维活化的产物。

二、我国古人的测温技术

虽然现代的测温技术和测温仪器主要是由西方人发明的，但是在中国古代，勤劳智慧的中国人民早已提出描述、判断、检测温度高低的独特方法。汉字中早已有的“寒”“凉”“温”“热”等，实际上就在描述温度的高低差异。我国古代人民在烧制陶器和冶炼金属的生产过程中，可以根据火候定性地判断温度高低，不同的火候所呈现出的不同现象在相当程度上起到了测温计的作用。《考工记》是我国春秋战国时期记述官营手工业各工种规范和制造工艺的文献，其中记有“凡铸金之状，金与锡，黑浊之气竭，黄白次之。黄白之气竭，青白次之。青白之气竭，青气次之，然后可铸也”，这里最早记述了冶铸青铜的火焰颜色。《韩非子·显学》中也有相关记载：“夫视煅锡而察青黄，区冶不能以必剑。”这种根据火焰来判断炉内冶炼进程的方法，实际上是利用受热挥发出的各种物质原子的发射光谱以及辐射能谱的强度分布特征来确定温度高低。此外，我国古代还存在一些利用恒温点来判断温度高低的例子，如《吕氏春秋·察今》记有“见瓶水之冰，而知天下之寒”，贾思勰在《齐民要术》中指出制酪的温度“小暖于人体，为合宜适”。

三、伽利略发明温度计的故事

伽利略在给学生上实验课时，向一个试管里装上水，然后进行加热，试管里的水烧开后液面略微上升。伽利略问学生这是为什么，学生回答说是因为热胀冷缩的原理。虽然这是一个很简单的原理，但是这个现象和伽利略脑海中一直在思考的温度测量问题终于联系上了。伽利略很快试制了一支温度计。这是一根带有刻度的细长玻璃管，一端封闭，另一端没有封闭。使用时，将未封闭的一端插在水罐里，利用封闭的一端测量温度。当封闭的一端受热时，内部封闭的空气发生热胀冷缩，导致玻璃管中水柱的高低随温度变化而变化。这就是最早成形的温度计。

思政元素

(1) 通过驳斥教材给出的温度定义，鼓励学生独立思考，不迷信权威，保持思维的活性与弹性，为培养创新型人才提供支持。

(2) 通过介绍中国古代典籍中关于温度观测与判断的记录,展现中华文化的深厚底蕴。同时引导学生反思为何现代的测温技术主要是西方人发明的,鼓励学生做出前沿原创成果。

(3) 通过讲述伽利略早期研究温度计与温度测量方法的故事,启发并培养学生做科学研究时“处处留心”的探索精神。

教学安排

一、课程导入

首先引入温度测量话题。在抗击新冠肺炎疫情的过程中,一项不可或缺的检测就是人体体温检测。温度是众多系统或物件表征某种性能或特性的关键指标,比如人体表面温度过高,表征人体可能正在发烧,CPU 表面温度过高,可能会导致降频或者宕机等。

虽然温度这个概念大家都很熟悉,但是温度的定义到底是什么?通过提问与学生形成互动。教材上把温度描述为表示物体冷热程度的物理量,但是我们可以通过一些简单的例子对这个定义进行反驳(融入思政素材(一)),如提问人手触摸同时放置在雪地里的木块和铁块,冷热感觉是否一致,由此引发学生思考,指导学生对教材上温度的定义进行修正,进而指出我们不应该盲目地接受教材上的所有说法,应该具有独立思考的能力。

二、介绍我国古人关于温度的基础认知与经验技术

其实,温度这一概念和温度测量并不是近代才有的,在几千年前我国古代的典籍中便已存在诸多对温度进行定性测量并将其应用于生产生活的例子。通过引用《考工记》《韩非子·显学》《吕氏春秋·察今》《齐民要术》中提到的温度观测与描述(融入思政素材(二)),展示我国古人的非凡智慧。

三、由温度概念引出温标概念

结合上学期学过的热力学知识,重新认识热力学第零定律与温度的关系。热力学第零定律是说如果两个热力学系统均与第三个热力学系统处于热平衡中,那么这两个热力学系统也必定处于热平衡中,温度是一切互为热平衡的系统都具有的某种共同的宏观性质。由此帮助学生将以前课程中学过的知识点与本课程知识点联系起来,提醒学生构建自己的知识网。

补充提问:“温度有下限,但是温度有上限吗?”以激发学生的发散思维。

通过温度升高后分子运动速度加快，以及相对论给出的宇宙速度上限是光速，解释温度存在上限。此外，学生也可以运用本学期正在学习的传热学中的辐射传热知识，即体温度升高、体辐射波波长变短以及存在宇宙最小尺度普朗克长度，给出温度存在上限的另一种解释。

接下来介绍温标的概念。温标是温度的数值表示，是为了表示温度量值的统一和准确而建立的用来衡量温度的标准尺度，主要包括三要素：温度计、固定点、内插方程。

四、分述温标三要素，分述经验温标、理想气体温标、热力学温标以及国际温标

在讲解温度计时，讲述伽利略首次发明温度计装置（融入思政素材（三））以及后续托斯卡纳大公费迪南二世发明酒精温度计、法国天文学家博利奥发明水银温度计的故事。

在讲解固定点时，介绍经验温标中摄氏、华氏温标的由来，解释了华氏温标为什么要选取水的沸点为 212 度、氯化铵与冰水混合物的温度为 0 度、间等分 212 份这种奇怪的做法，以吸引学生的注意力，激发学生独立思考的动力。

在讲解内插方程时，指出温度计的刻度其实是非线性的，进一步鼓励学生思考问题。通过 PPT 上的“雨课堂”插件，打开弹幕功能，以目前 00 后学生喜闻乐见的方式进行教学，去除传统理论课堂的枯燥感，增强课堂互动性。

从经验温标存在的问题出发，逐步导出理想气体温标、热力学温标以及国际温标这一不断改进与优化的体系。

五、温度测量方法分类与特征讲解

通过图表的方式，清晰展示接触式测温与非接触式测温两大方法的特点、测量条件、测量范围、准确度、响应速度等。

介绍部分先进测温方法与设备，如光纤分布式测温、微型化智能化温度传感器等。

课后布置作业：全班学生每 4～5 人组成一个小组，以小组为单位，搜集一种新型测温方法或仪器设备。借此增强学生的自主学习能力，激发学生的学习兴趣。

特色和创新点

(1) 突破单一课程的知识点，逐步引导学生构建知识网。大学本科课程通常相互独立讲授,学生也主要集中学习单一课程知识点,并没有建立起不同课程知识点之间的串联。本课程不断强调构建知识网的方法与重要性,系统提升学生综合能力。

(2) 结合科学前沿进展,突破单一课程知识框架,弘扬科学家精神,营造崇尚科学的氛围。习近平总书记指出:"科学成就离不开精神支撑。科学家精神是科技工作者在长期科学实践中积累的宝贵精神财富。"当今世界正经历百年未有之大变局,我国发展面临的国内外环境发生了深刻复杂的变化,对加快科技创新提出了更为迫切的要求。在全社会形成尊重知识、崇尚创新、尊重人才、热爱科学的浓厚氛围,激发强大的创新动力,必须大力弘扬新时代科学家精神。

(3) 采用更易于新时代学生接受的教学互动方式,去除传统理论教学的枯燥感。课程利用 PPT"雨课堂"插件的弹幕功能、随堂提问功能等,让学生充分自由地参与到课程中,不用担心回答问题出错。

效果体现

(1) 课程充分挖掘能够体现现代科学内涵的我国古人智慧,不仅增添了课堂趣味,扩展了学生的知识面,而且增强了学生的文化自信。

(2) 课程通过适当讲述相关专业课知识中涉及的科学家故事,激活了新时代大学生投身科学探索的志向,为部分志在从事科学研究工作的学生提供了内生动力。班级中多位同学被保研到国内外顶尖高校继续深造,本专业本科生近三年里以第一作者身份发表 SCI 论文等高水平论文 10 余篇,获得全国高等院校人工环境工程学科奖学金等各类奖项荣誉 40 余项。

(3) 课程合理利用现代化、信息化教学工具与手段,调动学生的学习积极性,深化学生对课本知识的理解,通过引导学生构建知识网,拓宽学生的知识维度。理论课堂教学氛围活跃且轻松,学生参与度高、满意度高、获得感强。

数学与统计学院“微积分学”课程思政案例

章节名称

第7章“常微分方程”第2节“初等积分法”第2小节：一阶线性方程。

课程目标

一、知识目标

（1）认知目标。能够辨认一阶线性方程以及伯努利方程。

（2）计算目标。能够将一阶线性方程化为标准形式，并利用公式求解；能够利用变量代换将伯努利方程化为一阶线性方程。

（3）创新目标。针对某些方程，能够根据一元微积分的知识找到某种合适的变量代换，将方程转化为一阶线性方程求解。其中特别注意伯努利方程的求解方法。

（4）应用目标。能够根据实际问题建立数学模型，将实际问题转化为微分方程初值问题并求解。

二、能力目标

（1）专业能力目标。一是引导学生认识方程、求解方程；二是通过传染病数学模型的建立和求解，提高学生分析和解决实际问题的能力。

（2）方法能力目标。微分方程是数学理论联系实际的一个重要桥梁，通过传染病数学模型的建立和求解，使学生深刻领会数学建模的思想与方法，增强学生的数学意识。

课程负责人：吴洁。

课程组成员：韩淑霞、黄永忠、韩志斌、邵琨、王德荣、胡勇等。

执笔人：韩淑霞、吴洁。

(3) 社会能力目标。通过对传染病数学模型的解的分析,得出控制新冠肺炎疫情传播的关键因素就是减少日接触率,引导学生科学地看待问题,培养学生的科学精神和社会责任感。

三、价值目标

(1) 培养学生的科学精神。通过建立实际问题的数学模型并求解,引导学生理性判断和科学解释实际问题,学会理性辨别网络信息的正确性,从而抵制不良信息,传播正能量,净化网络空间。

(2) 增强学生的"四个自信"。通过传染病数学模型的建立和求解,分析哪些是控制病毒传播的关键因素,解释国家的疫情防控政策,说明我国政府的疫情防控政策是科学的,并充分发挥了我国的制度优势,从而增强学生的"四个自信",特别是制度自信和文化自信。

(3) 培养学生对国家、对民族的责任感。由于新冠肺炎疫情仍在全球蔓延,为了尽快恢复正常生活,通过对解的分析可以知道,必须有近80%的人群接种疫苗才行,从而鼓励学生响应国家的号召,不仅自己积极接种疫苗,而且还要成为国家防疫政策的宣传员,以实际行动实现社会担当。

(4) 以身边的榜样激励学生努力奋斗。介绍以"人民英雄"张定宇为代表的华中大人在新冠肺炎疫情期间冲锋在前、勇于担当、无所畏惧的感人故事,激励学生努力学习、不断探索,为国家发展和民族复兴做出应有的贡献。

教学内容

(1) 认识和求解一阶线性方程。

(2) 认识和求解伯努利方程。

(3) 通过传染病数学模型的建立与求解,揭示解所蕴含的实际意义。

思政素材

根据传染病数学模型的结论,接触数 $\sigma \leqslant 1$,传染病会消失。那么怎么减少接触数呢?一方面是提高患者治愈率,另一方面是减少人员接触。这就是我国政府在新冠肺炎疫情传播初期对武汉进行封城后,武汉疫情在一个月内得到完全控制、不到三个月被消灭的科学依据。

在新冠肺炎疫情传播初期,人们还不清楚新冠病毒的传播习性,及时封城,对重点人群进行严格隔离,最大程度地保护了人民群众的生命安全。但是从全球范围内来看，国外很多国家和地区没有很好地控制住疫情，致使新冠肺炎疫情依旧在世界范围内传播。由于新冠肺炎疫情具有高传染性，如果取接触数 $\sigma=3.5$，可计算出需要近 80% 的人接种新冠疫苗才能达到群体免疫。所以我国政府号召居民积极接种新冠疫苗，并向全球 100 多个国家提供新冠疫苗，在全球防疫中发挥了十分重要的作用。

由于目前国内国际的防疫标准不同，对传染病数学模型中接触数 $\sigma\leqslant 1$ 和 $\sigma>1$ 时的情况进行综合分析，可以科学解读我国目前一边严格防疫一边施打疫苗的防疫政策。

思政元素

(1) 从科学的角度对我国政府采取的防疫政策进行解读，让学生以理性和科学的态度看待我国政府的各项防疫政策，并积极宣传和配合执行相关政策。

(2) 通过传染病数学模型的建立和求解，引导学生科学地看待问题，不要人云亦云，做一个有独立思想、有科学素养、为人民服务的国家栋梁。

(3) 通过对防疫政策的科学解读，使学生增强"四个自信"，愿意为国家的发展、民族的强盛做出自己应有的贡献。

教学安排

一、课前预习

请学生课前在中国大学 MOOC 上预习华中科技大学"微积分学(一)"课程第七章第二节第三小节的一阶线性微分方程内容，认知一阶线性方程和伯努利方程的类型，掌握求解方法，并将预习中遇到的问题发至微助教讨论墙。

二、课上测试

课堂上让学生在微助教平台上回答两组测试题：一组关于一阶线性方程，一组关于伯努利方程。然后根据学生的答题情况进行重难点问题的解析。

三、课上讲授：传染病数学模型

在测试和解析完两组测试题后，以下列顺序介绍传染病数学模型的建立、求解和分析过程，共包括五个步骤。

1. 提出假设，并利用导数定义列出微分方程的初值问题

假设 N 是常量，表示一个地区的总人口，$i(t)$ 表示时刻 t 已感染者占总人

口的比例,$s(t)$ 表示时刻 t 易感染者占总人口的比例,λ 表示日接触率,假定为常数,μ 表示日治愈率,假定为常数,则时刻 t 易感人数和已感染人数的转化关系如图 1 所示。

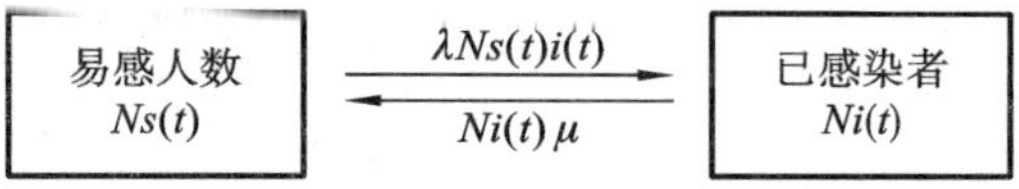

图 1　时刻 t 易感人数和已感染人数的转化关系

于是列出下列等式:

$$\begin{cases} N[i(t+\Delta t)-i(t)]=\lambda Ni(t)s(t)\Delta t-\mu Ni(t)\Delta t, \\ i(t)+s(t)=1, \end{cases}$$

两边除以 Δt,并令 $\Delta t \to 0$,由导数定义得到微分方程的初值问题:

$$\frac{di(t)}{dt}=\lambda i(t)(1-i(t))-\mu i(t)=[\lambda-\mu]i(t)-\lambda i^2(t), i(0)=i_0. \quad (1)$$

2. 求解方程

式(1)是一个伯努利方程,以课堂练习方式让学生求解,检查学生对一阶线性微分方程求解方法的掌握程度。

式(1)的解为

$$i(t)=\begin{cases} \dfrac{1}{\lambda t+i_0{}^{-1}}, & \lambda=\mu, \\ \left[\dfrac{1}{1-\sigma^{-1}}+\left(\dfrac{1}{i_0}-\dfrac{1}{1-\sigma^{-1}}\right)e^{(\mu-\lambda)t}\right]^{-1}, & \lambda\neq\mu \end{cases}, \sigma=\frac{\lambda}{\mu}. \quad (2)$$

3. 从解中分析传染病结束或大流行与什么因素有关

为考虑传染病毒随着时间变化的变换趋势,对式(2)取极限,有

$$\lim_{t\to\infty} i(t)=\begin{cases} 1-\dfrac{1}{\sigma}, & \sigma>1, \\ 0, & \sigma\leqslant 1. \end{cases} \quad (3)$$

4. 向学生提出一系列问题,引导学生深入思考,实现思政教育的目的

问题 1:式(2)中的 $\sigma=\dfrac{\lambda}{\mu}$ 表示什么含义?

μ 表示日治愈率,那么 $\dfrac{1}{\mu}$ 就表示一个传染病人从染病到治愈所需要的时间。而 λ 表示日接触率,所以 $\sigma=\dfrac{\lambda}{\mu}$ 就是每个病人在整个传染期内有效接触的

平均人数，所以 $\sigma=\dfrac{\lambda}{\mu}$ 也称为接触数。

问题2：式(3)的结论说明什么呢？

从式(3)得到，若接触数 $\sigma\leqslant 1$，则传染病会消失。若接触数 $\sigma>1$，则传染病会流行，传染的病人会趋于总人口的比例为 $1-\dfrac{1}{\sigma}$。

问题3：如何让传染病消失呢？

减少接触数可以让传染病消失，而减少接触数的一种方法是寻找治愈的疗法，另一种方法就是采取隔离措施，减少患者和健康者之间的接触。

5. 从数学上进一步加深学生对微分方程求解方法的认识

前面假设的日接触率 λ 和日治愈率 μ 均为常数，这个假设在短时间内是可以成立的，但长时间内就不合适了。当日接触率 λ 和日治愈率 μ 不为常数时，我们虽然无法求出解析解，但借助于计算机可以求出数值解，有兴趣的同学可以了解一下常微分方程的数值解法。

特色和创新点

(1) 从解的渐近分析中挖掘出思政素材。传统的微分方程中的应用案例重点放在如何建立微分方程及如何求解上，而在本节课程中，我们将应用案例延伸到解的渐进性分析上，得到控制新冠病毒传播的关键因素就是减少接触数，并用此结论指导新冠肺炎疫情的防治。

(2) 利用线上线下混合式教学课堂的优点，将传染病数学模型的分析结论与我国新冠肺炎疫情防控政策结合起来，润物无声地进行课程思政教育。

(3) 通过让学生了解微分方程可以有数值解，激发学生的自主学习、主动钻研精神，增强学生学习数学的兴趣。

效果体现

(1) 传染病数学模型的求解与分析，解决了我们身边的实际问题，让学生认识到微分方程应用非常广泛，增强了学生学习数学的兴趣。

(2) 传染病数学模型的求解与分析，消除了学生对防疫政策的消极思想。原来学生对进出校园需要报备存有抱怨，经过这一次课程后，学生认识到这是国家和学校对他们的爱护，怨言也随之消失，进而能够安下心来努力学习，更加坚定“四个自信”，建立了为国家发展和民族复兴努力学习的信心。

生命科学与技术学院“生物化学与分子生物学”课程思政案例

章节名称

第4章“蛋白质的生物学功能”。

课程目标

一、知识目标

(1) 了解蛋白质生物学功能的多样性，明确蛋白质对生物体的重要性不仅体现为它们无处不在，更重要的是它们几乎无所不能。

(2) 通过肌红蛋白和血红蛋白的结构、氧合曲线以及调节作用异同的比较，掌握蛋白质的一级结构与高级结构、蛋白质结构与生物学功能之间的关系。明确蛋白质分子结构是动态的，其在发挥生物学功能时，总是需要与配体相互作用，并且与配体的结合是可以被调节的。

(3) 通过对镰刀型贫血病研究案例的分析，介绍人类遗传疾病导致蛋白质结构与功能异常的发病分子机制及其研究方法，进一步说明蛋白质一级结构决定高级结构、蛋白质结构与其生物学功能相适应这一重要原则。

二、能力目标

通过对镰刀型贫血病发病分子机制研究案例的讲解，培养学生的科学思维方法，使学生勇于探索、善于发现问题，并能够运用所学理论知识解决实际

课程负责人：杨广笑。

课程组成员：谢青、陈明洁、蒋新农、肖靓、朱敏、蒋涛、鲁明波、张新军、王晨辉、张佩景、春雷、白虹。

执笔人：杨广笑。

问题。

三、价值目标

注重科学思维方法教育，提高学生正确认识问题、分析问题和解决问题的能力。培养学生探索未知、追求真理、勇攀科学高峰的责任感和使命感，激发学生的专业学习兴趣、科技报国的家国情怀与使命担当。

教学内容

(1) 蛋白质生物学功能的多样性。蛋白质是生命功能的执行者，几乎每一生命过程都有蛋白质的参与。自然界中的蛋白质数量巨大，其序列异构现象是蛋白质生物功能多样性的结构基础。蛋白质的生物学功能包括催化功能(酶)、作为信号分子(激素)，以及运输、结构、运动和防卫等功能。

(2) 肌红蛋白。肌红蛋白含有一个结合氧的血红素辅基，是单亚基蛋白质。肌红蛋白的氧合曲线为双曲线，这一特性决定了其主要功能是贮存氧。

(3) 血红蛋白。血红蛋白由四个亚基组成，每个亚基含一个血红素辅基。氧与血红蛋白的结合具有别构与协同效应，氧合曲线为S形。氧气与血红蛋白的结合还受血液中H^+和CO_2以及2,3-二磷酸甘油酸的调节，这些特性决血红蛋白能够承担体内氧的转运功能。

(4) 血红蛋白分子病。镰刀形贫血病是人类最早认识的一种分子病，由基因突变引起。镰刀形贫血病是由蛋白质一级结构的改变引起蛋白质三维结构变化，进而导致其生物学功能丧失的典型案例。最新的基因治疗和CRISPR-Cas9基因编辑技术治疗的临床试验结果为人类彻底治愈镰刀形贫血病带来了曙光。

思政素材

讲授“了解蛋白质的三维结构是阐明蛋白质如何行使其功能的基础”时，引入清华大学施一公团队成功解析剪接体高分辨率三维结构这一重大突破性研究成果。2009年诺贝尔生理与医学奖得主杰克·绍斯塔克教授曾经评述道：“剪接体是细胞内最后一个等待被解析结构的超大复合体。”这说明了上述研究工作的难度。美国杜克大学讲席教授王小凡认为，施一公团队的这一研究成果解决了“无数科学家都向往的生物学的基础问题”。通过讲解，使学生了解中国科学家勇于探索的科学精神，增强文化自信。讲授血红蛋白分子病时,通过对镰刀型贫血病发病分子机制研究案例的介绍,培养学生利用所学理论知识分析和解决实际问题的能力。讲授氧分压对血红蛋白氧合曲线的影响时,引入解放军戍边战士在高寒缺氧的艰苦条件下,舍小家为大家,守卫着祖国万里边疆的感人故事,激发学生发奋学习、刻苦钻研,立志成为建设祖国的有用人才。

思政元素

(1) 通过介绍中国科学家在蛋白质结构与功能研究领域的杰出贡献,增强学生的民族自豪感,提高学生对从事基础学科研究重要性的认识,激发学生专业学习兴趣。

(2) 通过对镰刀型贫血病研究案例的讲解,培养学生严谨的科学思维、理论联系实际的态度以及分析和解决实际问题的能力。

(3) 通过讲述高寒缺氧的艰苦条件下戍边战士的感人故事,弘扬和传播社会主义核心价值观,激发学生的爱国情怀和责任担当意识,帮助学生塑造正确的世界观、人生观和价值观。

教学安排

根据教学大纲要求,本章教学内容有2学时,教学过程贯彻“以学生为中心”的教学理念,采用多媒体演示法、启发式教学法和案例教学法,将课程内容中蕴含的思政元素有机地融入专业知识教学过程,将专业知识传授与思政育人有机结合,达到“润物细无声”的育人效果。

一、教学引入(5分钟)

通过随机提问,复习上一节课所学的有关蛋白质结构层次的知识。

总结:蛋白质一级结构决定其三维结构,了解三维结构是阐明蛋白质如何行使其功能的基础。在此处引入清华大学施一公教授团队解析剪接体高分辨率三维结构的重大突破,以及团队在此结构基础上关于剪接体对前体信使RNA执行剪接的基本工作机理的阐述,说明这项研究成果标志着人类对生命过程和本质的理解又向前迈进了一步。关于剪接体对前体信使RNA执行剪接的基本工作机理的阐述,解决了困扰国际生命科学界二十几年的分子生物学“中心法则”中的一个关键步骤,初步解答了基础生命科学领域的一个核心问题,是近30年来中国科学家在基础生命科学领域对世界科学做出的最大贡献。国外最经典的生物化学教材 *Lehninger Principles of Biochemistry* 第七版将施一公教授团队于 2015 年发表在 *Science* 杂志上的文章中的剪接体一图作为该书封面插图，说明了这一成果在生物化学领域的重要影响。

二、课程内容

1. 蛋白质功能的多样性（5 分钟）

根据所学知识引导学生尽可能多地说出蛋白质在生物体内的主要功能。

归纳总结：蛋白质的功能极其多样，主要包括催化功能（酶）、作为信号分子（激素），以及运输、结构、运动和防卫等功能，并指出蛋白质功能多样性的结构基础。

接下来重点以肌红蛋白和血红蛋白为例，分别介绍蛋白质一级结构与高级结构、蛋白质结构与其生物学功能的关系。

引出下一节的内容：具有光合放氧作用生物的出现，改变了大气组成（大气中出现了氧气），生物进化出以氧为基础的代谢功能是具有高度适应性的表现。由于氧水溶性低，单纯溶于血液中的氧不能满足组织所需，于是大型多细胞生物进化过程中出现了两个重要的能运输和储存氧的氧结合蛋白——肌红蛋白和血红蛋白。肌红蛋白和血红蛋白是蛋白质结构与功能关系研究的范例。

2. 肌红蛋白：贮存氧（20 分钟）

这一部分内容主要包括：

（1）氧气与血红素辅基的结合。

（2）肌红蛋白是珠蛋白家族的成员，是单亚基蛋白质。

（3）肌红蛋白与氧的结合特性。

（4）蛋白质结构如何影响配体的结合。

在此处强调，肌红蛋白是以单亚基的形式行使生物学功能的，其氧合曲线为双曲线，大多数情况下，肌红蛋白是高度氧结合状态，因此其主要功能是贮存氧。

3. 血红蛋白：转运氧（40 分钟）

血红蛋白的结构及其与肌红蛋白结构的比较可见图 1。

此处要强调血红蛋白是由 4 个亚基组成的寡聚体。

注意血红蛋白的氧结合特性和生物学功能与肌红蛋白有何不同：血红蛋白通过亚基-亚基相互作用介导的 T 态和 R 态之间的构象变化，导致血红蛋白

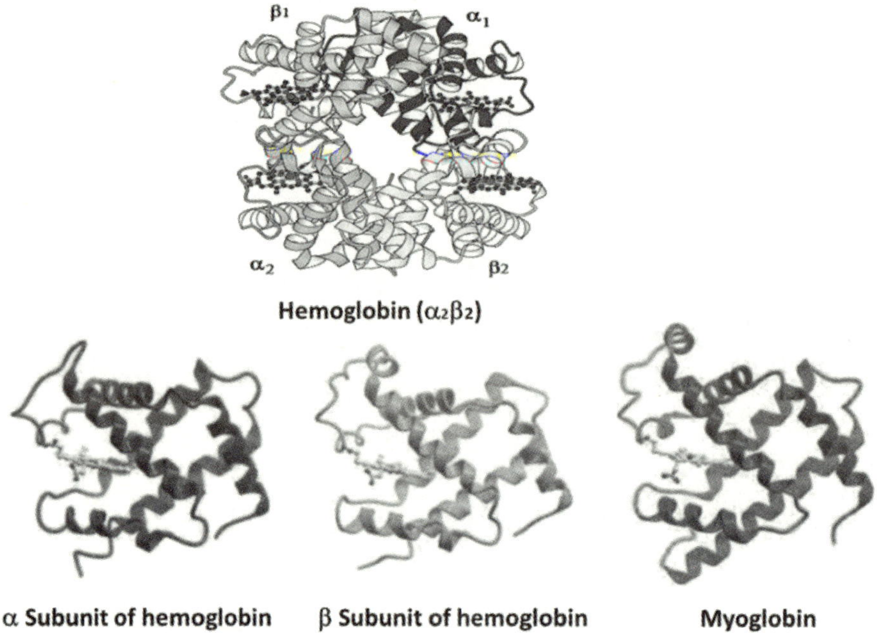

图1　血红蛋白四聚体及其亚基结构与肌红蛋白结构的比较

氧合曲线为S型,表现出协同效应,即血红蛋白的一个亚基与O_2分子结合后,会增加其他亚基对O_2的亲和力。

血红蛋白的主要功能是结合并运输氧,但也能结合和运输H^+和CO_2,结合H^+和CO_2后,稳定了血红蛋白的T态,促进了氧的释放(Bohr效应)。此外,氧与血红蛋白的的结合也受血液中的2,3-二磷酸甘油酸(BPG)的调节。血红蛋白的协同效应、波尔效应以及BPG的调节,使得血红蛋白的输氧能力达到最高。同时由于能在较窄的氧分压范围内完成输氧功能,因此机体的氧水平不至于有很大的起伏。此外血红蛋白的这一特性还能使机体内的pH维持在一个较稳定的水平。血红蛋白的别构效应充分地反映了它的生物学适应性、结构与功能的高度统一性。

在此处自然引出,在海拔4000多米的青藏高原上,氧浓度只有平原的一半,组织供氧会减少1/4,长期生活在平原地区的人们来到青藏高原后可能会出现强烈的高原反应。然而,在如此高寒缺氧的艰苦环境下,解放军戍边战士不怕艰难,守卫着祖国的万里边疆。战士们除了每天巡逻、执勤,与恶劣的自然环境作战,还要完成高强度的训练,这是何等的革命意志!我们之所以能够坐在这里安心学习,正是因为他们默默无闻的付出,我们没有理由不发奋读书！

4. 血红蛋白分子病(15分钟)

镰刀形贫血病是人类最早认识的一种分子病，由基因突变引起。在此引入解析镰刀形贫血病发病分子机制的研究案例。根据镰刀形贫血病人血红蛋白b亚基电泳行为，引导学生发现镰刀形贫血病人血红蛋白b亚基正极向移动速度减慢这一现象(图2)，让学生分析这种现象产生的可能原因：b亚基负电荷减少。下一步根据血红蛋白b亚基指纹图谱比较(图3)，引导学生找出差异斑点。接下来根据氨基酸测序分析结果，发现b亚基一级结构发生$^{Glu}6^{Ala}$的突变，并且这一突变在DNA水平上是由于单一碱基变化(T→A)引起的，最终结果是血红蛋白在脱氧状态下聚集、结晶(三级结构状态的改变)，造成红细胞破损(溶血现象)。

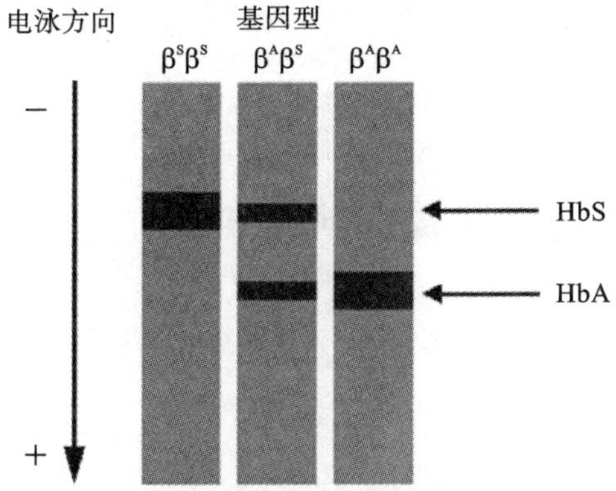

图2　镰刀形贫血病人血红蛋白亚基电泳分析示意图

接下来介绍有关镰刀形贫血病最新的基因治疗和CRISPR-Cas9基因编辑技术治疗的临床试验结果。2017年3月，国际四大医学期刊之首的《新英格兰医学期刊》(*NEJM*)发表了关于β-镰刀形贫血症的基因治疗临床试验结果。向干细胞插入编码β珠蛋白的基因片段，当这些携带正常基因的干细胞输回至患者体内3个月后，大量功能正常的血红蛋白开始形成。经过2年多的治疗，患者体内已经拥有足够多的正常红细胞。2020年12月5日，*NEJM*再次发表β-镰刀形贫血症CRISPR-Cas9基因编辑技术治疗的临床试验结果。通过靶向抑制BCL11A激活γ-珠蛋白表达。治疗18个月后，患者的骨髓和血液中等位基因编辑水平仍保持较高，患者不再依赖输血，循环血液中表达胎儿血红蛋白HbF的细胞占比达到99%，实现了通过在成人体内表达胎儿血红蛋白弥补β珠蛋白异常以治疗镰刀形贫血病的目的。

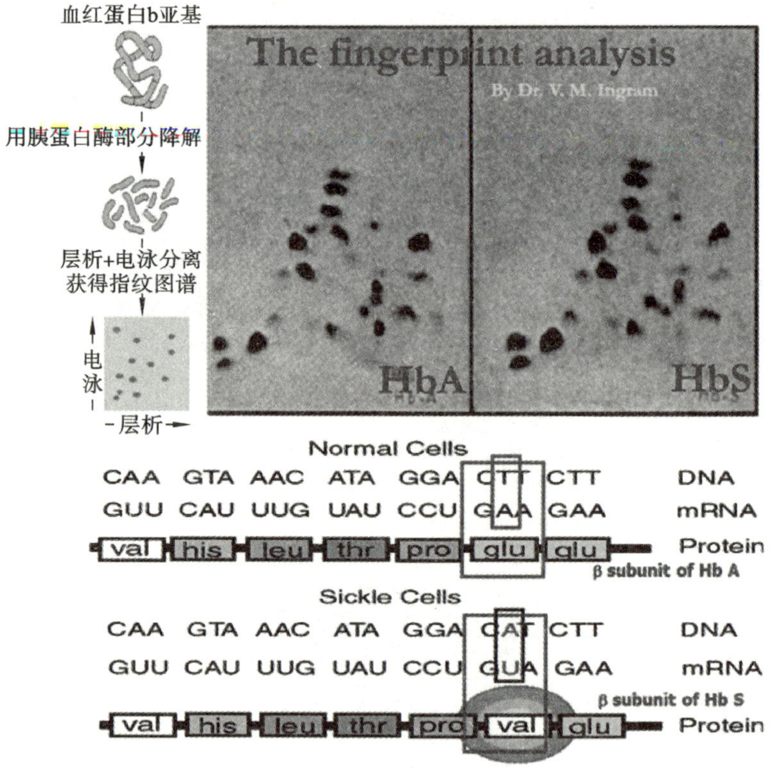

图 3　镰刀形贫血病人血红蛋白亚基指纹图谱及基因突变分析

通过分析该研究案例,拓展学生有关人类遗传疾病导致蛋白质结构与功能异常的发病机制的知识,培养学生善于发现问题,并用所学理论知识分析和解决实际问题的能力,同时使学生了解该领域最新研究进展,激发学生坚定专业学习的兴趣、信心和决心。

5. 总结(5 分钟)

(1) 肌红蛋白和血红蛋白分别起着贮存氧和运输氧的功能。

(2) 氧结合的协同效应、波尔效应以及 BPG 的调节,使得血红蛋白运输氧的效率达到最高。

(3) 蛋白质一级结构决定高级结构,血红蛋白的别构效应充分地反映了它的生物学适应性、结构与功能的高度统一性。

特色和创新点

(1) 寓价值观引导于知识传授和能力培养过程中,通过多年的教学实践,深挖课程内容本身蕴含的思政元素,认真梳理、归纳专业知识与思政元素的结合点，将专业知识传授与思政育人有机结合起来，达到“润物细无声”的育人效果。

（2）通过案例学习使学生了解学科领域的前沿动态，加强学生对课堂所学知识重要性的认识，培养学生分析和解决实际问题的能力。

（3）培养学生的科学和专业精神，激发学生的爱国情怀和责任担当。

效果体现

上述教学设计，将思政元素有机融入了课堂教学活动中，既丰富了教学内容，又发挥了专业课在思政教育中的独特作用，增强了学生的专业学习兴趣，培养了学生发现问题、分析问题和解决问题的能力，激发了学生的爱国情怀和责任担当。

“生物化学与分子生物学”这门课程作为生命科学与技术学院各专业的平台课程，一直深受学生的重视与喜爱，曾被学生评为最喜爱的课堂。把思政元素融入生物化学教学在学生中产生了思想共鸣，取得了良好的教学与育人效果。部分学生对课堂教学评价道：“杨教师上课生动活泼，善于启发学生思维，能很好地与学生交流，课程引人入胜。”“课程能引申很多前沿的科研成果。”“开始觉得很难，但精彩的讲解让我喜欢上了这门课，不仅学习了专业知识，还学会了学习的方法，期待下学期的课。”“杨教师特别爱国，有强烈的社会责任感，是学生学习的楷模。”

学院首届登封班学生的“生物化学与分子生物学”课程平均成绩超过 80 分，全班 19 名学生全部提交了入党申请书。主讲教师获宝钢优秀教师奖和华中科技大学首届课堂教学卓越奖。“生物化学与分子生物学”教学视频播放量已超过 275 万次，成为校内外相关专业学生课程学习和和考研复习的重要资源。

医科编

第一临床学院“皮肤性病学”课程思政案例

章节名称

第19章“红斑鳞屑性皮肤病”第1节：银屑病。

课程目标

一、知识目标

掌握银屑病的分型、临床表现、诊断和治疗。熟悉银屑病的流行病学特点、病因及发病机制、组织病理特点。了解银屑病相关的前沿基础研究以及治疗新进展。

二、能力目标

培养学生对红斑鳞屑性皮肤病诊治的临床思维能力，对患者问诊、体格检查及专科检查的实践能力，对发病机制、新型治疗等前沿研究的创新能力及向临床应用转化的能力。

三、价值目标

培养学生对银屑病患者的人文关怀，关注患者身心问题，重视对慢性皮肤病的防治，树立大健康理念。鼓励学生关注社会健康问题，积极参与创新创业大赛等活动，主动创新研究，注重临床转化，为医学的发展做出贡献。

教学内容

(1) 银屑病的流行病学特点、病因及发病机制。

课程负责人：陶娟。

课程组成员：冯爱平、黄长征、李延、杨井、杨柳、董励耘、申晨、周诺娅、张亚敏、朱今巾、兰佳佳、闻晶晶、杜虹瑶。

执笔人：陶娟、董励耘。

(2) 银屑病的临床表现、临床分期及分型，包括银屑病的特征性皮损表现和“三联征”的临床表现，银屑病临床发展的分期以及主要临床亚型。

(3) 银屑病的诊断和鉴别诊断。

(4) 银屑病的治疗和长期管理，包括银屑病的阶梯治疗理念、常用药物以及长期管理的注意事项。

(5) 创新性和挑战度相关内容，包括银屑病及其伴发病的发病机制和治疗方式的前沿研究进展与未来发展方向。

思政素材

(1) 在课程引入阶段，播放关于银屑病患者的小视频，由银屑病患者讲述他们的心声，反映出患者在生活、工作、学习中因为皮肤疾病而遭到的歧视、挫折和精神压力，倡导学生重视对慢性皮肤病的防治，树立大健康理念。

(2) 在讲授银屑病的临床表现、皮损特点时，介绍其存在复发性、皮损难看、病情顽固等特点。多年的反复发病和就诊经历，让患者承受了沉重的心理压力。强调要关注患者的心理问题，对患者给予更多人文关怀。

(3) 在讲授银屑病的治疗时，指出目前的传统治疗存在不足和副作用，介绍当前国际医疗领域中靶向治疗的前沿进展、新药研发及临床试验情况，强调基础研究的最终目的是解决临床问题，倡导医学生积极发现临床问题，通过科学研究实现应用转化，鼓励学生积极参加中国“互联网+”大学生创新创业大赛等，培养创新和应用能力。

(4) 在讲授银屑病的新型治疗方法时，介绍我们皮肤科课题组的交叉学科研究成果——可溶性载药微针。载有甲氨蝶呤的可溶性微针具有多种优势：微创无痛、使用简便、避免首关清除、高效透皮、毒副作用少、患者接受度高、不产生医疗垃圾、生产成本相对较低。再次激励学生立足于临床难点、热点提出问题，不断创新、坚持探索，推动我国医疗事业的进步和发展。

(5) 在讲授银屑病的治疗和长期管理时，介绍疫情期间的银屑病患者管理情况。在突发卫生事件面前，团队教师和学生们密切联系患者，远程诊疗，及时帮助银屑病患者。以此教导学生秉承“心系医护、人民至上”的信念，肩负守护健康的使命，时刻向抗疫英雄学习。

思政元素

(1) 强调关注银屑病共患病,尤其是易被忽视的精神心理症状,给予患者人文关怀和心理安慰,减轻其心理负担。

(2) 提倡关注社会健康问题,鼓励学生培养临床思维和创新思维,积极参与创新创业大赛等活动,将基础理论转化为实践应用。

(3) 以临床案例为切入点,教导学生要具有责任心,须全面仔细地了解病史和病情,医患协同制定个体化治疗方案。

(4) 引导学生以广大患者的福祉为目标,善于在临床中发现问题,不断创新、坚持探索,推动我国医疗事业进步和发展。

(5) 引导学生秉承“心系医护、人民至上”的信念,肩负守护健康的使命,时刻向抗疫英雄学习。

教学安排

一、课程导入

(1) 从患者个体这一“点”入手,以一段动人的视频展示银屑病患者真实世界的一角,引发学生对患者的共情和对疾病的深思,并邀请两位同学分享对该视频内容的所思所想。

(2) 从银屑病大数据这一“面”入手,侧面反映银屑病对大众生活的影响之广泛,以具有冲击力的数据引起学生对银屑病的重视。

(3) 从银屑病患者背后的故事这一“纵深”入手,深刻剖析疾病对患者生活的点点滴滴造成的残酷影响,这种影响宛若终生笼罩在患者身上的阴云,从而建立起学生对银屑病的综合性认识。

(4) 展示本节课的课程内容与教学安排,帮助学生从认知、能力和素质三个方面明确学习目标,突出学习重点,提升综合能力。

(5) 开启头脑风暴,通过“微助教”及“词云”等教学工具,汇聚学生对主题“银屑病”的认识与思考。

(6) 采用线上线下混合式教学方式,通过分析慕课上“银屑病”这一章节网上测试的总分及单项得分,梳理此次课程在知识层面上须着重讲授的内容,从而有的放矢地指导学生的学习。

二、课程主体

1. 流行病学特点

银屑病全球发病率为0.1%～5%,任何年龄均可发,城市高于农村、北方高于南方,男性与女性相似。通过讲授法和数据展示法,使学生对银屑病流行病学特点有整体了解,通过提问引导学生思考流行病学差异背后的原因。

2. 病因与发病机制

在银屑病发病中有重要作用的因素主要包括:具有遗传易感背景等遗传因素;IL-23/Th17轴等免疫异常;压力、感染等诱发外因。

3. 仍待解决的问题

疾病启动的因素、反复发作的原因及其机制、初发和复发的机制差异等问题,仍有待深入发掘。课程结合学生的理解程度讲解最新的相关研究,并通过播放动画视频帮助学生理解,鼓励学生关注学术前沿,激发学生探究学术前沿的兴趣。

4. 临床表现

银屑病的特征性皮损表现是产生边界清楚、覆有银白鳞屑的红斑。其具有"三联征"表现:蜡滴现象;薄膜现象;点状出血。特殊部位会出现顶针甲、束状发等情况。常见临床分型包括:寻常型银屑病、脓疱型银屑病、关节型银屑病、反向型银屑病、红皮病型银屑病。

教师以课程目标为导向,讲授银屑病临床表现。运用皮肤科云图库图片以及卡通示意图,直观展示皮损及特异征象。通过提问,启发学生思考"三联征"的病理机制及相互联系。通过对比,帮助学生区分银屑病不同临床分型。

在讲授知识过程中,融入思政教育:①给予患者人文关怀,耐心解释疾病本身存在复发的可能性;②关注社会问题,通过参与中国"互联网+"大学生创新创业大赛等方式,为医学的发展做出贡献。

5. 诊断

将临床表现观察与辅助检查结合起来进行诊断。辅助检查中,可通过皮肤镜检查患者皮肤是否呈淡红色背景,有点球状、环状血管,周边覆盖厚层鳞屑;通过病理检查检验患者皮肤是否有角化过度、角化不全、真皮毛细血管扩增扭曲、真皮炎症细胞浸润、角质层下中性粒细胞聚集等情况。

6. 鉴别诊断

注意将银屑病与多形红斑、特应性皮炎、脂溢性皮炎、体癣等区别开来。

生动形象地描述银屑病在皮肤镜检查和病理检查中的典型表现，通过讨论4个"小试牛刀"的病案，引导学生进行皮肤疾病的鉴别诊断学习，加强学生对鉴别诊断的理解。

7. 基于PBL理念的课堂讨论："奇怪的红斑"第一幕

病案信息：病史，临床表现，辅助检查信息。

课堂任务：提取有价值的临床线索，做出初步诊断。

课堂讨论：学生分组，运用第一节课学习的内容，对病案进行讨论、自主学习、分享、反馈评价、互动评分。

预告下节课的内容提要：银屑病的治疗。

8. 银屑病的治疗：阶梯疗法

(1) 外用药物：外用糖皮质激素制剂、维A酸软膏、维生素D衍生物、角质促成剂、角质松解剂、润肤剂等。

(2) 光疗：PUVA、UVB、308准分子激光。

(3) 系统治疗：传统药物（甲氨蝶呤、阿维A、环孢素），生物制剂（TNF-α抑制剂、IL-12/23抑制剂、IL-17A抑制剂）。

介绍国内外银屑病靶向治疗的前沿进展，引导学生思考药物的治疗机制及可能治疗靶点，请学生举出常用药物的例子、对比不同药物的优缺点及其适应症和禁忌症，指导学生根据患者病情进行个性化治疗，教导学生要有责任心，仔细了解病史和病情，医患协同制定治疗方案。

9. 银屑病的共患病及其治疗

常见共患病：高血压、抑郁症、糖尿病等。

潜在治疗靶点：IL-23/IL-17轴。

讲授常见共患病，引导学生用系统的眼光看待银屑病。介绍学科前沿进展，当前研究认为IL-23/IL-17轴是共患病的发病机制中重要的一环。通过提问引导学生思考共患病的治疗靶点，引导学生关注共患病，尤其是患者易被忽视的精神症状，给予其人文关怀、心理安慰，减轻其心理负担。

10. 银屑病新型治疗方法探究

载甲氨蝶呤可溶性微针的优势：微创无痛、使用简便、避免首关清除、高效透皮、毒副作用少、患者接受度高、不产生医疗垃圾、生产成本相对较低。

通过播放动画视频形式，介绍我们课题组的团队研发过程，展示学科交叉的优势和魅力，拓宽研究思路，提高学生科学素养。引导学生以广大患者的福祉为目标，学会立足临床提出问题，不断创新、坚持探索，推动我国医疗事业进步和发展。

11. 疫情下的银屑病患者管理

在突发卫生事件面前,团队教师和学生们密切联系患者,远程诊疗,及时帮助银屑病患者。以此教导学生秉承“心系医护、人民至上”的信念,肩负守护健康的使命,时刻向抗疫英雄学习。

12. 基于PBL(problem-based learning)理念的课堂讨论:“奇怪的红斑”第二幕。

病案信息:补充辅助检查信息。

讨论问题:是否存在共患病?该患者应如何治疗?

延伸案例“奇怪的红斑”的剧情,以“银屑病的治疗”为主题,就继续治疗等方面要求学生开展讨论。各组成员针对这一幕中的“共患病及其治疗方案”问题,运用第二节课学习的内容,展开第二幕小组讨论、自主学习、分享、反馈评价、互动评分。学生在教师的引导下展开激烈的头脑风暴,加深自身对知识点的理解。

三、课程总结

(1) 利用课堂微助教进行课后测验,了解学生在学习课程前后对银屑病认识情况的变化。

(2) 总结重点内容,如银屑病的临床特点与治疗,以生动易记的口诀来精炼知识点、巩固学习成果。

(3) 关注银屑病的长期管理,包括自我管理和医护管理。

(4) 布置课后作业,通过作业中的问题,引导学生自主学习和主动探索。

相关教学场景见图1。

特色和创新点

(1) 教学模式:以思政为引领,以皮疹为主线,以学生为主体。

(2) 教学活动:提供皮肤健康云平台和慕课进行线上教学,充分利用学生的碎片化时间;课堂中进行简化版PBL教学活动,锻炼学生临床思维;多学科导师团队联合培养学生,进行创新创业实践教学。

(3) 教学内容:以皮疹为主线重构教学内容结构,改变以往以病因为主题进行分类学习的知识体系;对课程内容进行优化,加强医学科技发展前沿教育;增加创新创业课程内容,提高学生的创新实践能力。

通过“微助教”进行课前测试

师生互动

“微助教”课后测试答疑

课堂小组讨论

学生讨论展示

图1 “皮肤性病学”课程部分教学场景

(4) 教学方法与手段:通过应用虚拟案例式教学、游戏式教学、翻转课堂和实践教学等方法,实现教学目标,解决痛点问题。

(5) 教学评价:通过线上进行慕课教学和课后测验、线下采用PBL教学评价与传统测验等,评价课程效果,同时对学生进行临床情景模拟和职业认同感评价,从专业知识、临床实践、医者仁心等方面全面提高和考核学生临床岗位胜任能力,形成以能力为导向的形成性与终结性相结合的评价体系。

效果体现

(1) 提高了教师对课程思政教学的认识,使教师掌握了课程思政教学的多种方式方法,实现了将思政元素“润物细无声”地融入课程全过程的目的。

(2) 构建了“以思政为引领、以皮疹为主线、以学生为主体”的教学模式,强化了学生对专业知识的掌握,深化了医学生的职业素养和情怀。

(3) 学生们经过临床情景模拟和职业认同感评价,从专业知识、临床实践、医者仁心等方面全面提高了自身的临床岗位胜任能力。

(4) 课程内容经过优化后,医学科技发展前沿教育得以加强。增加了创新创业课程内容后,学生的创新实践能力得到提高。学生积极参加创新创业大赛,开展社会实践活动,并以广大患者的福祉为目标,在临床中发现问题,不断创新、坚持探索,希望推动我国医疗事业进步和发展。

第二临床学院“医学导论”课程思政案例

章节名称

第一章“绪论”。

课程目标

一、知识目标

(1) 以同济医学院及其附属医院发展历史为切入点,掌握医学、医学院、附属医院发展历史,熟悉同济师生在抗日战争和抗美援朝战争时期,以及新冠肺炎疫情期间救死扶伤的故事。

(2) 围绕健康中国战略,对医学教育和卫生事业发展建立系统、完整、正确的认识,掌握实施健康中国战略的丰富内涵。

二、能力目标

(1) 加强学生的人文教育,引导学生全面提升医学素养。

(2) 强化学生的职业素养教育,使学生掌握扎实精深的专业学科知识和精湛的医疗技术。

三、价值目标

(1) 以史为镜,厚植家国情怀,建构学生国家认同、民族认同、文化认同的情感基础,弘扬爱国主义精神。

(2) 培养学生主动担当的责任感,传承同济精神和文化,引导学生不忘初心、牢记使命,做新时代同济精神的践行者。

课程负责人:王伟、褚倩。

课程组成员:吴菁、陈孝平、马丁、刘争、袁响林、汪道文。

执笔人:袁逊、褚倩。

教学内容

(1) 同济医学院历史沿革,同济医学院代表人物,同济医学院附属医院的发展历史、代表人物和发展现状。

(2) 同济师生在不同历史时期的责任与担当,包括抗战期间的救死扶伤、抗美援朝战争期间的以医带教、新冠肺炎疫情期间的全力赴救。

(3) 健康中国的远景目标。

思政素材

一、同济医学院的医学大家

裘法祖,中国科学院院士,著名医学家,中国普通外科学的奠基人和开拓者,器官移植外科创始人之一。他创造的外科手术方式被誉为"裘氏术式"。在介绍裘法祖院士学术成就的同时,讲述他学成归来报效祖国、由沪迁汉支援中部地区医疗事业、关心爱护病人的小故事,让学生理解裘院士倡导的"做人、做事、做学问"的治学精神。

陈孝平,中国科学院院士,中国肝脏外科学的领军人物。他在肝胆胰外科领域做出了较系统的创新性成果,一方面有效控制了肝脏手术的出血量,另一方面提出了手术切除巨大肝癌的可行性理论。现在,他的系列理论和技术,已经被广泛应用到临床上,效果显著。他治疗的肝癌患者存活时间最长达27年,而且目前依然状况良好。在讲述陈院士学术成就的同时,讲述陈院士团队支持"暴走妈妈"割肝救子的感人故事,让学生体会到充满人文精神的医疗魅力。

马丁,中国工程院院士,中国妇产科领域的领军人物。30多年来,他坚持在医疗一线工作,施行妇产科手术逾万台,注重临床实践中重大难题的系统研究,在妇科恶性肿瘤防治和遏制肿瘤转移临床研究方面做出了卓越贡献。通过讲述马丁院士团队在为妇科肿瘤患者提供最佳抗肿瘤治疗方案的同时,努力探索保留患者生育功能的原创性技术,让学生领会到理论创新与技术创新为患者带来的巨大福祉。

二、同济人奔赴和坚守抗疫一线

2020年初,面对暴发的新冠肺炎疫情,同济人坚持奋战在重症救治主阵地,开辟抗疫云战场,攻坚科技抗疫战场,支援全国抗疫战场,坚守后勤保障阵地。其中,同济医院参加抗疫职工、可用重症床位数、收治重症危重症病人数、发热门诊接诊量、网上发热门诊咨询服务量均为武汉市之最。“咽拭子采样突击队”“插管小分队”等12支临床小分队探索出关口前移、多学科合作、精细化管理等体系化危重症救治方法,获中央指导组高度赞誉,国务院联防联控机制医疗救治组发文在全国推广“同济经验”。图1为同济人抗疫剪影。

图1 同济人抗疫剪影

通过讲述疫情期间医护主动请缨、积极争取到抗疫第一线工作的真实故事和典型人物(例如:科学防护的“逆行战士”、湖北省医疗专业组组长赵建平教授;首批支援金银潭医院,经历过感染又重返岗位的钟强教授;身先士卒的护理带头人汪晖;曾经参与抗击“非典”,如今又主动要求前往发热门诊的胡娜护士长;取消婚礼,投入紧张的抗击疫情工作的护士;在出城高速路口递出孩子火速返岗的急诊科医生夫妇等),让学生体会到浓厚的家国情怀,认识到应将人民群众生命安全和身体健康放在第一位,将“医者担当,护佑健康”当作自己的使命。

三、健康中国建设

党的十九届五中全会通过了《中共中央关于制定国民经济和社会发展第十四个五年规划和二〇三五年远景目标的建议》(以下简称《建议》)。以习近平同志为核心的党中央把保障人民健康摆在优先发展的战略地位,提出了全面推进健康中国建设的重大任务。《建议》提出,今后五年,经济社会发展要实现基本公共服务均等化水平明显提高,卫生健康体系更加完善,突发公共事件应急能力显著增强,并明确了到2035年基本建成健康中国的远景目标。

思政元素

围绕健康中国战略新任务、医学发展新要求,结合学院文化,重构课程思政体系,铸造同济特色课程之魂。

(1) 落实医学发展服务生命全周期全过程新理念,为健康中国战略贡献同济力量。

(2) 找准医学教育服务健康中国和教育强国新定位,融入充满家国情怀的同济文化。

(3) 强化“五术”教育,培养医德高尚、医术精湛的人民健康守护者,用行动践行“与国家同舟,与人民共济”的精神。

(4) 体现多学科交叉融合创新理念,传承开拓创新的同济精神。

教学安排

一、介绍同济医学院的历史沿革,引入学习医学导论的意义(20分钟)

概要介绍同济医学院的发展历史与文化传承,讲解本课程的目的与意义。

提问:同济医学院创建于哪一年? 你知道同济创始人的哪些事迹?

请学生思考5分钟后讨论发言,教师在黑板上写出学生观点的关键词。通过提问与学生互动,使学生对同济医学院的历史有更深刻的记忆。

根据学生的回答,学生显然还不熟悉同济医学院的发展历史,需要加强学习。教师对学生的观点进行点评后,通过呈现历史图片和影像资料,按照时间脉络介绍同济医学院的发展历程,指出同济医学院的历史,是一部百折不挠、自强不息的奋斗史,是一部勇攀高峰、敢于探索的医学发展史,是一部“先天下之忧而忧,后天下之乐而乐”的无私奉献史。

通过回顾抗战期间同济师生救死扶伤的故事,激发学生的使命感与责任感。同时,引导学生对课程产生好奇,为接下来介绍同济医学院的代表性人物做准备。

裘法祖是中国外科之父。他曾只身远赴德国求学,在获得慕尼黑大学医学博士学位后,选择放弃德国的优厚待遇和安稳生活回到祖国。裘法祖率先在国内提出把大外科分为普通外科、骨科、胸心外科等,奠定了今天医学里的专科概念。他主持创建了我国最早的器官移植机构——同济医科大学器官移植研究所,并组建了中华医学会器官移植分会,为我国器官移植事业的发展做出了杰出贡献。他还是我国晚期血吸虫病外科治疗的开创者。

课程通过讲述裘法祖院士与同济医学院、与病人之间的故事,并引用裘老的"做人要知足,做事要知不足,做学问要不知足"等名言来勉励学生,让学生体会到医学生涯的使命与职责,增强职业认同感和爱国爱校的自豪感。(结合案例展现课程学习的意义,同时显示我国医学事业的进步)

二、介绍同济医学院附属医院(下称同济医院)的发展历史、代表人物和发展现状(20分钟)

借助历史图片和影像资料,按照时间脉络讲授同济医院的发展历史,引入案例教学,将历史画面生动地呈现给学生。

提问:同济医院与同济医学院的关联是什么? 同济医院的代表性人物有哪些?

请学生思考5分钟后讨论发言,教师在黑板上写出学生观点的关键词。

教师回顾抗美援朝战争时期同济人救治伤员、以医带教的历史。

20世纪五六十年代,我国经济社会发展落后,成为世界上的肝病大国,从事消化内科工作的过晋源于是将肝病作为主要研究方向。过晋源是我国现代内科学重要奠基人之一,他用现代科学知识和方法,整合和发扬中医药学,把两种医学精华嫁接融合,使中医药具有了现代医学的内涵。他医德高尚,医术精湛,积极开展医学教育,为我国医学界培养了一大批高级医学人才,堪称桃李满园、杏林楷模。

邵丙杨带队赴浙江太仓潜心研究血吸虫病的治疗,提出了"酒石酸锑钾三日疗法",20世纪50年代至少500万人因此受益。他因此两次受到嘉奖。1956年,卫生部聘请他为血吸虫病防治研究委员会委员及血防顾问。他还卓有远见地开展了我国最早的糖尿病流行病学调查,中华医学会内分泌学分会授予他"终身成就奖"。他呕心沥血地编写《中华内科学》,这套850万字的内科学权威参考书获得国家优秀科技图书一等奖。

通过讲授这些典型案例，向学生呈现出严谨求实的同济人、开拓创新的同济人、一心赴救的同济人、精益求精的同济人的形象，使学生认识到同济医学院及其附属医院的发展始终与祖国同呼吸，与时代共命运。

同济医学是我国医学教育的一块金字招牌。2019年，德国总理默克尔访问华中科技大学，参观同济医院，显示了同济医学的强大影响力。

三、介绍健康中国战略(20分钟)

通过介绍健康中国战略及医疗卫生时事热点，引导学生形成正确的医学人文价值观，培养和树立大健康意识与理念。

四、抗击新冠肺炎疫情期间同济师生的责任与担当(20分钟)

从2020年秋季学期开始，课程将抗击新冠肺炎疫情期间同济师生的担当与作为纳入讲授内容，让抗疫精神变为鲜活的课程思政教育素材。授课教师均奋战在抗疫一线，讲授的案例就发生在学生身边。

五、课堂总结

请学生一起欣赏同济医院的院歌《同济人的歌》，让学生体会歌曲中百年奋发的同济人、四海传扬的同济人是如何无私奉献和救死扶伤的。

对本次课堂教学进行归纳和小结，用习近平总书记的话勉励医学生努力做党和人民信赖的好医生。

六、课后文献阅读、讨论与作业

布置课后任务，任务与授课内容密切相关，作为课堂学习的延展。

课后阅读如下文献：《习近平总书记在全国卫生与健康大会上的讲话》《"健康中国2030"规划纲要》和新华网刊发的《新意中的心意——习近平的"健康中国"策》。

课后讨论后疫情时代医学生的使命与担当，并完成以下作业：阅读同济医学院、同济医院网上院史馆中的记载；在同济医院官网上观看同济医院的宣传片，并写感想。

特色和创新点

一、新理念：充分融合思政理念，铸魂育人

将精准医学、预防为先等理念融入课程，落实医学发展服务生命全周期、全过程的新理念,为健康中国战略贡献同济力量。

二、新模式:多学科融合,内涵培养

授课团队教师来自十余个学科,日常教学体现交叉融合的特点,如开展多学科教学查房,以强化内涵建设和医学生“五术”培养。

三、新团队:不同专业教学团队,名家荟萃

团队教师包括医生、预防专家、医学教育专家、管理专家,两院院士、“973”首席科学家、国家杰青、长江学者等。

四、新方法:融合各种教学方法,启发教学

第一课堂与第二课堂相辅相成,线下教学与线上教学相互结合,理论教学与实践教学相互支撑,培养具有“国际视野、家国情怀、德医双馨、同济风格”的高素质医学创新人才。

五、新评价:结合形成性评价和终结性评价,多维度评估

通过专家评价、学生评教等多维度反馈教学效果,提升教学质量。其中,专家评价是指由大学和学院督导组、科室主任、同行专家随堂听课,及时反馈教学建议;学生评教是指学生通过网上评教系统对课程进行量化评估,并通过座谈、交流、问卷调查等多种渠道反馈教学意见。

把职业素养、健康与社会意识等纳入效果评价范围,使形成性评价和终结性评价相结合,强化思政评估,进行综合考核。

效果体现

一、多维度教学质量评价良好

学生对课程的总体满意度为94.3%。部分学生的评价见图2。

二、课程思政教学改革已见成效,形成了辐射示范效应

“医学导论”课程教学经历了多维度的延伸和拓展。课程团队邀请国内相关领域的院士和知名专家进行多学科教学查房,身体力行地开展课程思政教育,对学生产生了很强的感染力。学生树立了大健康意识,在读学生已完成600余篇科普文章,影响了数万人。新冠肺炎疫情期间,已工作的学生积极投身抗疫一线,不问生死、勇于奉献,在读学生主动做志愿者。

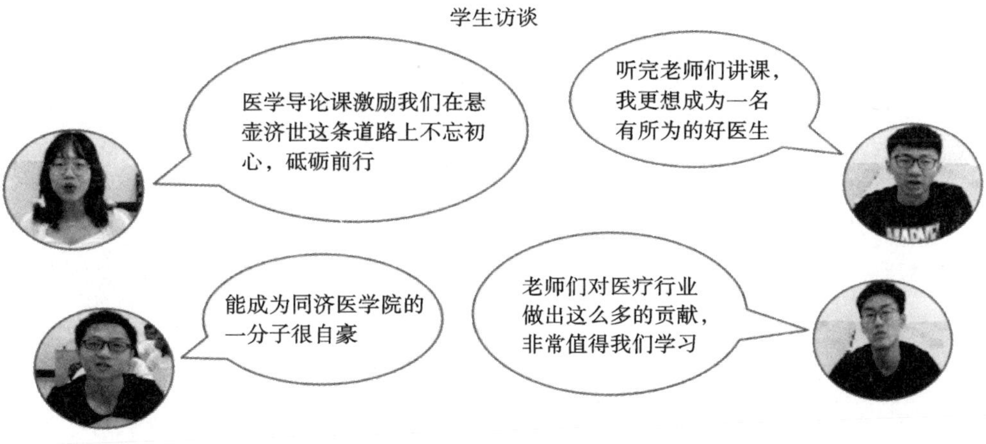

图 2　学生在访谈中表达的课程学习感受

“医学导论”课程获评教育部课程思政示范课程，授课教师获评课程思政教学名师，并受邀参加大学课程思政建设专题研讨会，作为典型代表进行报告，将教学成果进行宣传，形成了辐射示范效应。

第二临床学院“儿科学”课程思政案例

章节名称

第7章“遗传代谢性疾病”第2节：21-三体综合征。

课程目标

一、知识目标

(1) 了解21-三体综合征的病因、发病机制。

(2) 掌握21-三体综合征的染色体畸变的类型、临床表现及诊断方法。

(3) 了解21-三体综合征的治疗和预后。

二、能力目标

(1) 具有良好的临床思维能力。

(2) 具有敏锐的医疗科学观察能力和严谨的推理能力。

(3) 具有批判性思维。

(4) 具有强大的信息管理能力。

(5) 具有高效的沟通能力。

三、价值目标

全球医学教育最低基本要求(GMER)涵盖7个领域，其中第一个领域就是职业价值、态度、行为和伦理。职业价值包括：追求卓越、利他、责任感、同情心、移情、负责、诚实、正直和严谨的科学态度。每一名医生都必须促进、保护和强化上述医学职业价值的各个基本要素，从而保障病人、专业和全社会的

课程组负责人：罗小平。

课程组成员：陈瑜、梁雁、侯凌、吴薇、应艳琴、叶枫、王雅琴、黄珊、周秀云。

执笔人：陈瑜。

利益。

教学内容

本次课主要介绍遗传代谢性疾病中的染色体疾病——21-三体综合征，讲解21-三体综合征的历史及流行病学特征，重点阐释21-三体综合征的临床表现、遗传学特征、检测方法和产前诊断方法，并讲授21-三体综合征的治疗手段和预后。

思政素材

(1) 介绍21-三体综合征的流行病学特征和疾病名称的变迁，强调"先天愚型"这个名称被淡化的过程。

(2) 2021年，媒体发文说舟舟的"天才指挥"是谎言，对这一事件进行评价。

(3) 举例介绍21-三体综合征宝宝奇奇的学习和康复训练过程。

思政元素

(1) "先天愚型"这个名称被淡化的过程体现了人文教育的一部分——尊重患者的理念。

(2) 通过医学的分析提醒学生要具有批判性思维，要注重逻辑分析。这是对学习方法和临床思维的锻炼。

(3) 21-三体综合征患儿的产前诊断是利用遗传学原理达到优生的目的，指出这一医学领域的发展方向是研究如何用有效手段降低胎儿缺陷发生率，从而培养学生的科学精神，增强学生的职业责任感。

(4) 对有先天缺陷的宝宝要主动提供人文关怀，要有同情心、同理心、耐心和爱心，有不抛弃、不放弃的决心，有鼓励和支持患儿及其家长的医者仁心。

教学安排

一、引言(2分钟)

展示2张21-三体综合征患儿的照片，从中得出一个结论——不同的父母生出了相同的儿女，从而推翻了上述生理学遗传现象。这里提出问题：为什么会有这种现象？通过对比武汉"天才音乐指挥家"舟舟和前面2个患儿的面容,可以发现它们惊人地相似,这是为什么呢?在对比面容的过程中,请学生从照片中找出相似点,锻炼学生的观察能力,这是临床医师必备的能力,也是全球医学教育最低基本要求中临床能力的一部分。然后带领学生复习基础医学部分生理学的相关知识(遗传与变异),将眼前的现象与既往所学的知识相联系,温故而知新。

二、介绍21-三体综合征的历史及流行病学特征(3分钟)

介绍21-三体综合征的流行病学特征,强调其旧有名称"先天愚型"被淡化的过程,展现尊重患者的理念。

三、介绍21-三体综合征的临床表现,即临床诊断要点(20分钟)

1. 智力发育落后

利用舟舟这个病例,建立虚拟诊室。通过播放视频让学生观看智力测试的实况。同时举例说明21-三体综合征患者学习能力较弱的表现。智力发育落后是一个空虚的概念,利用视频刺激学生的感官,可以让学生对此有一个更为直观的认识,学习效果更好。

播放另一个视频,展现舟舟的音乐感悟能力。2021年,个别媒体发文说舟舟的"天才指挥"是谎言,对此通过医学的分析提醒学生要具有批判性思维,注重逻辑分析。

2. 生长发育落后

利用临床实例和数据从身高、骨龄、性发育和运动发育等方面讲解21-三体综合征患者生长发育落后的现象。

3. 特殊面容

首先介绍21-三体综合征患者面容各个部位的共同特点,然后用患者的面容图片进一步说明21-三体综合征的共同特征:千人一面。比较正常人和患者的面容图片,给学生带来了强烈的视觉冲击,"千人一面"的总结让学生印象深刻。

4. 皮纹异常

介绍21-三体综合征患者通贯掌和atd角的异常。首先用PPT展示患者的掌纹图片,让学生对照着观察自己的掌纹。再通过图片和文字讲述21-三体综合征通贯掌的类型以及atd角的异常。

5. 伴发多种先天性畸形

利用智慧教室的分屏功能让学生分组展开讨论，每组一个记录员，在自己所在小组的黑板上写下自己这一组想到的畸形类型。教师讲述常见的21-三体综合征的伴发畸形，让学生对比自己的问卷答案，看自己写出的畸形有哪几种是21-三体综合征容易伴发的畸形。本环节让学生从正在讲授的一种畸形联想到其他畸形，以锻炼学生的发散思维能力。

最后，对21-三体综合征的临床表现进行精炼总结(5个字)：呆、小、怪、纹、畸。提出临床表现即临床诊断要点。但这仅仅是临床疑诊，要确诊则必须依靠遗传学诊断。

四、介绍21-三体综合征的遗传学特征及检测方法，即遗传学诊断(5分钟)

利用图片讲述21-三体综合征的遗传学特征和核型分析(标准型、易位型、嵌合体型)。在此阶段，复习基础医学部分的内容，认识到遗传学诊断是确诊手段。

五、介绍21-三体综合征的产前诊断方法(2分钟)

患儿通过临床疑诊和遗传学确诊为21-三体综合征，这对于一个家庭而言是一个灾难。那么有什么方法可以防患于未然呢？也就是说，如何减少21-三体综合征患儿的出生？由此引出产前诊断的流程。

21-三体综合征患儿的产前诊断是利用遗传学原理达到优生的目的，减少缺陷儿童出生可以减轻家庭和社会的负担。向学生指出这一医学领域的发展方向是研究如何用有效手段降低胎儿缺陷发生率，从而培养学生的科学精神，增强学生的职业责任感。

六、介绍21-三体综合征的治疗手段和预后(4分钟)

数据表明，75%的21-三体综合征患儿在胎儿早期夭折，出生且存活的患儿平均寿命大约为5岁。21-三体综合征目前没有特殊的治疗方法，但可以通过体能训练、应用药物或教育手段等促进患儿智力发育。这里以奇奇的学习和康复训练过程为例，说明医者应有不抛弃、不放弃的医者仁心。

七、人文教育(1分钟)

呼吁不要歧视21-三体综合征的患儿，唐氏宝宝是折翼天使，应当给予关爱。再次强调尊重患者的理念，传播爱心教育。

特色和创新点

一、教学方法多样,教学过程生动有趣

1. 讲授法

摒弃根据教科书顺序来讲授的传统,即定义—发病机制—临床表现—辅助检查—诊断及鉴别诊断—治疗及预后,代之以根据临床思维惯性来讲授,也就是根据21-三体综合征的诊断层次来讲授。诊断分为三个层次:①如何根据患儿的临床表现进行诊断,即临床疑诊;②如何确定疑诊的患儿患的就是21-三体综合征,即遗传学确诊;③如果家长要生第二胎,如何产前诊断,避免再次生育21-三体综合征患儿。这如洋葱剥皮,层层深入,在授课过程中锻炼了学生的临床思维能力。

2. 引导式教学

在授课过程中,注意对主题的合理引导,与学生展开适度互动。

3. "温故知新"学习法

授课过程中引导学生复习既往所学知识,巩固旧知识,衍生出新知识。

4. 建立虚拟诊室,分享病例

利用视频材料,引领学生进入虚拟诊室,直观感受疾病的临床表现。

5. 分组讨论

利用智慧教室的分屏功能,让学生分组讨论自己对先天畸形的了解情况,发散学生的思维,同时活跃课堂气氛。

6. 现场调查法

课堂上现场调查了解学生掌纹情况,通过加强学生参与的方式调动学生的学习热情。

二、课程思政深度融入,如盐化水,润物无声

课程思政素材丰富、类型多样,与所讲授的专业知识高度融合,学生在学习知识能力的时候也受到了无声的思政教育。

效果体现

一、获奖情况

主讲教师陈瑜以"21-三体综合征"为授课内容参加教学竞赛,多次获奖,

如全国医学院校青年教师教学基本功竞赛二等奖、湖北省高等医学院校首届“双龙飞扬杯”临床教师理论授课竞赛亚军、湖北省第二届青年教师教学竞赛优秀奖等。

二、学生反馈

学生们非常兴奋，上课过程中很有成就感，多次鼓掌，下课时表示意犹未尽，很受教育。

学生课后部分反馈如下。

(1) 郑同学：唐氏综合征，即21-三体综合征，又称先天愚型或Down综合征，是由染色体异常(多了一条21号染色体)而导致的疾病。60%的患儿在胎内早期即夭折流产，存活者有明显的智能低下、面容特殊、生长发育障碍和多发畸形现象。全社会需要提高对21-三体综合征的重视程度，加强相关方面的宣传教育。相关社区要保证将孕前唐氏综合征筛查落实到位，落实到每一家每一户。已经出生的患儿，要给予人文关怀，相关的社会福利部门应该为唐氏综合症患儿的生存做出考虑。我们医学院的学生应转变思维，不能着眼于只救眼前一人，而应该将眼光放到救远方的千万人身上。

(2) 刘同学：21-三体综合征患儿有哪些共同特点？在课堂上，教师用两张图片来直观展示。课程中提到的人物——舟舟，是21-三体综合征患儿的代表。从21-三体综合征的表现来辨别舟舟享有“天才指挥家”的赞誉是否合理，给我提供了一种新的思维方式。课堂上讨论如何告知父母孩子的病情，处处显现着医学人文关怀的影子，也让我学习到在日后应如何做一个有“温度”的医生。通过本课程，我学会了用科学思维辨别信息真假的方式，体会到了医学中的人文关怀，并了解了用医学知识从根本上解决问题的思路。

(3) 晋同学：通过老师的分组讨论、引导式教学和温故知新学习法等新颖的教学方法，我们学习了遗传代谢性疾病中的染色体疾病——21-三体综合征，了解了21-三体综合征的历史及流行病学特征，也对21-三体综合征的临床表现、遗传学特征及检测方法和产前诊断方法有了一定的了解。以后自己成为医生后，要时刻谨记尊重患者的理念，特别是对有先天缺陷的宝宝要主动表示人文关怀，要有同情心、同理心、耐心和爱心，有不抛弃、不放弃的决心，以及鼓励和支持患儿及其家长的医者仁心。

(4) 林同学：老师的21-三体综合征课堂教学，让我受益颇多。一方面，我学到了有关21-三体综合征的病因、发病机制等相关内容；另一方面，课程引起了我在医学之外的一些思考。医学治疗本来就是一个“有时是治愈，常常是帮助，总是在安慰”的过程，在各种疾病面前，医务工作者能做的往往十分有限，有时也会束手无策，但是我们行医不仅仅是医体，也可以医心，这是我以前所没有注意到的。作为新时代的医务工作者，我们应该更多地去关注患者的身心健康，不能只把送患者出院作为目标，还要更多地为患者出院后的高质量生活提供保障。

第二临床学院“外科学”课程思政案例

章节名称

第29章“心脏疾病”第2节:后天性心脏病的外科治疗。

课程目标

一、知识目标

(1) 掌握冠状动脉粥样硬化性心脏病的定义、临床表现、诊断及治疗原则。

(2) 熟悉冠状动脉的解剖特点、冠状动脉粥样硬化性心脏病的病因。

(3) 了解冠状动脉粥样硬化性心脏病的流行病学特点和病理生理过程。

(4) 了解冠状动脉粥样硬化性心脏病的诊断模式新进展和外科手术治疗新进展。(拓展内容)

二、能力目标

(1) 临床思维能力。以临床病例为主导,以诊断和治疗原则为核心,培养学生触类旁通、举一反三的临床思维能力。

(2) 逻辑推理能力。由病理生理推理临床表现,由解剖关系推理手术方案,建立从形象到抽象的逻辑推理能力。

(3) 科研创新能力。以诊断模式和外科手术治疗的新进展为切入点,启迪学生思考和创新。

三、价值目标

(1) 将临床和生活实例作为职业素养教育内容融入教学过程中,树立学

课程负责人:王海灏。

课程组:万宝俊、张志伟、周琼。

执笔人:王海灏。

生的预防意识和关爱意识,培养学生严谨求实的学风和服务健康中国的社会责任感。

(2) 培养学生"以患者为中心""患者利益至上"的医学理念。

(3) 培养学生精益求精的医学精神,使学生在医学生涯中不断开拓创新。

教学内容

(1) 冠状动脉粥样硬化性心脏病的定义和流行病学资料。

(2) 冠状动脉粥样硬化性心脏病的病因、病理生理过程、临床表现、诊断以及鉴别诊断。

(3) 冠状动脉粥样硬化性心脏病的治疗原则。

(4) 冠状动脉粥样硬化性心脏病的介入治疗和外科手术治疗的优缺点和适应证。

(5) 冠状动脉粥样硬化性心脏病的诊疗进展。

【重点】冠状动脉粥样硬化性心脏病的诊断和治疗原则

设计方案:

(1) 时间分配:用课堂1/3的时间讲授该重点内容。

(2) 教学方法:用互动式、提问式、回顾式、启发式、比较式、1分钟问卷、虚拟诊室等教学方法激发学生的学习兴趣。

(3) 教学手段:用视频、动画、简笔画、图片等将抽象问题形象化,从冠脉血管病变到冠心病患者发病,从冠心病患者稳定期的正常活动到急性期的濒死状态,从心肌缺血急性期心电图的"红旗飘飘"到慢性期的"基线压低",利用对比带来的视觉冲击,图文并茂地进行教学,增强学生的学习兴趣,便于学生记忆和掌握相关知识。用虚拟诊室、现场调查等手段,使学生主动参与到教学过程中,发挥学生的主观能动性,激发学生主动学习的热情。

(4) 语言艺术:重点内容通过语音、语速、语调的变化,配合适当的重复、停顿以及丰富的表情、肢体语言来体现。

(5) 多媒体及板书设计:清晰醒目、条理分明的多媒体和板书设计,可以达到便于学生理解和记忆、有效配合课堂讲授的效果。

【难点】冠状动脉粥样硬化性心脏病的病因和病理生理特点

难点分析:

这要求学生既掌握前期医学基础知识(冠状动脉的解剖、分布,心肌收缩的生理意义，粥样斑化形成的病理生理意义），又要与即将学习的新知识（冠状动脉粥样硬化性心脏病的病理生理特征）联系起来，实现新旧知识的交叉融合。理解病理生理的重要意义在于引出诊断和治疗策略，这对于处于临床见习阶段而尚未开始临床实习的大学三年级学生来说较为抽象和复杂。

解决方案：

（1）通过对教学内容的重新编排，将解剖、病理生理与临床表现紧密联系起来，前后呼应，环环相扣，引导学生主动思考、相互讨论、寻找答案。

（2）板书配合多媒体视频、动画，将抽象枯燥的内容直观化，使之易于理解和记忆。

（3）通过互动、启发、提问、1分钟问卷和比较分析等方法，将复杂问题简单化，便于学生理解难点内容。

（4）启发学生归纳总结并理解冠状动脉粥样硬化性心脏病的病因和病理生理过程，并在此基础上积极主动地思考如何进行诊断和治疗，从而引出后续课程的重点内容，为课堂的拓展学习提供思路。

思政素材

（1）世界卫生组织（WHO）的数据显示，未来30年里人类的死因将非常相似，绝大多数人将死于心血管疾病、心肌梗死及癌症，而心肌梗死将成为人类的首要死因。到2030年，心肌梗死导致死亡的人数将占所有死亡人数的13.4%。在中国，每年死于心脏性猝死的人约为54万人，这意味着每分钟就有一人死于心脏性猝死，且发病率呈年轻化趋势。

（2）冠状动脉粥样硬化性心脏病的高危因素包括"三高"：高血压、高血脂、高血糖。还有相当一部分冠状动脉粥样硬化性心脏病是由于不良生活习惯导致，如肥胖、缺乏运动、酗酒、吸烟、精神紧张、饮食口味重等。

（3）冠状动脉粥样硬化性心脏病的治疗方法可谓日新月异，从常规体外循环下搭手术，到不停跳搭桥，再到微创搭桥手术，直至现在最新的"达芬奇"机器人手术系统。

思政元素

（1）学习医学不能只强调临床医学知识本身。由于医学模式的转变，传统的"生物医学模式"已经转化为"生物—心理—社会"医学模式。而随着人们生活水平的日益提高,疾病谱也在发生着明显的转变。因此,在临床医学的学习过程中,公共卫生和预防医学的地位日显重要。我们在关注疾病本身的时候,要更加关注大众健康,更好地服务健康中国战略。

(2)“大医不治已病治未病。”我们在临床治疗的时候,既要关注疾病治疗本身,也要关注疾病的预防。良好的生活方式,既可以预防疾病的发生,也可以增强大众的健康意识,更是“健康中国”所倡导的生活方式。

(3)临床医学的进步日新月异,冠状动脉粥样硬化性心脏病治疗手段的进步充分体现了现代医学科学的发展速度。“以患者为中心”的微创疗法和快速康复理念在冠心病治疗上的体现就是对病人提供人文关怀,这也是现代外科学发展的方向。

教学安排

具体教学安排见表1。

表1 课程教学步骤与教学要求或意义

教学步骤	教学要求或意义
一、课程导入:以列车上急救的故事引出课堂讲授内容 (1)讲述教师在旅途中发生的一个急救故事:一个旅客在火车上如厕时突发胸闷胸痛倒地,教师在询问病史和查体后初步诊断该旅客患有冠状动脉粥样硬化性心脏病,并提供了急救处理和医疗建议。 (2)向学生提出问题:教师诊断患者患有冠状动脉粥样硬化性心脏病是否正确?为什么?你是否遇到或听说过类似的病例?	(1)提出教师的诊断意见后让学生来判断是否正确,锻炼学生判断能力,培养学生不盲从的习惯。 (2)锻炼学生的观察能力。敏锐的观察能力和善于发现问题、思考问题的能力是学生成长为优秀医师的必备能力
二、介绍冠状动脉粥样硬化性心脏病的定义 因冠状动脉粥样硬化使血管腔狭窄或者阻塞,以及因冠状动脉痉挛导致心肌缺血缺氧或坏死而引起的心脏病,简称冠心病	强调临床学习中理解问题要全面,不可片面地“顾名思义”
三、介绍冠状动脉粥样硬化性心脏病的流行病学资料 强调冠心病年轻化的趋势。在外科学授课中穿插预防医学的理念,提醒学生注意	预防医学的理念在临床医学学习中不断得到强化
四、复习冠状动脉的解剖特点 复习冠状动脉的分支、走行和供应心肌的范围	温故而知新

续表

教学步骤	教学要求或意义
五、介绍冠状动脉粥样硬化性心脏病的病因 (1) 首先利用一分钟问卷让学生写下自己能想到的冠心病的病因,再请一个同学大声读出自己的答案,教师将答案记录在黑板上。可以让另一个同学补充。之后,教师讲述常见的冠心病病因,让学生对比自己的问卷答案,看自己写出的答案中有哪几种是冠心病的常见病因。 (2) 经过比较后,将冠心病的病因分为主要危险因素和次要危险因素。结合流行病学资料,提醒学生“三高(高血压、高血脂、高血糖)人群”罹患冠心病的风险,再次穿插预防医学的理念,关注高危人群	(1) 1 分钟问卷,既发散学生思维,活跃课堂气氛,又引出答案,让学生思考 (2) 预防医学的理念要坚持不懈地讲解
六、学习冠状动脉粥样硬化性心脏病的病理生理过程 以动画辅以全英文的解说生动描述冠状动脉血管病变引起心肌缺血,进而导致心肌梗塞的全部病理生理过程	引导学生借助直观生动的多媒体资料学习冠状动脉粥样硬化性心脏病的病理生理特点
七、重点学习冠状动脉粥样硬化性心脏病的临床表现、诊断 首先提出问题:临床医生怎样判断患者是否有冠状动脉粥样硬化性心脏病? 临床疾病的诊断应该遵循症状—体征—实验室检查—特殊检查这一思路,冠心病也不例外。这是课堂学习的重点内容,下面逐一介绍。 1. 主要症状——心绞痛 利用真实病例资料,介绍冠心病患者心绞痛发作的情况。引导学生讨论互动,了解心绞痛时疼痛的发作部位。 2. 伴随症状 循环系统:心悸、心律不齐;呼吸系统:气促、呼吸困难;消化系统:恶心、呕吐;神经系统:昏迷、意识模糊;等等。引导学生应用学过的病理生理和诊断学知识,讨论这些伴随症状的发生原因。 3. 体征 严重的心肌梗死,累及乳头肌或腱索断裂,即产生二尖瓣关闭不全;累及室间隔,致室间隔穿孔等,可能有心脏杂音。引导学生复习诊断二尖瓣关闭不全和室间隔缺损的听诊特点。 4. 实验室检查和特殊检查 临床表现和实验室检查结合在一起可以疑诊。心电图,尤其是运动心电图和动态心电图可以帮助判断急性心梗的分期。但是确诊依赖于“金标准”:冠脉 CTA 或冠脉造影。引导学生讨论为什么这是确诊的“金标准”	(1) 培养学生的系统性临床诊断思路和疾病诊治的大局观,避免“头痛医头、脚痛医脚”。 (2) 培养学生深究临床表现变化的形成机制的习惯,知其然,更要知其所以然。 (3) 现场调查了解学生有无类似的心绞痛病史,是否进行过冠心病的诊断,同时让学生思考,为什么有的心绞痛诊断为冠心病,有的却没有,从而锻炼学生的发散思维

续表

教学步骤	教学要求或意义
八、介绍冠状动脉粥样硬化性心脏病的鉴别诊断 冠心病的诊断需要与其他心脏疾病,如心脏瓣膜病、心肌病等相鉴别。引导学生用学过的知识进行比较鉴别	介绍冠心病的鉴别诊断,培养学生的系统性临床诊断思维
九、拓展:介绍急性心肌梗死诊断模式的研究新进展并小结 冠心病的病程分为稳定期、进展期和急性加重期。急性心肌梗死的诊断有传统模式和新模式。 传统的诊断标准(3:2 模式)。①缺血性胸痛病史;②心电图的动态变化(有 ST 段动态变化和 Q 波);③血清心肌坏死标记物的动态变化(升高与回落)。以上 3 个条件中符合 2 个条件时,即可诊断为心肌梗死。 新的诊断标准(1+1 模式)。第一个"1"指心肌坏死的生化标记物肌钙蛋白、CK-MB 增高或增高后降低的动态变化,为必需条件。第二个"1"是指下列 4 项中的 1 项:①出现心肌缺血症状;②新出现病理性 Q 波;③ST 段抬高或压低;④影像学证据显示新的活力心肌丧失或新的区域性心壁运动异常。符合"1+1 模式"时,急性心肌梗死诊断成立	(1) 介绍诊断模式新进展,培养学生的临床科研创新能力,启迪学生创新思考。 (2) 诊断确定后进行小结,总结前一部分内容,承上启下,强调学生要养成善于总结的习惯。教师在授课过程中强调学习方法,培养学生自主学习的能力
十、学习冠状动脉粥样硬化性心脏病治疗原则 (1) 树立预防为主、防治结合的治疗思路。 (2) 对冠心病病因的预防,分为可控和不可控两类,引导同学进行分类比较。 (3) 引入动画和手术视频等多媒体信息,将介入治疗、外科手术治疗等生动直观地呈现在学生面前	要牢固树立"不治已病治未病"的观念,强调疾病预防的重要性,再次强化预防医学理念
十一、拓展:介绍外科手术治疗冠心病的进展 近年来,冠心病的外科手术治疗方法可谓日新月异,从常规体外循环下搭手术,到不停跳搭桥,再到微创搭桥手术,直至现在最新的"达芬奇"机器人手术系统	让学生了解现在的医学发展趋势,激发学生学习新知识的热情,认识到现代外科学发展的方向是微创
十二、讨论学习冠心病的介入治疗和外科手术治疗的优缺点和适应证 冠心病的治疗既可以选择介入治疗,也可以选择外科手术治疗,各有优缺点,也各有适应证。教师给予适当的引导,组织学生讨论学习两种治疗手段的优缺点和适应证	任何一种治疗方法都有优缺点和适应证。使学生在临床学习中形成"患者利益至上"的工作理念,并能够选择最优的疾病治疗方案

续表

教学步骤	教学要求或意义
十三、拓展教育：对冠状动脉粥样硬化性心脏病如何自我检测、简单急救 呼吁重视冠状动脉粥样硬化性心脏病，加强自我检测，普及简单急救方法。	再次强调早发现、早诊断、早治疗的预防医学理念，培养学生服务健康中国的社会责任感
十四、对本节课内容做简短的小结，布置课后思考题并致谢	

特色和创新点

一、特点

(1) 教学手段。传统授课模式与多种教学方法相结合，充分发挥现代教学多媒体直观、生动、灵活的特点，利用图片、动画、视频等对教学内容进行充分、有效的表达。

(2) 教学模式。以课堂讲授为主，通过设问、现场调查等手段，激发学生思维，加强课堂互动。在教学过程中充分发挥学生主观能动性，以虚拟诊室引导学生自主、快速地参与教学过程，营造轻松、愉悦的学习环境，实现高效的教学效果。

(3) 教学风格。运用科学严谨、诙谐幽默的语言，结合形象生动的导课、贯穿教学主线的设问和简洁直观的总结，对教学内容进行深入浅出的讲解。注重临床医学理论与实践相结合，注重传授知识与培养能力、提高综合素质相结合，注重临床医学与预防医学相结合，在学生多学科知识、新旧知识之间搭建起相互贯通的桥梁。

二、创新点

课程思政教育不能是单纯空洞的说教，也不能是与教学内容割裂开来的无关的人文元素，应该与教学内容有机融为一体，如盐化水、润物无声。本课在选择思政素材和挖掘思政元素的时候，都基于临床授课知识点本身，且结合了日常生活中的点点滴滴，将显性教育和隐性教育融为了一个整体，效果显著。

效果体现

国际教育领域有一句名言：Tell me，I will forget；show me，I may

remember; involve me, I will understand(告诉我的,我会忘记;展示给我的,我可能记得;让我参与的,我能理解)。大学教育模式已不再是单纯的教师讲、学生听的模式,而是更加强调使用各种教学手段培养学生主动学习、参与教学的习惯和能力,让学生在学会知识的过程中掌握学习的方法和未来自我学习、自我努力的方向。课程思政教育更要与专业的知识传授有机结合起来,将思政内容与学生的日常生活、社会活动相结合,与课堂授课形成有效的交互和互补。本课程的专业知识讲授和课程思政教育,既提升了教师开展课程思政建设的意识和能力,又让学生真正理解和记忆了专业知识,培养了学生的创新思维、逻辑思维能力,增强了学生的医学人文情怀和社会责任感。

基础医学院“人体寄生虫学”课程思政案例

章节名称

第 4 章“吸虫”第 2 节：血吸虫。

课程目标

一、知识目标

（1）全面阐述感染人体的各种血吸虫的生活史各阶段，特别是日本血吸虫虫卵、尾蚴和成虫的形态特征、发育所需的环境条件，尾蚴的生活习性、在水体中的分布、感染动物宿主所需的条件。

（2）详细描述日本血吸虫的生活史过程和生态，能比较血吸虫和其他常见的重要寄生吸虫在生活史上的区别和对致病的影响。

（3）详细描述日本血吸虫虫卵、尾蚴和成虫的致病作用，知晓虫卵肉芽肿形成的原因、机制、病理学特点、免疫学成因，并能用其解释血吸虫病肝纤维化的机制、特点和发生发展过程。能结合免疫调控网络说明预防、治疗血吸虫病肝硬化的策略和原则。能全面阐述血吸虫病的临床表现和分期。

（4）能简单描述沉淀法、加藤法、环卵沉淀试验、间接红细胞凝集试验、ELISA 等常用的血吸虫病诊断方法的原理、过程和优缺点。

（5）能列举我国血吸虫病流行区的类型及钉螺的分布，知晓我国在防治血吸虫病工作上的巨大成就。

（6）能全面阐述血吸虫病在我国的发展史、防治史。知晓当前全球以血吸虫病为代表的重要热带病的发病情况、流行情况和防治概况。能说出全球

课程负责人：刘文琪。

课程组成员：关飞、雷家慧、王婷、陆盛军、朱红刚。

执笔人：刘文琪。

寄生虫病的主要防治策略。能详述我国历史上以及当前的防治措施、实施计划及其原因。

(7) 能解释抗血吸虫药物的药理机制,知晓用药原则和剂量。

二、能力目标

(1) 能在实验室完成日本血吸虫各阶段特别是虫卵的识别、鉴定,懂得血吸虫病动物感染模型的造模过程,能完成血吸虫感染小鼠的成虫寄生部位定位,会观察和描述肝脏组织切片。

(2) 能在实验室独立使用沉淀和涂片法观察血吸虫卵,能进行病原学诊断的结果观察和描述。

(3) 能借助我国血吸虫病的防治经验来对比其他感染性疾病的防治策略,更加全面理解传染性疾病对人类发展进程的影响。

三、价值目标

(1) 通过小组合作式学习以及现场实践,促使学生使用探究思维和多种方法解决实际问题。

(2) 通过学习和理解疾病发生发展和传播的复杂性和多样性,使学生在学习专业知识时关注医学中人的重要性,能站在不同角度理解事物的多样性。

(3) 通过走访血吸虫病流行区,感受社会进步、经济发展对人类健康的重要性,促使学生形成开阔的眼界,在未来职业发展中关注如何用专业知识在世界上发出中国声音。

(4) 通过了解我国在血吸虫病防治工作上取得的重大成就,带着问题去实地考察,培养学生的科学精神和探究精神。

(5) 通过在血吸虫病流行区的实地考察,听取政府疾控部门对我国血吸虫病防治工作的介绍,让学生理解并体会新中国成立后社会治理水平的飞速进步和政策支持对全民健康的促进作用,培养学生的爱国情怀、政治认同、人文素养和“全健康”理念。

(6) 通过“理论—实验—实践”的混合式教学全面促进学生形成正确的价值观和世界观,使学生关注主客体的自我完善和共同发展。

教学内容

一、血吸虫的生活史

介绍血吸虫虫卵、毛蚴、尾蚴、成虫的形态特征、发育所需的环境条件。了解外部环境对生物的影响有助于学生理解事物的多样性及其对疾病流行的影响。

成虫寄生于人和多种哺乳动物的门脉—肠系膜静脉系统内，雌虫产卵于肠黏膜下层静脉末梢内。由于成熟卵内毛蚴的分泌物可透过卵壳，引起虫卵周围组织和血管壁发炎坏死，在血流的压力、肠蠕动和腹内压增加的情况下，虫卵可随破溃的组织落入肠腔，并随宿主粪便排出体外。由于卵成串排出，故在宿主肝、肠血管内往往呈念珠状沉积。沉着于组织内的卵，约经11天发育成熟，内含毛蚴。成熟虫卵在10～11天后死亡，故虫卵在组织内的寿命为21～22天。雌虫产出的卵大部分沉积于肠、肝等组织内。

二、血吸虫致病机理

这部分内容主要包括尾蚴性皮炎、童虫移行、成虫寄生和产卵引起的损害，重点讲虫卵引起的病变。这部分是重点，也是难点，学生需要结合几个病例和文献来学习。

三、血吸虫病诊断方法

主要讲解血吸虫病的病原学诊断和血清学检查方法和流程，并对诊断结果进行观察和描述。介绍血吸虫病动物感染模型的造模过程，对肝脏组织切片进行观察和描述。重点讲授沉淀法、加藤法、环卵沉淀试验、间接红细胞凝集试验、ELISA等常用的血吸虫病诊断方法。

这一部分将带领学生进行实验室操作：将收集的钉螺进行压片观察，独立使用沉淀和涂片法观察血吸虫卵，观察和描述病原学诊断的结果，完成实验报告。

四、血吸虫病流行情况

介绍血吸虫病在我国的分布概况及其危害性，讲解三种不同类型疫区的流行特点。

日本血吸虫病曾在我国长江流域及其以南的370个县市流行，累计感染者达1160万人，钉螺覆盖面积为143亿平方米，受威胁人口在1亿人以上。经过70余年的努力,截至2020年,我国已经取得了消除血吸虫病的显著成效,目前急性感染病例为零,预计2030年实现全面消除血吸虫病。

五、比较不同血吸虫的影响

简要介绍曼氏血吸虫和埃及血吸虫及其带来的影响,从全球视角突显我国卫生健康事业取得的重大成就。

思政素材

(1) 我国血吸虫病防治工作取得的巨大成就。

(2) 我国建立了稳定、专业的血吸虫病防治队伍。

(3) 当前"一带一路"背景下我国医学工作者参与非洲地区血吸虫病防治的优秀事迹。

(4) WHO网站揭示的全球其他国家和地区的血吸虫病现状。

(5) 血吸虫病疫苗研究进展。

思政元素

(1) 政治认同。新中国自成立后,在以血吸虫病为代表的寄生虫病防治工作上取得了重大成就和突破。我国率先在全球消除了丝虫病,随后又消除了疟疾,两项里程碑式的成就都获得了世界卫生组织的认证。集中力量办大事的制度优势和现代化的公共卫生治理体系是这一切成就的保障。此外,当前"一带一路"背景下我国医学工作者积极参与非洲地区血吸虫病防治,体现了我国的大国担当。

(2) 专业精神。回顾我国血吸虫病防治工作70多年的历程,引导学生分析以传染源控制为主的综合性防治策略对消除血吸虫病的重要意义。这种"专业人做专业事"的事例能很好地激发学生的专业自信,培养学生的职业精神。

(3) 人文关怀。根据《"健康中国2030"规划纲要》,向学生介绍我国的卫生与健康工作方针,使其理解全方位、全周期维护和保障人民健康,大幅提高健康水平,显著改善健康公平的重大意义。

(4) 家国情怀。介绍我国血吸虫病的防治机构和人员组成,说明稳定、专业的防控队伍对于寄生虫病防治的重要意义,指出他们为保障人民生命健康做出的不朽贡献。

（5）批判性思维。简要介绍血吸虫病疫苗研究的进展，说明人体免疫调控网络的复杂性，激发学生对科学问题的探索精神，通过分析和讨论提升学生的批判性思维。

教学安排

一、线上学习

线上学习SPOC(small private online course)平台课程“寄生虫病与食品安全”的“食源性吸虫”和“其他重要吸虫”这2章的内容，完成线上的学习、讨论和测试任务。线上课程基本覆盖了本节课的全部理论知识，突出血吸虫生活史、致病机制、防治策略等环节。在线上讨论环节中，学生将讨论我国的血吸虫病防控政策在新冠肺炎疫情下的新变化。

二、线下分组合作学习

学生线下分成若干小组，以血吸虫案例为基础，通过2学时的“翻转课堂”学习总结本节课的知识内容。学生将在这一部分接触到上述大部分思政素材，从而意识到学术水平、社会制度、国家政策等对防治传染性疾病和保障人类健康的重大意义，从而愿意投身到卫生健康事业中去。

三、实验室操作

学生须完成3学时的实验室操作：将收集的钉螺进行压片观察，独立使用沉淀和涂片法观察血吸虫卵，观察和描述病原学诊断的结果，完成实验报告。这一部分主要培养学生的科学态度和严谨作风，并使学生意识到医学是一门实践性学科，从理论到实践再回到理论对于医学发展和进步具有重要作用。

四、实地实践

组织学生前往武汉市曾经的血吸虫病流行区进行实地考察，听取地方疾控部门专业人员的介绍和讲解，实地收集血吸虫的中间宿主钉螺，并带回实验室进行检测。通过实践活动，完整体会血吸虫病从发病到流行的全过程，并深入理解血吸虫病防治过程中我国的制度优越性和大国担当。

特色和创新点

建设高水平人才培养体系，须抓好课程思政建设，使专业教育和思政教育协同共进。我国曾经是寄生虫病流行最严重的国家之一，经过70多年的科学防治,取得了举世瞩目的成绩。寄生虫病的防治史也是新中国人民健康的发展史,充分反映了“政治—社会—经济”的发展对提升全民健康水平的作用,是不可多得的思政素材。

近年来,国际上突发公共卫生事件频发,中东呼吸综合征、寨卡病毒感染、新冠肺炎等公共卫生问题不仅危及人民健康,还波及经济建设和国家安全,远超单纯的自然科学范畴。

本课程深入挖掘上述知识内容,结合寄生虫病特点、防治方法和理念,挖掘了数个思政元素,并将其有机融入教学全过程,形成了相互支撑的课程思政案例群。这些案例和实践活动让学生在增长学识和技能的同时也得到价值的熏陶,推动了学生向成为德智体美劳全面发展的社会主义建设者和接班人的教育目标迈进。

效果体现

学生通过本课程的学习,在收获理论知识的同时,也通过各种事例和数据认识到“政治—社会—经济”的发展对提升全民健康水平的作用,培养了专业自信、科学精神、人文关怀、家国情怀、批判性思维等。特别是现场实践活动,学生们表示收获颇丰。他们意识到专业知识是如何造福人类的,从而深深感到肩上的责任重大。学生还表示要向前辈学习不畏艰难、勇于探索的精神和毅力。

基础医学院“组织学与胚胎学”课程思政案例

章节名称

第1章“组织学绪论”。

课程目标

一、知识目标

（1）理解细胞、组织和器官三者间的关系，进而能阐述组织学的研究内容以及研究意义。

（2）了解组织学的发展简史以及我国的组织学发展状况。

（3）掌握常用的组织学研究方法和技术原理，能解释以下基本概念：嗜酸性、嗜碱性、中性、异染性、亲银性和嗜银性。

二、能力目标

（1）实践操作能力。能够制作石蜡包埋的组织切片以及制备苏木素和伊红（HE）染色的标本。

（2）分析问题能力。在实际观察组织学切片时，能利用组织学技术原理和辩证唯物主义认识论原理解释看到的各种假象，透过现象看到本质。

（3）辨析和归纳能力。学会从二维的组织学图片去理解其三维的结构特点，善于辨析和归纳总结，找出共性，辨出特性。善于将结构与功能相联系，而不是死记硬背。

三、价值目标

（1）家国情怀。培养学生爱国救民的家国情怀，树立正确的人生观和价

课程负责人：叶翠芳。

课程组成员：李宏莲、李和、刘向前、彭挺、周琳、沈建英。

执笔人：叶翠芳。

值观。

(2) 科学精神和职业精神。学习中国科学家为人类健康而“勇于探索、躬身科研”的创新精神和佑护生命的职业精神。

(3) 理论自信。将辩证唯物主义认识论应用到组织学的学习实践中,增强理论自信。

(4) 执着追求的信念。学习组织学家马文昭先生自幼刻苦学习以及为追求理想而勤奋钻研的故事,树立坚定的理想信念和崇高的价值追求,激发内在的学习动力,努力成为有理想、有道德、有文化和有纪律的大学生。

教学内容

(1) 组织学的研究内容及其意义。讲授组织的概念和基本类型,细胞间质的含义、作用及其与细胞的关系。

(2) 组织学发展简史。讲授显微镜的发明和改进、现代组织学的发展、中国组织学研究的开展,以及组织学家马文昭先生与汤尔和的故事。

(3) 组织学的研究方法和技术。讲授光镜组织切片标本的基本制作原理和制作过程,普通光学显微镜术、电子显微镜术、细胞培养与组织工程技术。介绍我国科学家在“类器官”研究上的杰出贡献。

(4) 组织学的学习方法。启迪学生在学习组织学时善于应用辩证唯物主义认识论的基本原理,包括科学理论的指导作用和主观能动性原理。在观察标本的实践中要理解平面与立体的关系,注意结构与功能的联系,重视理论与实践的结合,采取勤奋加技巧的学习方法。

思政素材

一、典型人物故事

在讲授“组织学发展简史”时,介绍我国早期组织学家在学科建设、科学研究和人才培养等方面的贡献。学习具有爱国情怀的组织学家马文昭先生的事迹。同时介绍在组织学上虽有突出贡献却背叛祖国沦为汉奸的汤尔和的事例,起到教育警示作用。

二、科学前沿

在讲授“组织学的研究方法和技术”时,介绍我国科学家在“类器官”研究领域的贡献。2020年3月19日，中国科学院分子细胞科学卓越创新中心的曾艺研究组，在实验小鼠中成功鉴定出小鼠胰岛中的干细胞类群，并借助干细胞体外培养的方法，首次成功获得了有功能的小鼠胰岛类器官（“人工胰岛”），为进一步研究人类的胰岛类器官提供了理论依据和技术支持，相关成果发表在国际知名学术期刊 *Cell* 上。

三、辩证唯物主义认识论

在讲授“组织学的学习方法”时，会涉及以下学习方法：建立立体与动态的概念、重视理论与实践的结合、注意结构与功能的联系等。这些学习方法完全符合辩证唯物主义认识论基本原理（科学理论的指导作用和主观能动性原理）。同时以我国著名的组织学家马文昭勤奋学习的典型事例，勉励学生勤奋学习。

思政元素

一、家国情怀

通过对两位组织学名家故事的讲述，不仅让学生了解我国组织学发展的过程，同时也让他们认识到，治学不能只重知识才能而轻道德品质，不能只重个人利益而轻国家利益。在知识传授的过程中引导学生塑造正确的人生观和价值观。

二、佑护生命的职业精神

引入我国科学家在“类器官”组织工程技术上做出的国际领先的研究，启迪学生认识到自己是未来建设健康中国的主力军，应学习科学家执着追求理想和不断开拓创新的科学精神，以佑护生命为己任，努力学好基础知识，将来为保障人类的健康贡献自己的力量。

三、理论自信

介绍组织学的学习方法时，引导学生用辩证唯物主义认识论基本原理指导学习，并在学习实践中去检验真理。

教学安排

在组织学生学习专业知识的同时，将思政素材融入教学全过程。教学内容与资料的呈现方式主要采用线下和线上相结合以及理论课和实验课相结合的方式。线下以课件PPT和关于组织学技术方法的视频为素材,线上在超星课程平台上发布相关资料与文献,如中国组织学家马文昭先生的故事、中国科学家首次成功获得小鼠胰岛类器官的文献等。

一、采用BOPPPS教学模式设计课堂教学

1. 课程导入(bridge in)

我们每个生命都是从一个受精卵发育而来,最终形成由功能各不相同的系统组成的一个有机个体。细胞是机体的结构和功能单位,众多的细胞是以怎样的方式组合成一个鲜活的个体呢?

2. 学习目标(outcomes)

明确本次课的学习目标,包括知识目标和能力目标,价值目标则在教学过程中潜移默化地呈现。

3. 课前测(pre-assessment)

为了解学生的知识储备,提出问题:“请结合学习过的细胞生物学知识,说说什么是组织?想想细胞、组织和器官有什么关系?”对学生发散的回答进行关键词分析和点评,引出下面要学习的知识点:组织的概念和组织学的研究内容。

4. 参与式学习(participatory learning)

重点学习本章节的知识,同时恰当地引入思政素材,与学生互动和讨论。

1) 结合临床上通过病理组织活检诊断疾病的例子,学习组织学的研究内容和意义

临床上病理组织的活检是诊断疾病的重要技术,也是探究揭示疾病发生机制的重要方法。例如,组织包块是肿瘤还是炎症,两者的鉴别就依赖于病理诊断。新冠肺炎疫情暴发后,为了揭示病毒(2019-nCoV)致死的机制,2020年2月15日,华中科技大学同济医学院法医病理学专家刘良教授带领团队对一个因新冠肺炎去世的患者遗体实施病理解剖,经显微镜观察肺组织的病理变化,为揭示2019-nCoV导致肺损伤的机制提供了重要线索。

借助临床疾病诊断的例子,学生认识到组织学是基础医学的一门重要学科,只有认识人体正常的微细结构和功能,才能更好地分析和理解人体的生理和病理过程,从而激发学生的学习兴趣,激励学生学好组织学,为将来成为卓

越医生做好知识储备。

2）学习组织学的发展简史和我国组织学家的贡献

介绍显微镜发明与改进的故事，细胞和组织概念的提出以及组织学的建立与发展过程。我国的组织学研究起步较晚，始于20世纪初期。此时引入马文昭先生的典型事例。马文昭先生是中国组织学的奠基人和医学教育家，在帝国主义列强以鸦片毒害中国人民之际，马文昭先生对吗啡中毒进行了一系列的动物实验和临床实践，探索出了一种戒除鸦片烟瘾的治疗方法。新中国成立后，马文昭先生建立了细胞学研究室，又研究了磷脂类对组织的作用并将相关理论应用于临床实践。马文昭先生毕生从事组织学教学工作，培养出了大批专业人才，为我国的基础医学事业做出了重大贡献。

此外，介绍医学名士汤尔和的事例。汤尔和虽然对我国的组织学和解剖学的发展有一定的贡献，如起草的《解剖条例》成为我国第一部解剖法令，撰写和翻译了《组织学》《局部解剖学》《胎生学》等大量学术著作。但令人不齿的是，在1937年"七七事变"爆发后，他却不顾国家利益和民族气节，投靠日本侵略者，沦为汉奸。

通过讲述两个人物的故事，启发学生要努力成长为国之栋梁，要树立正确的价值观和人生观。

3）学习组织学的研究方法和技术

组织学的研究方法和技术广泛应用于科学研究中。实验课上，学生通过观看光镜组织切片标本制作视频，学习石蜡包埋组织切片的制备和HE染色，培养动手操作能力。

引入我国科学家曾艺率领的研究组在"胰岛类器官"研究领域的杰出贡献，指出科学家为了人类的健康不断探索治疗疾病的策略，促使学生体会科学家勇于创新和乐于奉献的科学精神，激发学生尊重生命和佑护生命的责任感和使命感，并启迪学生的科学思维。

4）讨论如何运用辩证唯物主义认识论的重要原理学习组织学

组织学是一门实践性很强的学科，实验课要求学生能在显微镜下识别机体的主要组织和器官。如何根据平面和静态的组织图片去建构和理解其立体和动态的结构？在制作组织切片的过程中常常出现各种人为假象，怎样才能透过现象看本质？这要求学生在学习的过程中灵活运用辩证唯物主义认识论,重视学习科学理论,坚持理论与实践相结合,发挥科学理论的指导作用,以及认识到人类要在认识世界和改造世界的活动中有所建树,就必须充分发挥主观能动性。马文昭先生自幼家庭贫困,但是学习非常勤奋,从而得到学习深造的机会。他为了实现科学上的理想,几十年如一日勤奋工作,为我国的基础医学教育做出了杰出的贡献。

组织学是学生最早接触的一门基础医学课程,学生掌握正确的学习方法和技巧对其树立远大理想和增强自信心尤为重要。

5. 课后测(post-assessment)

展示 HE 染色的小动脉不同切面(横、纵以及斜切面)的图片,请学生利用所学的组织学技术分析它们有何不同。

6. 总结(summary)

结合本章节的教学目标,总结学习内容,对学生在知识理解和辨析等方面的学习效果进行评价。

二、超星课程平台线上阅读资料

(1) 刘斌.深切怀念我国组织学、细胞学奠基人马文昭院士[J].解剖学报,2011,42(05):577.

(2) 李肇特.勤奋工作数十年如一日——纪念马文昭教授[J].北京医学院学报,1982(04):386-387.

(3) Wang D, Wang J, Bai L, et al. Long-term expansion of pancreatic islet organoids from resident Procr+ progenitors[J]. Cell, 2020, 180(6): 1198-1211.

三、反馈与评价

在超星课程平台上向学生发布调查问卷,学生从不同维度(如对思政素材的心理认同度和对教学过程的满意度等)对课程思政教学给予反馈和评价。

特色和创新点

(1) 思政素材与专业知识点契合度高。选用的思政素材与本章节的知识点密切相关,在教学过程中能有效地融入其中,容易使学生产生情感共鸣,建立心理认同。

（2）思政元素有广度和深度。思政素材蕴含了多个层次的思政元素。如典型的人物中，既有忧国忧民的马文昭先生，又有变节投敌的汤尔和，可以自然地激发学生的爱国情怀，达到润物无声的思政教育效果。马文昭先生孜孜不倦的求学和治学精神也感召着学生做一个有理想、有追求和有毅力的人。我国科学家在胰岛类器官研究上的贡献，让学生感受到中国科学家"勇于探索、躬身科研"的创新精神，启迪着学生的科学思维。科学家为推动全人类的健康而不懈追求和努力，让学生感受到医学生所肩负的职责与使命，有助于培养学生佑护生命的职业精神。组织学的学习方法本质上是辩证唯物主义认识论的实践与应用，这使得本学科的课程思政与专业的思想政治理论课能同向同行，形成协同效应。

（3）价值目标呈现出多个维度。融入的思政元素有利于实现多维度的价值目标。课程在传授知识的过程中，注重培养学生的动手操作能力和思辨能力，从多个维度实现价值塑造，以落实立德树人的育人目标。

效果体现

课程思政的育人效果并非一朝一夕就可显现，需要全员、全程和全方位地落实课程思政要求才能实现为党育人、为国育才的宏伟目标。本学科课程思政教学的精心设计和实施对教和学均有很好的促进和提升作用。

（1）课程团队的全体教师对课程思政的内涵和意义达成了共识。课程思政不是课程内容中可有可无的附属品，而是课程内容不可或缺的一部分，是课程的魂。缺失了价值目标的引领，教与学就失去了方向和动力。课程团队的全体教师通过集体备课研讨，发掘思政素材，凝练思政元素，提升了如何将思政素材有机融入教学全过程的授课技能。

（2）课程思政的教学能引起学生的情感共鸣和心理认同。课后发放和收集关于本学科课程思政教学效果的调查问卷。其中，学生评价结果显示：大部分学生对思政素材与知识点的契合度的评价为非常满意，在爱国情怀、职业理想和社会责任感、科学思维、学习积极性和理论与文化自信几个维度上能产生情感共鸣和心理认同（图 1）。

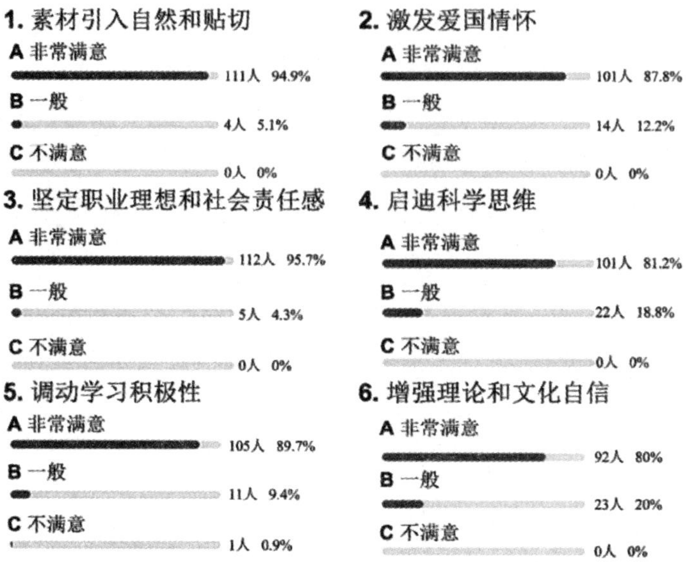

图1 “组织学与胚胎学”课程思政教学调查问卷的学生评价

医药卫生管理学院“卫生管理学”课程思政案例

章节名称

第13章“公共卫生服务管理”。

课程目标

一、知识目标

（1）把握基础，了解公共卫生管理内容。把握公共卫生、公共卫生管理的概念、特点及职能，疾病控制管理、卫生监督管理的主要内容。

（2）嵌入热点，认知突发公共卫生事件。结合新冠肺炎疫情的暴发，了解突发公共卫生事件是什么，包括其分类、发生特点、应急原则等。重点通过总结我国抗击疫情所采取的应急策略和现阶段的常态化防控措施，了解在不同类别的突发公共卫生事件面前应采取的不同等级的防控措施和应急原则。

（3）综合分析，熟悉公共卫生机构职责。了解公共卫生行政组织及其机构、公共卫生服务组织所及其机构，熟悉不同机构的职责和工作内容。

二、能力目标

（1）理论能力目标。通过使学生了解公共卫生服务、公共卫生服务管理及公共卫生服务提供者，形成系统的逻辑分析框架，培养学生全面、综合认识公共卫生的能力。

（2）实践能力目标。提升学生对公共卫生问题的分析能力和解决能力，以及批判思维能力和逻辑思考能力。

课程负责人：张翔。

课程组成员：叶婷。

执笔人：张翔、叶婷。

三、价值目标

(1) 树立基于整体发展的大局观。通过了解抗击新冠肺炎疫情时期我国全国一盘棋的应对策略,树立从整体出发、部分服务整体的全局意识和大局观。

(2) 增强基于制度优势的自信心。通过国内外抗击新冠肺炎疫情的策略对比、疫情发展情况对比,感悟我国集中力量办大事的制度优势,增强学生的“四个自信”,尤其是制度自信和文化自信。

(3) 培养以人民为中心的公益心。通过了解公共卫生的特点,尤其是其公益性特征,明确公共卫生的核心是保障公众健康,体现卫生服务的人文关怀,从而培养学生将维护人民健康权益放在第一位的奉献精神,强化学生为国家发展、人民幸福而奉献的服务意识。

教学内容

(1) 厘清公共卫生、公共卫生服务、公共卫生服务管理的概念和特点。

(2) 概述公共卫生服务提供者的概念、职责,解读公共卫生服务提供者的全过程管理。

(3) 辨析公共卫生组织如卫生行政组织、卫生业务组织及其构成机构,分析各种机构的设置、特点和工作职责。

(4) 解读突发公共卫生事件的概念、特点、分类、管理方法和应急原则。

思政素材

一、维护人民健康权益的国家基本公共卫生服务体系

2009年,我国启动了基本公共卫生服务均等化改革。基本公共卫生服务是我国政府针对当前城乡居民存在的主要健康问题,以儿童、孕产妇、老年人、慢性疾病患者为重点人群,面向全体居民免费提供的最基本的公共卫生服务。其基本内容包括老年人健康管理服务、孕产妇健康管理服务、预防接种服务、城乡居民健康档案管理服务、感染病和突发公共卫生事件报告和处理服务、健康教育服务等。所有相关费用由政府补助,补助标准从2009年人均15元,上升到2021年人均79元。

二、国内外新冠肺炎疫情情况比较①

1. 国内疫情情况②

2021年11月29日0—24时,31个省(自治区、直辖市)和新疆生产建设兵团报告新增确诊病例39例。其中境外输入病例18例(广东9例,广西4例,云南2例,天津1例,福建1例,山东1例),含2例由无症状感染者转为确诊病例(均在广东);本土病例21例(均在内蒙古,其中呼伦贝尔市19例、通辽市2例),含2例由无症状感染者转为确诊病例(均在内蒙古)。无新增死亡病例。无新增疑似病例。

当日新增治愈出院病例36例,解除医学观察的密切接触者2290人,重症病例较前一日减少1例。

境外输入现有确诊病例407例(其中重症病例3例),现有疑似病例3例。累计确诊病例10169例,累计治愈出院病例9762例,无死亡病例。

截至11月29日24时,据31个省(自治区、直辖市)和新疆生产建设兵团报告,现有确诊病例790例(其中重症病例7例),累计治愈出院病例93285例,累计死亡病例4636例,累计报告确诊病例98711例,现有疑似病例3例。累计追踪到密切接触者1328055人,尚在医学观察的密切接触者32997人。

31个省(自治区、直辖市)和新疆生产建设兵团报告新增无症状感染者22例(均为境外输入);当日转为确诊病例4例(境外输入2例);当日解除医学观察12例(境外输入10例);尚在医学观察的无症状感染者462例(境外输入395例)。

累计收到港澳台地区通报确诊病例29103例。其中,香港特别行政区12430例(出院12134例,死亡213例),澳门特别行政区77例(出院77例),台湾地区16596例(出院13742例,死亡848例)。

2. 全球疫情情况③

在全球范围内,2021年11月22日至28日这一周报告的确诊新病例近

---

① 以2021年11月29日为比较基准时间。

② 信息来源:国家卫生健康委员会官网发布的截至11月29日24时新型冠状病毒肺炎疫情最新情况,见http://www.nhc.gov.cn/xcs/yqtb/202111/c185ac9f254a4f11a539172310e2c729.shtml。

③ 信息来源:世界卫生组织(WHO)2021年11月30日发布的新冠肺炎每周流行病学最新消息,见https://www.who.int/publications/m/item/weekly-epidemiological-update-on-covid-19—30-november-2021。

380万例,与前一周的数据相似。其中,非洲、西太平洋和欧洲区域报告的每周新病例分别增加了93%、24%和7%。过去七天,全球共计报告新增死亡人数超过47500人,其中东南亚地区和非洲地区的死亡率分别增加了26%和7%。截至11月28日,全球报告的确诊病例超过2.6亿例,死亡人数近520万人。

在这一周全球报告新病例中,病例数最多的是美国(464800例)、德国(406754例)、英国(304374例)、俄罗斯(239215例)和法国(190402例)。

3. 2020年世界各国GDP排名

2020年世界GDP排名前十的国家[①]如表1所示。根据世界银行统计,在2020年GDP超过万亿美元的国家中,我国是唯一实现了经济增长的国家。

表1 2020年世界GDP排名前十的国家

	Ranking	*Economy*	*(millions of US dollars)*
USA	1	United States	20,936,600
CHN	2	China	14,722,731
JPN	3	Japan	*5,064,873*
DEU	4	Germany	3,806,060
GBR	5	United Kingdom	2,707,744
IND	6	India	2,622,984
FRA	7	France	2,603,004
ITA	8	Italy	1,886,445
CAN	9	Canada	1,643,408
KOR	10	Korea, Rep.	1,630,525

4. 我国在疫情初期采取诸多措施后境内新冠疫情的变化情况[②]

新冠肺炎疫情是新中国成立以来发生的传播速度最快、感染范围最广、防控难度最大的一次重大突发公共卫生事件,对中国是一次危机,也是一次大考。中国共产党和中国政府高度重视、迅速行动,习近平总书记亲自指挥、亲自部署,统揽全局、果断决策,为中国人民抗击疫情坚定了信心、凝聚了力量、指明了方向。在中国共产党领导下,全国上下贯彻“坚定信心、同舟共济、科学防治、精准施策”总要求,打响抗击疫情的人民战争、总体战、阻击战。经过艰苦卓绝的努力,中国付出巨大代价和牺牲,有力扭转了疫情局势,用一个多月的时间初步遏制了疫情蔓延势头,用两个月左右的时间将本土每日新增病例

① 信息来源:世界银行(IBRD)2021年7月1日公布的全球各国和地区2020年国内生产总值(GDP)统计数据,见https://databank.worldbank.org/data/download/GDP.pdf。

② 信息来源:国务院新闻办公室2020年6月7日发布的《抗击新冠肺炎疫情的中国行动》白皮书,见http://www.gov.cn/zhengce/2020-06/07/content_5517737.htm。

控制在个位数以内，用三个月左右的时间取得了武汉保卫战、湖北保卫战的决定性胜利，疫情防控阻击战取得重大战略成果，维护了人民生命安全和身体健康，为维护地区和世界公共卫生安全作出了重要贡献。我国在疫情初期采取诸多措施后境内新冠肺炎疫情的变化情况见图 1 至图 4。

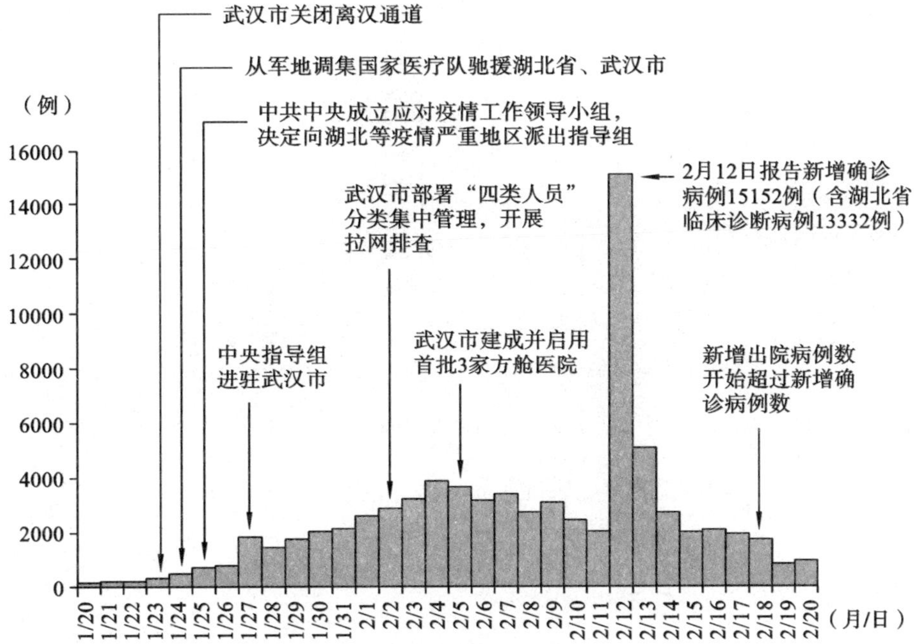

图 1　我国境内新冠肺炎疫情新增确诊病例情况(2020 年 1 月 20 日至 2020 年 2 月 20 日)

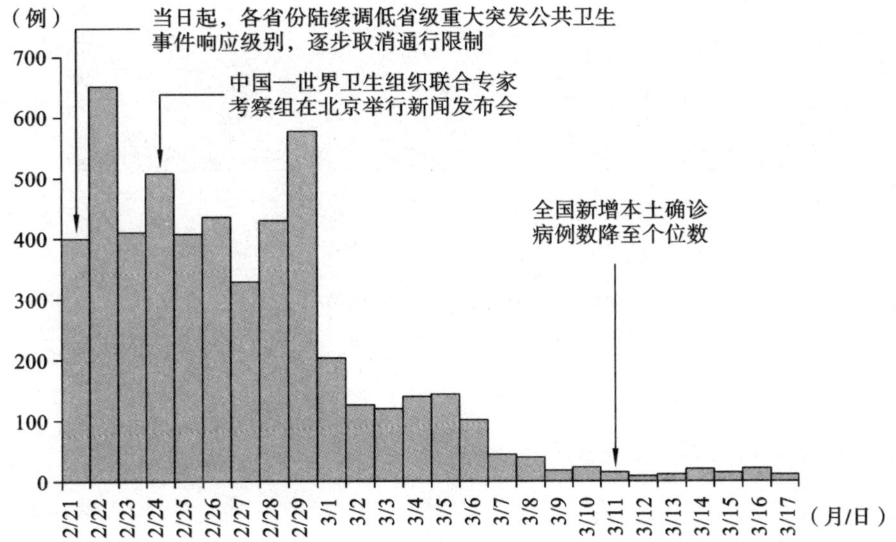

图 2　我国境内新冠肺炎疫情新增确诊病例情况(2020 年 2 月 21 日至 2020 年 3 月 17 日)

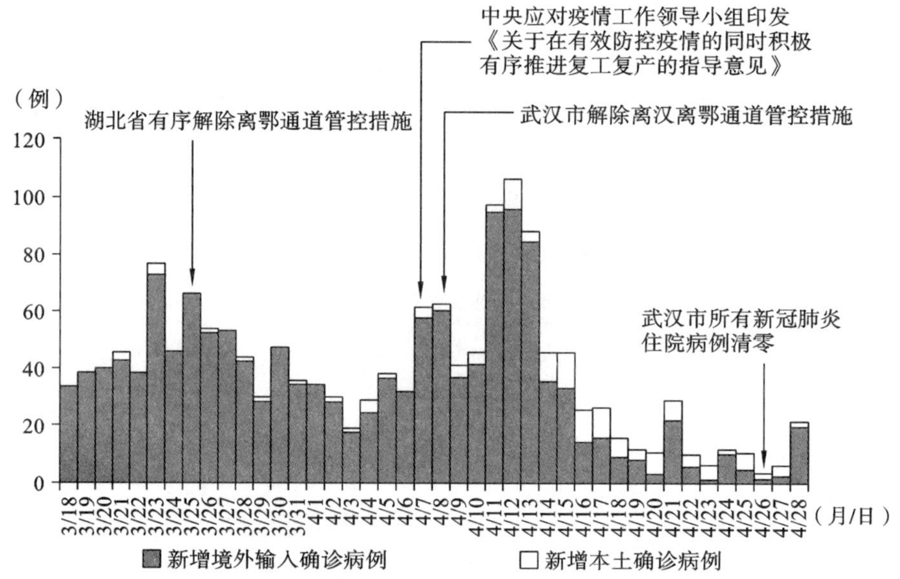

图 3　中国境内新冠肺炎疫情新增确诊病例情况(2020 年 3 月 18 日至 2020 年 4 月 28 日)

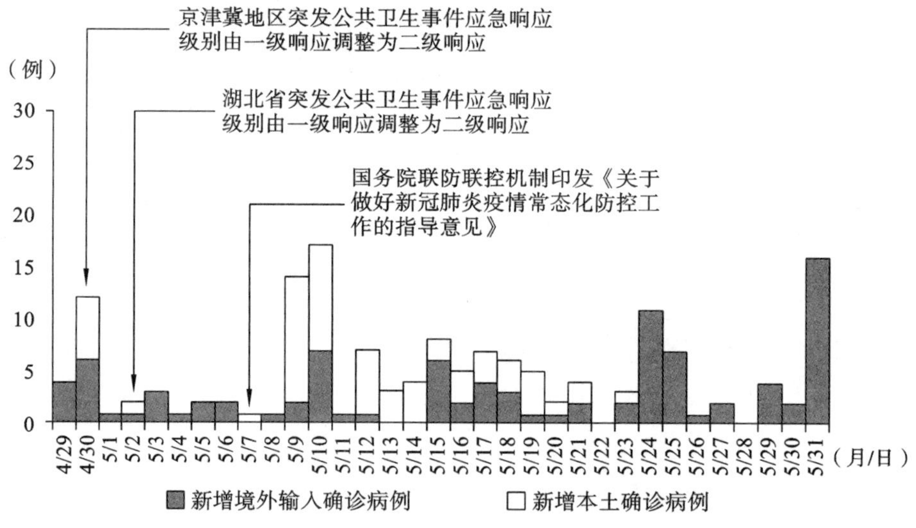

图 4　中国境内新冠肺炎疫情新增确诊病例情况(2020 年 4 月 28 日至 2020 年 5 月 31 日)

思政元素

(1) 价值塑造。紧扣国家政策和现实需求,讲授公共卫生服务内容,使学生认同专业价值,增强促进全民健康的使命感和责任感,为推进健康中国建设添砖加瓦。

(2) 民族自信。通过数据的直观对比,分析国内和全球新冠肺炎累计确诊病例和新增病例情况，让学生深刻意识到我国在抗击新冠肺炎疫情中取得的傲人成绩，同时通过让学生罗列中国政府应对新冠肺炎疫情的有力举措，突出我国社会主义制度的优越性，增强学生的“四个自信”。

(3) 能力培养。通过思政素材案例，培养学生的家国情怀，引导学生为国家发展、民族复兴、人民幸福努力奋斗，同时锻炼学生的研究型思维和批判性分析问题的能力。

教学安排

回顾上一节课学到的医疗服务管理的重点内容，介绍几项面向全部人群的基本公共卫生服务，询问学生是否听说和享受过相关服务，从而引出本节课关于公共卫生服务管理的话题，讲解公共卫生、公共卫生服务、公共卫生服务管理、公共卫生组织等基本知识点。在授课过程中，重点提出两个问题，启发学生思考。

问题1:国家为何要免费提供均等化的基本公共卫生服务?

引导学生思考，国家基本公共卫生服务为何要免费提供，为何要强调基本公共卫生服务均等化。

介绍国家基本公共卫生服务的内容、对象、补偿渠道等。国家根据居民的健康需求，针对对居民健康影响大、具有普遍性和严重性的公共卫生问题，实施健康干预措施，确定国家基本公共卫生服务内容。这是国家为了保障全体居民的合法权益、保护生产力所采取的举措，是“没有全民健康就没有全面小康”理念的具体体现。

问题2:没有突发公共卫生事件时，国家提供基本公共卫生服务来保障居民基本健康，突发公共卫生事件时，国家又是如何保障居民基本健康的?

首先，给学生展示思政素材(二)中的图表，让学生从中总结国内和国外新冠肺炎确诊病例情况以及2020年国际经济情况，具体包括国内和国外的累计确诊病例数、国内和国外的新增确诊病例数、世界各国GDP情况等。

截至2021年11月29日24时，我国新冠肺炎累计确诊病例127814例，国外新冠肺炎累计确诊病例超过2.6亿例。我国总人口占世界人口的五分之一左右，但新冠肺炎累计确诊病例不到全球的万分之五。

2021年11月29日，我国31个省(自治区、直辖市)和新疆生产建设兵团报告新增确诊病例39例，其中境外输入病例18例，基本已经有效控制住新冠肺炎疫情。

2020年,我国GDP一枝独秀,是世界GDP排名前十的国家中唯一一个维持正增长率的国家。

其次,要求学生根据图1至图4,查阅相关文献,并结合自身经历,从“控制传染源—切断传播途径—保护易感人群”角度,总结中国值得向世界推广的抗疫经验。

最后,要求学生分析中国抗疫取得阶段性成功的根源,最终让学生体会到我国的制度优越性。我国社会主义制度具有非凡的组织动员能力、统筹协调能力、贯彻执行能力,能够充分发挥集中力量办大事、办难事、办急事的独特优势。

特色和创新点

(1) 将价值引领与知识传授相结合。以专业知识为核心,以思政元素为辅助,共同搭建课程思政教学体系,丰富课程教学内容,促进思政元素和专业知识的融合。

(2) 关注领域热点,丰富思政元素。课程教学内容不局限于课本知识,而是紧抓领域内热点话题。例如,新冠肺炎疫情是一场突如其来的艰苦卓绝的历史大考,习近平总书记说:“衡量一个国家的制度是否成功、是否优越,一个重要方面就是看其在重大风险挑战面前,能不能号令四面、组织八方共同应对。”而我国抗击新冠肺炎疫情的伟大实践在体现我国社会主义制度优越性方面极具说服力,也让学生更有代入感。

(3) 革新教学方式,融入思政元素。课程教学方式灵活,教师提供新冠肺炎疫情相关数据和文章,让学生结合亲身经历,通过讨论的方式总结我国的抗疫经验,启发学生思考我国抗疫取得巨大胜利的根源和体现出的制度优势。

(4) 建立评价体系,调整思政素材。课程将学校教学督导组、校内同行教师及学生的评价结合起来进行考核,主要考核内容包括专业知识的教学成效、教学手段的新颖程度、思政素材的匹配程度、专业知识与思政元素的融合力度等,及时依据评价内容对课程教学进行调整。

效果体现

(1) 对于学院课程体系建设而言,丰富了课程教学内容,提升了课程教学高度。

(2) 对于教师自身发展而言，提升了教师开展课程思政建设的意识与能力，促进了立德树人根本任务的落实。

(3) 对于学生的发展而言，一是通过国内外新冠肺炎疫情相关数据的对比，让学生直观地感受到了我国在抗击新冠肺炎疫情过程中取得的阶段性胜利；二是启发了学生在传染病控制的基本框架下，总结我国的抗疫经验，提升分析问题和归纳总结的能力；三是在分析中国抗疫成功的本质原因时，抽丝剥茧、层层深入，充分诠释了我国社会主义制度的优越性，逐渐增强了学生的“四个自信”，尤其是制度自信和文化自信。

口腔医学院“口腔医学导论”课程思政案例

章节名称

第1章“口腔医学导论”。

课程目标

一、知识目标

使学生了解口腔医学的发展历史，激发学生对口腔医学的兴趣与热爱。学生应熟悉口腔疾病与全身疾病之间的联系，树立全身大健康意识；掌握口腔医学基本概念、口腔分支学科概况；树立口腔专业与其他专业交叉融合的意识。

二、能力目标

引导学生尽早接触科研，全面提高学生的综合素质和创新能力，将理论与实践结合起来，更好地服务于建设健康中国的需要。

三、价值目标

坚持立德树人，砥砺家国情怀，激发学生的奋斗热情，培养医德医风良好、善于沟通、勇于创新、吃苦耐劳、团结协作的医学后备军。

教学内容

（1）口腔医学的发展史。

（2）口腔医学各个分支学科概述。

课程负责人：陈莉莉。

执笔人：周鑫。

(3) 口腔疾病与全身疾病之间的关系。

(4) 国家的“大健康”战略。

(5) 口腔医生在疫情中的表现和思考。

思政素材

一、专业知识教学与爱国主义教育相结合

在过去的教学中,往往只强调医学家们的成果对口腔医学发展的作用,而常常忽略介绍医学家们爱国敬业、为患者着想的优秀品质,忽略介绍这些医学家的家国情怀。在“口腔医学导论”专业课程学习中融入这些医学家们设身处地为病人着想,以己之力、解人之苦的事迹,展现他们奋进、爱国的高尚品质,从而激励学生更加努力地学习,促使他们形成正确的人生观和价值观。

二、专业知识教学与全身大健康教育相结合

2016年,中共中央、国务院印发了《“健康中国2030”规划纲要》。随后,国务院办公厅依据《“健康中国2030”规划纲要》,印发了《中国防治慢性病中长期规划(2017—2025年)》,特别提出健康口腔的作用。口腔疾病与全身疾病有着紧密联系,口腔疾病长期发展下去会对全身健康造成威胁,导致和加剧许多全身性疾病,某些全身性疾病也可在口腔内出现各种症状。而往常的医学教育常常忽视其中的相关性,因此在专业知识讲授中传授与口腔疾病相关的全身性疾病知识,以及口腔疾病的预防在全身性疾病的防治中起的重要作用,可以培养学生全科医生的思维,而不局限于狭隘的专科医师视角,从而形成全身健康大局观。

三、专业知识教学与创新科技教育相结合

口腔科学发展迅速,课程中系统地展示了口腔医学的发展史,其中生物科学、材料学的发展,深刻影响着口腔医学的进步。通过对口腔医学发展史的介绍,激发学生对口腔医学的热爱,让学生认识到开发新材料、投身科学研究的重要性,增强学生学习的主观能动性。以科研为导向的学习更能促进学生科研素养、创新能力的提升,推动拔尖创新、复合交叉人才的成长。

四、专业知识教学与家国实事教育相结合

本课程添加了新冠肺炎疫情期间口腔人奋战在疫情前线的内容。新冠肺炎疫情对于口腔科学研究来说,既是挑战,也是机遇。我们团队发现新冠肺炎

患者的唾液中含有新冠病毒，初始口腔症状（味觉异常和口干）可作为新冠肺炎首发或伴发症状出现。这为新冠肺炎患者的早发现、早诊断、早隔离、早治疗提供了指导意义，有利于一线抗疫。将临床实际问题、社会的重大需求等融入实践育人环节，可以提升学生的综合素养和社会责任感，从而造就德才兼备的复合型优秀人才。

思政元素

(1) 通过讲述口腔医学发展的历史，让学生了解知识形成发展的历史脉络和内在逻辑，激发学生的求知欲和探索精神。

(2) 将口腔医学基础教育与大健康教育相融合，引导学生树立“口腔健康-全身健康”新观念。

(3) 将口腔疾病与全身疾病的关系、口腔材料学新进展、口腔医学新技术新业务等交叉学科内容引入课程体系，培养学生使口腔专业与其他专业交叉融合的创新意识。

(4) 通过讲述新冠肺炎疫情期间口腔人奋战在疫情前线的事迹，培养学生为人民健康和幸福而奉献的爱国情怀。

教学安排

课程及时展现全国乃至全球口腔医学的新发展、新动向，将国内外口腔前沿知识和新的教学方法引进课堂，不断提升国际先进教育理念 CDIO (conceive，design，implement，operate)与课程的适应性。

一、教学方法

CDIO 教学模式、问题导入、归纳总结。

二、教学方案

1. 构思阶段(conceive)

将学生分为 4 组，每组学生根据教师提出的问题在课前查阅资料进行思考，教师在课堂上以问题为导向，进行启发式教学。

2. 设计阶段(design)

设计 4 个相关的问题，为便于师生间进行沟通和交流。建立 4 个微信群，将问题分发给 4 组学生，要求各组学生根据题目查阅资料和思考。

问题1:你知道哪些与口腔相关的有趣的历史事件/历史人物吗?(通过问题引出口腔医学的发展史,同时,也让学生主动去了解口腔医学,从而诱发学生对口腔医学专业产生兴趣)

问题2:你知道口腔疾病与其他疾病有什么关系吗?(通过这个问题的引导,让学生查阅相关中英文文献和资料,了解口腔不是独立于人体的一部分,作为未来的口腔医师,应具有“大健康”观念,不应拘泥于口腔疾病这个小领域)

问题3:从幼年到老年,随着时间的流逝,大家或周围的亲朋好友会遇到哪些口腔问题?你知道有哪些口腔临床新技术、新进展?(通过问题,引出口腔医学各个分支学科的领域和内容,让学生对口腔医学能做什么有整体的认识,同时了解口腔临床新技术、新进展)

问题4:新冠肺炎疫情期间口腔医生在疫情中有哪些表现?你对口腔医学有哪些思考?(强调作为医学生的使命和担当,同时鼓励口腔医学学子聚焦实事、积极思考,培养勇于创新、敢于担当的精神,增强学生的社会责任感和使命感)

3. 实施阶段(implement)

要求学生根据问题查找相关资料,并进行思考。

4. 运行阶段(operate)

教师根据问题提问每组学生,每组学生发表意见。教师归纳总结,完成整堂课程的教学。

三、实施教学过程

1. 教师提出第一个问题,引导学生进行思考和回答

(1) 教师提问:你知道哪些与口腔相关的有趣的历史事件/历史人物吗?

(2) 第一组学生作答或者自由发言。

(3) 教师归纳总结口腔医学发展史,讲述重要的历史事件/历史人物。讲述华中科技大学口腔医学的发展史,增进学生对本校口腔的了解和情感。讲述口腔医学前辈在艰苦环境下开拓进取、创新研究、临床实干的拼搏精神,建立学生对职业的认同感和崇高的使命感。

2. 教师提出第二个问题,引导学生进行思考和回答

(1) 教师提问:你知道口腔疾病与其他疾病有什么关系吗?

(2) 第二组学生作答或者自由发言。

(3) 教师归纳总结，并讲解口腔疾病与全身疾病之间的关系。传授与口腔疾病相关的全身疾病知识，以及口腔疾病的预防在全身疾病的防治中起的重要作用，促使学生形成全科医生的思维，而不局限于狭隘的专科医师视角。

3. 教师提出第三个问题，引导学生进行思考和回答

(1) 教师提问：从幼年到老年，随着时间的流逝，大家或周围的亲朋好友会遇到哪些口腔问题？你知道有哪些口腔临床新技术、新进展？

(2) 第三组学生作答或者自由发言。

(3) 教师根据学生提出的口腔问题，讲解口腔正畸学、口腔颌面外科学、口腔牙体牙髓病学、种植修复学、牙周病学等分支学科的大致内容及其对人类健康的重要性。讲述口腔医学领域医者仁心的故事，帮助学生树立良好的医德医风。

4. 教师提出第四个问题，引导学生进行思考和回答。

(1) 教师提问：新冠肺炎疫情期间口腔医生在疫情中有哪些表现？你对口腔医学有哪些思考？

(2) 第四组学生作答或者自由发言。

(3) 教师做总结性发言。新冠肺炎疫情期间，口腔医师不畏被感染的风险，积极投身于抗疫战场，为抗疫做出了口腔人应有的贡献。这些事迹不仅让学生感受到了前辈们以身作则的力量，也展示了口腔科医师除了守护口腔的健康，还在危难当头之时不忘初心和使命的精神。同时，疫情期间，我们团队聚焦科研前沿，揭示出新冠肺炎患者初始口腔症状（味觉异常和口干）可作为新冠肺炎首发或伴发症状出现的规律，这为新冠肺炎患者的早发现、早诊断、早隔离、早治疗提供了指导意义，也鼓舞了口腔医学学子聚焦前沿、积极思考、勇于创新、敢于实践的精神。

特色和创新点

一、重构课程体系

我们在总结分析专业课程十余年的教学经验的基础上，针对口腔医学专业学生人数少、知识专业度高的特点，做到“一补、二增、三突出”，即补充课程思政、增加大健康教育、突出 CDIO 模式特色，对“口腔医学导论”课程体系与内容组成进行了重构。

二、实现立体培养

秉承"以生为本"的教育理念，推行"自主学习+合作学习"教学模式，将传统的"课堂—课外—考试"模式改为"团队课前讨论—课堂共享学习—形成性评价"模式，进行理论讲授、思政融入、临床科研启蒙等三维立体教学，以培养高素质医学生。

三、引入CDIO

将CDIO教学模式创新性地引入教学全过程，课堂教学及课后实践均以CDIO模式为主线。通过对学生进行有序、有组织的引导，启发学生的探索热情，夯实学生的研究基础，为学生的后续专业课学习及继续深造打下坚实基础。

四、强调立德树人

通过课程思政，将家国情怀、医德医风、科研创新等融入教学，做到润物无声、水滴石穿。在培养学生精湛医术的同时，教育引导学生尊重患者、善于沟通，提升学生的综合素养、人文修养和依法应对重大突发公共卫生事件的能力，争做党和人民信赖的口腔医生。

效果体现

一、课程体系全面优化

本课程从最初的纯理论授课，到引入临床教育，再到理论、实践、思政的全面布局，极大地丰富了课程内容和形式，实现了课堂内外、线上线下协调共进的多渠道课程体系。

二、培养模式多维立体

本课程构建了德育有高度、智育有广度、美育劳育有温度的多维立体人才培养模式，将思政元素融入专业课程，通过课内外知识的互补和拓展，提高学生的学习能力和创新能力，全面构建基于CDIO的拔尖创新人才培养体系。

三、教学反馈全面积极

本课程受到学生高度评价。课程负责人获评全国住院医师规范化培训"优秀带教老师"、中国医师协会"白求恩式好医生"、华中科技大学"我最喜爱的教师"、大学生科技创新活动优秀指导教师等荣誉称号。

四、教研产出硕果累累

近5年来，围绕该课程，我们申请了教学改革项目6项，在《中华医学教育杂志》《中国高等医学教育杂志》《中国社会医学杂志》等权威期刊发表教学论文多篇。课程负责人获得全国宝钢优秀教师奖、华中科技大学教学质量优秀奖等荣誉，所发表的论文获评全国医学教育百篇优秀论文。

社科编

哲学学院“哲学导论”课程思政案例

章节名称

第1章“何谓哲学”第1节:哲学的含义。

课程目标

一、知识目标

(1) 使学生全面了解哲学的两重含义——理论含义与实践含义,以及二者之间的关系。哲学的理论含义:哲学是关于世界观的根本学问,是我们认识世界的根本方法。在此意义上,哲学就是广义的科学(包括自然科学和精神科学)。哲学的实践含义:哲学是为人提供安身立命的学问,或者说,哲学是一门让人生活得更好的艺术。

(2) 使学生正确理解哲学思维与神话思维之间的关系。首先,无论是西方古代哲学还是中国传统哲学,都是起源于古老的原始神话思维,因此在后来的哲学发展中,即使是在有成熟形态的近现代哲学中,我们仍然可以看到原始神话对哲学的影响。其次,哲学思维是对神话思维的超越和升华,如果说神话思维还停留在具象思维的阶段,那么哲学思维无疑已经达到了抽象思维的阶段。也就是说,哲学思维已经开始借助概念在思考,而不是借助人格化的神灵在思考。

(3) 使学生深入了解作为一个哲学家所具备的基本条件。按照古希腊哲学的集大成者亚里士多德的说法,从事哲学研究的人需要具备三个条件。首先,要有惊异之感。只有那些对我们生活于其中的这个世界不断产生惊异之

课程负责人:张廷国。

课程组成员:袁辉、叶金州、归伶昌、张若愚。

执笔人:张廷国。

感的人，才会对这个无所不包的大千世界产生好奇和疑问，才会从心灵深处去发问“为什么存在者存在而无反倒不存在”等更为深层次的问题。其次，要有一定的闲暇。哲学归根到底是一门理性沉思的学问，如果一个人终其一生都在为生计而忙碌，哪有时间和精力去深入系统地思考形而上学(中国古代称为玄学)等问题呢？最后，要有自由的精神。这种自由一方面是指个体人格的自由，另一方面是指学术研究的自由。只有基于个体人格的自由，我们才能进行真正独立的理性思考和独立的判断。只有基于学术研究的自由，我们才能在百花齐放、百家争鸣中不断地接近真理。

二、能力目标

(1) 锻炼学生进行独立思考问题的能力。古希腊哲学家苏格拉底有句名言:“未经反省的人生是不值得过的。”换言之，人之所以不同于动物，并不仅仅在于人会制造和使用工具，更重要的是人有自己的灵魂和理性。正因为人有理性，人在面对各种不同的现象时才会有所选择，有所区分，才能够分辨出什么是好的生活，什么是坏的生活。所以，看待一个人是否成熟，一个重要的标志就是看他(她)是否能够从不成熟状态中走出来。所谓不成熟状态，就是不能自己独立地张口说话，不能独立地作出自己的思考，不能独立地表达自己的观点。在这个意义上可以说，哲学的任务就是启蒙，就是训练自己的独立思考能力。

(2) 锻炼学生理解语言和展开对话的能力。哲学不像各门具体科学都有其特定的研究对象和领域，哲学研究的往往是一般性的、超感性的问题，因而更加抽象和理论化。如果说理论是晦涩的，那么可以说哲学就是最晦涩的一门学问。这就意味着，学习哲学就是理解和领会最难懂的著作和语言，同时不仅要能够理解，而且还要能够与之展开对话，并能够发现它的不足和谬误所在。在此基础上才能提出属于自己的哲学见解和思想，从而实现哲学理论的创新。可见，学习哲学，就是锻炼自己正确理解语言、诠释语言的过程。同时，只有在正确理解和运用语言的过程中，才能够使对话更加丰富、更加深刻。

(3) 促进学生认识到自己的有限性。在本质上，人是一个有限的理性存在者。无论是从人的先天禀赋还是从后天的生存环境来看，无论是从个体的人还是从整个人类来看，人都是有限的存在者，不可能做到全知、全能、全善。人作为在世界中的存在者，其认知力和理解力都是非常有限的，对一些领域甚至是完全无知的。因此，作为一个有限的个体，对这个充满无限可能性的世界始终都要有一种敬畏之感。哲学自古以来都在探讨一和多、一般和个别、绝对与相对、无限与有限等问题，这恰恰有助于我们认识到自己的有限性，虽然我们时刻都在憧憬着世界的无限性。

三、价值目标

（1）有助于学生树立正确的世界观和人生观。大学时代正是学生在思想上从不成熟走向成熟的关键时期，因此对于在校的大学生来说，不仅需要学好应用性的专业知识和技能，而且更加需要完善自己的人格和涵养自己的道德情怀，从而使自己在大学阶段真正实现"学以成人"的目的。而要做到这一点，了解一些哲学知识并训练自己的哲学思维，便是极其重要的环节。哲学可以让学生跳出狭隘的专业知识领域，进而帮助学生去积极主动地思考世界整体的问题，当然，其中也包括对待人生的根本态度。只有树立了正确的世界观和人生观，才能成为一个自由而全面发展的人，才能成为一个"有理想、有道德、有文化、有纪律的社会主义新人"。

（2）有助于学生树立和坚持马克思主义哲学的信念。马克思主义建立在马克思主义哲学的世界观和方法论基础之上，可以说，马克思主义哲学乃是马克思主义的活的灵魂，没有马克思主义哲学，也就没有马克思主义。而马克思主义哲学能够在中国这块大地上取得成功，其根本原因在于，马克思主义哲学能够与中国实际相结合，这种结合不仅体现在马克思主义哲学与中国革命实践相结合上，更为重要的是马克思主义哲学与中国传统哲学实现了有机的结合。所以，要真正地理解马克思主义哲学，就不能脱离开中国传统哲学这片土壤。正是因为有了马克思主义哲学中国化的这一伟大进程，才使得马克思主义哲学能够在中国特色社会主义现代化建设过程中实现理论的创新和飞跃。

（3）有助于培养学生的"四个自信"。通过对哲学概念的梳理以及对中西哲学之特点的比较，使学生认识到中西哲学之间既有共同的本质特征，又由于二者形成的自然基础、社会基础和文化基础不同，在价值取向、思维特点、思维方法等方面存在明显的差异。如果说起源于希腊的西方哲学更加突出理性思辨、逻辑辩证的特点的话，那么相对而言，产生于先秦诸子百家的中国传统哲学则更加注重整体性的思维。在此意义上可以说，中国传统哲学所讨论的问题领域更为广泛，更具包容性和人文关怀。在这种比较中，让学生更深刻地体会"四个自信"的哲学基础。

教学内容

(1) 通过对“哲学”(philosophy)一词的词源学考察,阐明哲学在产生之初就具有的两重含义,即理论含义和实践含义。

(2) 由于哲学是从原始神话思维发展而来的,因此有必要说明哲学思维与神话思维的关系,从而澄清哲学思维与神话思维之间的内在联系与本质差别。

(3) 详细阐明哲学产生的自然、社会和心理原因,从而进一步论述哲学是时代精神的精华。

(4) 通过课堂讨论的方式,对亚里士多德提出的“爱智慧”的必备条件——惊异、闲暇、自由——作出具体的阐释,并提出批评性的意见。

(5) 对古代的哲学分类进行深入系统的讨论,阐明第一哲学(形而上学)与第二哲学(数学、物理学等自然科学)、创制性学科(相当于今天的工科)、实践学科、方法论(逻辑学)之间的关系。

思政素材

(1) 在考察“哲学”一词的词源学含义时,不仅要考察西文“philosophy”一词的原始含义,也要考察中国古文“哲”(或“悊”)字的含义。

(2) 在讲解第一哲学即形而上学或后物理学(meta-physics)的含义时,既要说明它与物理学(physics)的内在相关性,又要结合《易经》中“形而上者谓之道,形而下者谓之器”的论述,阐明形而上学的超越性。

(3) 在讨论哲学的起源时,可以引入约在同一时期的中西两位伟大哲学家和思想家孔子(公元前551—前479年)与苏格拉底(公元前470—前399年),将他们做比较,从而说明中西哲学之间的共同之处和差异。

思政元素

(1) 通过对古文“哲”(悊)字的分析,使学生全面了解哲学一词的含义。在《说文·口部》中:“哲,知也。从口,折声。悊,或哲,从心。”由此可见,在中国传统文化中,“哲”或“悊”的本义就是有智慧的意思。在中国古代,只有那些才能识见超越寻常的人才称为“哲人”“先哲”“圣哲”等。这也充分说明,无论是在古希腊还是在古代中国,哲学都是热爱智慧、追求智慧的一门学问。同时,对“哲”字古义的考察，也表明了哲学是一门对话和论辩的学问，而不是固定不变的教条和说教。

(2) 通过对“形而上学”一词的中西文词源学考察，不仅再一次论证了哲学并不只是源于希腊的“第一科学”，在哲学上彻底打破了对西方中心论或欧洲中心论的迷思，而且也同样证明了中西哲学在其本质上有着共同的致思取向和研究领域。也就是说，无论是起源于古希腊的西方哲学还是产生于先秦时期的中国传统哲学，二者都以探讨超感性的世界为己任，都把本体论的问题当作哲学的核心问题。

(3) 在对孔子与苏格拉底的哲学进行比较时，我们发现中西哲学有很多共同之处。比如，无论是孔子还是苏格拉底，他们都非常关注世间的正义等伦理道德问题，他们研究哲学的方式都是借助对话。当然，通过深入的比较分析，也会发现二者之间存在明显的差异。比如，苏格拉底更加注重逻辑定义的方法，将哲学问题层层推进，直至给出一个本质的概念规定，如对美、善、正义等的本质规定。孔子则更加注重描述的方法，强调具体问题具体分析。

教学安排

一、提出问题(约10分钟)

在正面阐述“何谓哲学?”这一问题之前，首先有必要向学生澄清社会上人们对哲学产生的诸多误解。在此仅举一例略作说明，比如，社会上人们对哲学最常见的一种误解是“哲学无用”，认为哲学距离现实生活比较远，换言之，就是不接地气，不能带来实际的好处，因此学哲学无用。而且，从现实来看，似乎也佐证了这种看法，因为应用性学科比较强的专业往往都有强大的行业背景作为支撑，其毕业生就业的前景相对来说比较明朗，而哲学专业的毕业生则没有任何行业背景，所以就业前景缺乏明确的方向，以至于哲学专业的毕业生总是成为就业的困难户。其实这只是从狭隘的哲学研究方面来看哲学，如果从广义上来看，我们生活中处处都需要哲学世界观和方法论的指引。

从一个人被动地来到这个世界的第一天起，他就已经是一个在世界之中的存在者了，他就要用眼睛来观察和认识这个陌生的周围世界。在他眼中的这个陌生世界究竟是美丽的还是丑陋的？是善良的还是邪恶的？是正义的还是非正义的？是真诚的还是虚伪的？是热情的还是冷酷的？是仁爱的还是怨恨的？我从哪里来？我到哪里去？我究竟是谁？……对这些问题的思考和选择,可以说是构成了一个人生活的全部,因为真正影响一个人幸福生活的并不是那些外在的东西,而是他看待这个世界的眼光,是人的内心世界。但是,很多时候,人们往往因为忙碌于追逐名利而不喜欢思考人生的意义,以为那纯粹是神学家、哲学家的事情。只有在生命走到一定的关节点才开始回头审视自己的人生,但这时大多已悔之已晚,因为生命只有一次,人生是不可重复的。

通过对"哲学无用"之误解的澄清,目的就是让初学哲学的学生明白一个道理,即哲学虽然不像具体、专门的学科一样,能够针对具体对象提供具体明确的答案,但它可以从世界观、价值观、人生观方面启迪和指引我们的人生。它可以帮助我们明白:我能够做什么?我应该做什么?我可以期望什么?人是什么?就此意义而言,让学生真正地理解哲学并不是"无为"和"无用"的学问,而是"无为之为"的"大为"、"无用之用"的"大用"。

二、全面阐述哲学的含义(约30分钟)

首先,在澄清了人们对哲学的诸多误解之后,接下来将通过词源学的考察,来具体阐明哲学(philosophy)一词在古希腊哲学,尤其是在柏拉图和亚里士多德哲学中所具有的确切含义。

哲学一词在希腊语中的字面意思就是"爱智慧""追求智慧"。根据这个含义,一般哲学就是指思维的方法论研究,只有通过这种研究,人们才能够认识存在本身的意义问题。而具体的哲学指的则是一些特殊科学,在这些特殊科学中,人们研究的是个别领域的存在者。同时,与哲学一词的上述理论含义紧密结合在一起的还有第二种含义。严格来说,希腊哲学的童年时期正处于原始的宗教意识和道德意识分离的时期,这不仅使得对有关人的天职和使命的问题进行科学研究变得越来越重要,而且使得对于正当的生活行为的教导成为一个根本目标,并最终成为所有科学的主要内容。由此,哲学也就同时获得了基于科学之上的生活艺术的实践含义。

其次,在明确了哲学一词的确切含义的基础上,阐明哲学思维与神话思维、科学思维的关系。如果说神话思维还停留在具象思维的阶段,那么,哲学思维显然已经是一种抽象的概念思维了。哲学思维虽然是一种抽象思维,但它的最终目的是要探究存在者整体的意义问题,而非个别存在者是什么的问题。与此相比,科学思维则更加关注具体领域的存在者是什么的问题,并且更加强调经验事实的证实或证伪。最后,通过阐明古代哲学的最初分类,一方面说明哲学研究的领域极其广泛,既包括第一哲学(形而上学)和第二哲学(数学和物理学等)，也包括创制性学科和与人生有关的实践学科；另一方面也说明了作为证明工具的逻辑思维的重要性。

三、课堂讨论(约 15 分钟)

根据对哲学基本含义及其相关问题的阐述，引领学生对“哲学是什么”这一问题进行完全自由的讨论。通过这种开放式的课堂讨论，一方面，可以进一步巩固学生在课堂上所学到的有关哲学含义的基本知识，从而了解古代哲学家的真实生活状况以及他们所面临的时代之问，了解古代哲学的基本形态——唯物论与唯心论、观念论与实在论、经验论与怀疑论、有神论与无神论等；另一方面，在课堂讨论中引领学生进入古代哲学家的对话场景，充分讨论美是什么，爱是什么，正义是什么，美德是什么，什么是智慧，什么是爱智慧，什么是意见，什么是真理，什么是好的生活，我应当过一种怎样的生活……在这种自由讨论中，每个学生都可以按照哲学的方式提出自己的理解并为自己的观点进行合理的辩护。通过这种对话，让学生真实地体会到哲学不是拥有智慧而是爱智慧，不是满足于泛泛的意见而是追求真理，不是独白而是对话，进而体会到哲学不是无用的学问而是有大用的学问。

特色和创新点

(1) 通过词源学的考察，引领学生直接与古代的哲学家对话，使学生领悟哲学在其童年时期所具有的丰富含义，以及哲学思维的产生对人类文明深远而持久的影响。

(2) 通过比较哲学与神话、科学的关系，阐明哲学既不是神学，也不是科学，而是居于神学与科学之间的学问，进而阐明哲学思维在人类生活中的重要地位和深远影响。

(3) 通过中西比较的方法，让学生深入地了解中西哲学在其研究对象、研究内容、研究方法等各方面的不同之处以及各自的优点，从而帮助学生真正地坚定“四个自信”。

(4) 通过启发式、开放式的课堂讨论，引领学生亲自参与到对哲学问题的发问和回答之中，通过这种问与答的方式，让学生真正领悟到哲学之思的无穷魅力，进而发自内心地喜欢哲学、热爱哲学。

效果体现

(1) 通过对“哲学的含义”这节课的讲解和课堂讨论,学生充分理解和掌握了哲学的最初含义以及原始神话向哲学转化的演变形态,并由此理解了哲学与其他文化活动之间不仅是一种接受关系,而且也是一种给予关系。通过这节课,学生更加深刻地体会到学习哲学对于“学以成人”的重要意义。

(2) 通过课堂讨论的方式,充分调动了学生学习哲学的积极性和主动性。根据“哲学导论”这门课的跟踪问卷调查结果来看,学生普遍认为,这门课并不是想像中的那么抽象晦涩和枯燥乏味,而是生动活泼和富有趣味的,不是教条式的说教,而是努力探求真理。

新闻与信息传播学院“新闻学原理”课程思政案例

章节名称

第 3 章“新闻价值”。

课程目标

一、知识目标

（1）明确新闻价值的内涵。

（2）理解新闻价值要素的含义。

（3）把握新闻价值实现的动态过程。

（4）了解新闻价值取向的影响因素和作用机制。

二、能力目标

（1）运用所学知识，从世界上发生的众多事件中判断新闻价值、进行新闻选择。

（2）理解新闻价值的客观性和相对性。坚守正确的新闻价值取向，特别是在复杂情况下坚持社会主义新闻价值观。

三、价值目标

（1）坚持社会主义核心价值体系，践行马克思主义新闻观。

（2）通过不同媒体对同一事件新闻价值的判断、选择和呈现，从“新闻价值”角度剖析西方资产阶级新闻媒体的本质。

课程负责人：刘洁。

课程组成员：刘锐。

执笔人：刘洁。

教学内容

一、教学内容

(1) 新闻价值的内涵。包括新闻价值的定义、新闻价值的一般要素、新闻价值的客观性。

(2) 新闻价值的实现过程。包括发现、呈现、检验新闻价值等过程。

(3) 新闻价值的取向。包括影响新闻价值取向的因素、如何坚持正确的新闻价值取向。

二、重点难点

(1) 重点:透彻地说明新闻价值的构成因素,帮助学生搭建判断新闻价值的基本框架。

(2) 难点1:在错综复杂的现实场景中,对新闻价值作综合判断和呈现。

(3) 难点2:如何拨开层层迷雾看清不同媒体的新闻价值导向,并条分缕析地透视价值导向背后的力量。

思政素材

引导学生关注重大主题报道。重大主题报道指新闻媒体围绕党和政府重要决策部署、中心工作、重大活动和社会热点等进行的重点报道工作,是党的各级新闻媒体的责任和使命,是党报彰显权威性和影响力的重要体裁。培养未来行业高手和党的新闻工作引领者、推动者,须传导正确的新闻价值观,在"硬新闻""大新闻"上着力,帮助学生切实了解重大主题报道,深切体会新闻媒体如何为党和国家工作大局服务。

引导学生深入分析中华人民共和国成立70周年重大主题报道。关于庆祝中华人民共和国成立70周年大会的报道包含了极其宝贵、丰富的课程思政素材。国内主流媒体报道全面展示了新中国发展历程、奋斗精神和辉煌成就。纵向比较不同时期国庆报道,既可以看到历史的脉络和细节,也可以清晰地看到中国新闻事业本身的进步。国际上少数媒体别有用心地抹黑,为青年学生提供了绝好的了解其本质的机会。

以中华人民共和国成立70周年新闻报道为主题,其思政素材可以说是海量的,学生对这些素材进行爬梳、整理、比较、分析,为学生自我学习、自主得出结论提供了良好条件。

思政元素

(1) 多角度了解中华人民共和国成立以来的伟大成就和建设者的爱国情怀，激发爱国热情。

(2) 通过个案分析，深入学习以人民为中心的新闻观。

(3) 推动阅听主流新闻媒介，打破对党媒的固有偏见。

(4) 理解党的新闻媒体如何为党和国家工作大局服务。

(5) 认识新闻媒介的意识形态属性，提升在复杂情况下的政治敏感性和判断力。

(6) 进一步了解部分西方媒体的真相。

教学安排

(1) 开学时提出学习要求，让学生有充分的自我学习和共同讨论的时间。请学生结合庆祝中华人民共和国成立70周年，围绕新闻价值分组学习相关内容，完成小组研讨和展示，要求材料具体，论证明晰，有真情实感。

(2) 教师课堂讲授有关新闻价值的内容。

(3) 教师和助教通过线上和线下形式，接受学生咨询，提供指导和帮助。

(4) 各小组作选题汇报，在教师和助教指导下修改优化选题。一共有9个小组，最终形成如下选题：于无声处唤醒家国记忆——新中国70周年相关报道与新闻价值的接近性(组长：赵冉)；比较官方媒体和自媒体在国庆70周年阅兵式报道上对新闻价值的不同侧重(组长：曲徽)；媒体多平台运营的新闻价值判断差异——以《人民日报》的国庆70周年相关报道为例(组长：辜晓晓)；BBC vs. 新华社——从国庆70周年的差异报道中看新闻价值(组长：冉健翔)；新闻价值接近性：紫光阁和梨视频对国庆70周年的报道风格分析(组长：刘研)；从新闻价值的接近性看《人民日报》与《湖北日报》——国庆70周年彩车方阵报道(组长：罗煜婷)；比较《人民日报》国庆70周年和60周年报道的新闻价值(组长：蔡梦洁)；70周年国庆期间国内传统报刊与网络自媒体对革命先辈和新中国建设者的报道(组长：李若彤)；中央媒体和地方媒体对国庆70周年阅兵报道的侧重点对比(组长：李若彤)；

(5) 学生分组进行课堂展示。此次作业由学生组成大众评委，成绩计入各小组平时成绩。教师不参与课堂展示的评分工作,但会及时进行点评和引导。由于学生学习热情高、投入时间多,展示和交流很精彩。

(6) 课堂展示后,每个小组写出完成课程作业后的感悟和反思(共34450字),做到"收官"之后有"复盘",进一步巩固和升华学生的学习成果。

特色和创新点

(1) 增强了教师开展课程思政建设的信心,通过实践打破了部分人认为"思政进入课堂会减损学科科学性"的错误观点。

(2) 精心选择问题和题材。新闻价值是贯穿新闻理论和新闻实践的重大学科问题,中华人民共和国成立70周年是我国政治、社会生活中的大事,也是新闻媒体重大报道题材。其中有丰富的素材可供学生选择,又不流于琐碎,具有纲举目张的效能。

(3) 积极发掘融合专业知识与思政元素的"融点",将"新闻价值"和"中华人民共和国成立七十周年新闻报道"两者有机结合。

(4) 做到"四给一不给":教师给任务、给帮助、给课堂时间、给点评,但不直接给结论。学生通过搜集素材、研读文献、集体讨论,在比较、研究、思考中得出结论。这些结论自然生成,不是教师硬塞给他们的,做到了"引而不发,跃如也"。

效果体现

本案例的总体效果得到学生的充分认可。第三组同学的评价具有代表性:"周四上午我们进行了一堂精彩的新闻选题ppt展示大赛。本来一开始我还以为这是一堂无聊的展示会,可是当一组组同学上台展示讲解的时候,我真的被同学精心制作的ppt和他们流利精彩的解说给震撼到了。大家的表现都充分展示了新闻学子的风采。而自己能够作为讲解员上台解说我们组的研究成果,我感到十分荣幸。此次活动不仅是一场智慧的交流与思想的碰撞,更是一场拉近同学之间思想与心灵距离的友谊活动,具有极其深刻的意义与价值。"

本案例的教学效果可以分为课堂效果、过程效果和后续效果。从课堂效果来看,学生积极踊跃,表现精彩纷呈。本案例的过程效果最为突出,学生投入精力和情感多,训练时间跨度长,组内和小组间交流频繁,学生和教师、助教沟通方式多样。学生除了掌握了本章节的知识外，还在文献搜集和阅读、演讲、思想方法等多方面取得了进步。从训练结束后的反思来看，本案例的后续效果也是比较明显的。

本案例的教学效果具体体现在以下方面：

(1) 学生经历了一次生动的爱国主义教育。如第一组的学生说：“我感受到了新闻报道中爱国主义的温情。”第九组学生写道：“通过这次小组展示，我搜集了许多有关庆祝中华人民共和国成立70周年阅兵式的报道资料。从传统报刊媒体和新式自媒体不同形式的报道中，我看到了那相同的拳拳爱国之心，为70年来所取得的重大成就而感到无比自豪。”

(2) 学生深入领会了“以人民为中心”的新闻观。第四组学生写道：“我们通过对比传统纸媒与新型媒体的差异，看到《人民日报》为了更加广泛地融入广大网民的生活，在风格、呈现形式、互动模式等方面做了大量调整。这种双向互动的形式更好地发挥了主流媒体的意识形态宣传作用，也体现了以人民为中心的报道导向。”

(3) 学生走近主流新闻媒介，打破了对党媒的固有偏见。第二组的学生说：“之前觉得《人民日报》是神坛上的、在生活中看不到的报纸，而经常关注公众号、收集短视频的我现在觉得它平易近人又不失仪态，《人民日报》常令人眼前一亮。”

(4) 学生认识到了新闻媒介的意识形态属性。第八组学生认为：“传媒不是中立的，现实中的传媒总是受到经济利益、政治立场、个人观点等影响。新华社作为中国的官方媒体，发挥着意识形态宣传和教育的作用。坚持‘政治家办报’，发挥了国家传媒机器在引导舆论、凝聚共识上的作用。”

(5) 学生提升了在复杂形势下的分析能力。第五组学生写道：“反观‘港独’事件，那些青年就是缺少社会主义核心价值观的指引，香港的媒体没有做好舆论引导工作，没能使爱国香港这些理念深入他们心中，因此更可见官方媒体在维护祖国统一方面其实发挥着很大的作用。”

(6) 学生提高了研究能力。第六组学生表示“受益颇多”：“通过学习其他小组的优点和长处，我们得以进一步改进我们的研究方案，提升研究问题的技能，优化展示成果的方式。在课题研究的前期资料准备过程中，我们学习到了选取研究角度的方法、搜集资料的途径，同时充分体会到了团队协作的重要性，提高了团队协作能力。综上所述，我们组在此次课题展示中受益颇多。”

新闻与信息传播学院“品牌传播概论”课程思政案例

章节名称

第2章“品牌传播主体”第4节:国家品牌的全球化传播。

课程目标

一、知识目标

理解国家品牌的内涵、历史发展、政策价值、传播特征,了解我国国家品牌建设战略方针和习近平总书记关于品牌发展的论述,思考百年未有之大变局下我国国家品牌面临的机遇与挑战,探讨智媒时代国家形象建设的创新路径。

二、能力目标

明确国家品牌建设对国家形象传播的重要作用,熟悉我国国家品牌建设的方针政策,掌握国家品牌传播策略,能够对国家形象创新建设与我国故事的对外传播提出建设性意见。

三、价值目标

培养政治意识,树立家国情怀,牢记时代使命,做有理想、有追求、有担当、有作为、有品质、有修养的大学生。

教学内容

一、教学原则

1. 尊重课程思政教学的基本规律

在教学实践中要考虑教学的“内外”环境。在外环境方面,近年来,品牌战

课程负责人:李华君。

课程组成员:陈先红、于婷婷、张梅兰、周琪。

执笔人:李华君。

略地位进一步提升，成为大国博弈和国际竞争的焦点，品牌传播教学必然要体现出时代性。在内环境方面，注意培养学生的自主意识，引导学生主动参与思政元素与教学内容的智慧生产。

2. 坚持品牌传播课程知识体系的系统性和完整性

思政教育与品牌传播教育的融合，是将思政的重要内容贯穿品牌传播课程之中。保障品牌传播课程知识体系的系统性和完整性，是品牌传播课程实施课程思政的核心教学原则。

3. 保障思政元素的实效性、亲和力和价值性

实施课程思政的根本目标是培养中国特色社会主义事业的合格建设者和可靠接班人。在课程思政的建设中要保障思政元素的实效性、亲和力和价值性，让课程思政的效果落到实处。为此，品牌传播课程更注重案例教学，以具体鲜活的案例揭示其所蕴含的深刻道理。

二、教学重难点

(1) 国家品牌的内涵变迁与传播特征。

(2) 新时期我国应该如何建设国家品牌，塑造国家形象，讲好中国故事。

三、教学方法

案例教学，小组讨论，实践开展。

四、教学学时

4 课时。

五、参考教材

李华君:《数字时代品牌传播概论》，西安交通大学出版社，2020 年。

六、主要内容

国家品牌以国家正向价值建构为本位，以“双向对称”沟通为原则，以多元主体传播为特征，通过“内获认同、形成合力，外获信赖、达成合作”，实现国家话语权与软实力的提升。

1. 第一部分:导入

阐释国家品牌建设的重要意义，让学生了解国际传播战略的布局方针，树立正确的价值导向。通过讲解不同国家的品牌建设案例，引出国家品牌概念，并将其与我国国家形象建设联系起来。

2. 第二部分:智媒时代国家品牌的传播特征

探析数字环境变化对国家品牌传播带来的影响,分析智媒时代国家品牌传播的机遇,构建我国国家品牌的全球化传播策略,培养学生的大局意识与国际视野。

3. 第三部分:国家品牌全球化传播策略

引导学生站在国家战略角度思考我国国家品牌传播的创新路径,让学生切身感受到国家形象建设并不遥远。我们需要为国家发展贡献自己的力量,做有理想、有追求、有担当、有作为、有品质、有修养的大学生。

思政素材

(1) 在讲授全球化背景下的国家品牌的内涵与功能时,讲解塑造负责任、有能力、求和平、谋发展的大国品牌形象与实现伟大复兴的中国梦之间的关系,让学生更确切地感受到国家品牌对于国家发展的重要性。

(2) 在讲授抓住传播契机、提升国际话语权的策略时,介绍庆祝中华人民共和国成立70周年大会等重大仪式在国际传播层面的意义,学习党的十八大以来以习近平同志为核心的党中央关于对外传播工作的讲话精神,让学生了解在新时代提升我国国际话语权的行动抓手。

(3) 在讲授讲好中国故事、创新传播方式的策略时,以共建"一带一路"、构建人类命运共同体、精准扶贫等体现我国特色和时代主题的故事为案例,向学生阐述讲好中国故事的原则和方法。故事中所包含的典型案例和先进事迹具有振奋人心、激发爱国热情的民族精神,有利于鼓舞学生的爱国热情和报国之志。

思政元素

(1) 以实现国家话语权与软实力的提升为引领,重点围绕新时代塑造国家品牌的重要性、特点和策略进行讲解,激发学生的社会责任感和专业热情。

(2) 从传播学、营销学等多个视角解读国家品牌建设,培养学生全面辩证地看待事物的能力,增强学生的专业水平和探索精神。

(3) 从丰富的中国故事传播案例中,学习多样的国际传播策略,激发学生在数字传播时代积极展示国家形象、塑造国家品牌的想象力和创造力。

(4) 凸显国家品牌传播课程思政建设的目标导向,坚持新时期中国特色社会主义国家品牌建设的思想导向，把握“讲好中国故事，传播好中国声音”的价值理念，培养学生的大局意识、家国情怀，共同打造人类命运共同体。

教学安排

一、课程导入

1. 不同国家的品牌建设

美国国务院和白宫设立了“公共关系办公室”和“全球交流办公室”，传播国家品牌相关信息。瑞士联邦议会在2000年就通过了议案，成立“瑞士国家形象委员会”，专门负责在国际上展现一个积极的瑞士形象。韩国政府成立了专门负责建设国家品牌的国家品牌委员会。

提问：国家品牌是什么？我们为什么需要建设国家品牌？

图1展示了学界关于国家品牌的部分观点。根据张昆教授的观点，国家品牌是基于国家物质存在和国家现实行为的无形资产，是国家在与国际社会互动过程中形成的国际社会公众对国家的正面评价、认可或信任。在全球化时代，国家品牌建设成为国家间博弈、话语权争夺的重要战略措施，具有极为重要的现实意义。

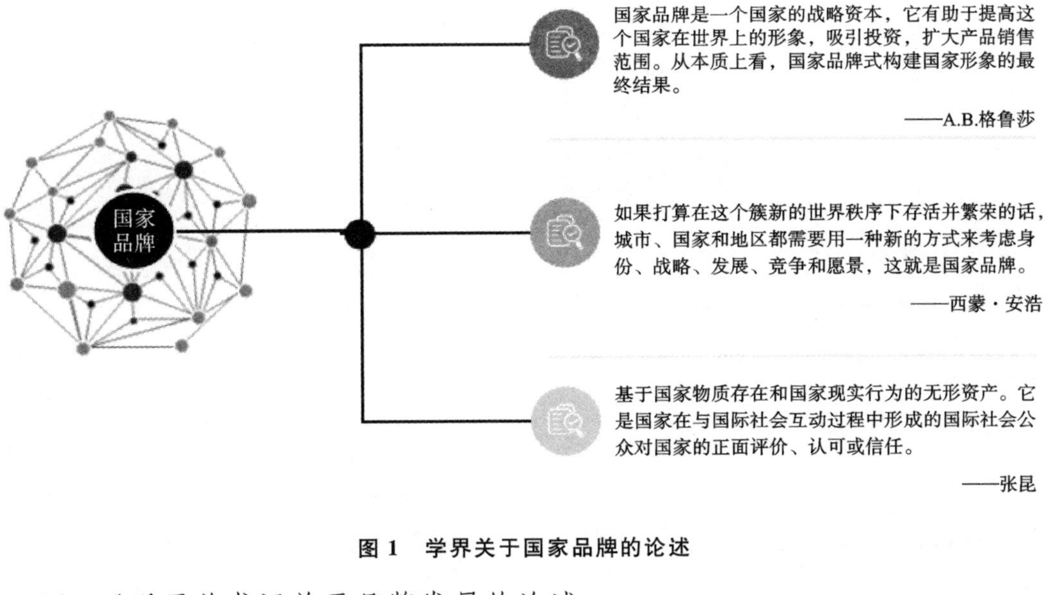

图1　学界关于国家品牌的论述

2. 习近平总书记关于品牌发展的论述

习近平总书记高度重视品牌建设，多次提出殷切期许。2014年5月10日，习近平总书记在河南考察时，首次提出“推动中国制造向中国创造转变、中国速度向中国质量转变、中国产品向中国品牌转变”。随后,习近平总书记多次发表讲话,强调要重视我国的品牌建设。

提问:如何解读习近平总书记关于品牌发展的论述?

品牌建设是构建现代化经济体系、形成新发展格局的内在要求,是实现我国由经济大国向经济强国转变的重要途径,是满足人民日益增长的美好生活需要的根本要求。

进入新发展阶段,构建新发展格局,我们必须发挥品牌经济的引领作用,同时激发企业的创造力,加快创新,提高竞争力,让我国品牌真正走上消费的引领位置,树立自主品牌的消费信心,满足人民群众对美好生活的期待。

二、智媒时代国家品牌的传播特征

1. 数字环境变化对国家品牌传播带来的影响

思政目标:培养学生的大局意识与国际视野。

(1) 流动的数字印象。国家品牌本身是一个博大精深的系统,但是在数字化时代,世界公民心中的国家形象,可能是由各方面的点状印象组合而成的,这些印象随着国家的动作和声音不断变化,时刻刷新着人们对国家的认知。

(2) 全天候、全方位的信息叠加。数据是信息,更是一种有效的工具,可以在国家品牌传播的品牌定位、受众分析、效果测量等领域提供策略支持。中国外文局每年都会发布有关我国国家形象的全球调查,为国家品牌传播策略的制定和调整提供数据支撑。

(3) 个体价值力量的凸显。智媒时代,个体的价值力量被放大。个体可以通过互联网技术将自己的生活体验与国家品牌传播直接联系起来,在个体鲜活的经历中多层次、多角度、多元化地展示国家形象。

2. 国家品牌的全球化传播策略

思政目标:培养学生作为中国青年的时代担当。

《中国国家形象全球调查报告2019》新增推动文明交流互鉴的中国主张、新中国成立70年来我国的国家形象评价等热点话题,对我国政治、外交、经济、文化和科技等领域的国际形象做了立体的调查,全面地呈现出2019年国际社会对我国国家形象的认知。

提问:如何解读上述报告展示的我国国家形象?

以共建“一带一路”倡议为例,在海外,越来越多的人开始了解“一带一路”。在对“一带一路”有所了解的海外受访者中,四成以上的人认为共建“一带一路""有助于国家和地区的基础设施互联互通","有助于沿线国家和地区的投资贸易合作",是"有广阔前景的全球性公共产品"。这也表明,海外受访者最为期待"一带一路"在贸易畅通和设施联通方面发挥更大影响和作用。

这表明国家形象的提升与国家自身的发展密切相关。在世界经济遇到危机时,我国经济给世界经济"托住了底"。在未来可预期的时间内,我国经济将对世界经济有更大的贡献。这有利于我国国家形象的提升。

三、我国国家品牌全球化传播策略

思政目标:引导学生站在国家战略角度思考国家品牌传播的创新路径,让学生切身感受到国家形象建设并非遥远,我们需要为国家发展贡献自己的力量,做有理想、有追求、有担当、有作为、有品质、有修养的大学生。

1. 凝聚传播主体,增大国家声量

(1) 发挥桥梁人群的中介作用。国家品牌传播的对象是人,目的是影响其对国家的认知,而桥梁人群多以民间身份直接与其他国家接触,在进行国家品牌传播的过程中更加真实、灵活,更能够赢得所在国民众的信任,成为国家品牌全球化传播的"意见领袖",如李子柒制作的视频具有浓厚的中国文化和中国意象,在海外社交平台 YouTube 上爆火。

(2) 利用专业的全球传播组织。政府组织是国家品牌对外传播中最重要的组织,政府在参与、处理国际事务的同时传递着国家价值和国家形象。我国政府在全球环境治理以及世界反贫困问题上的卓越表现,展现出我国负责任大国的形象。

(3) 植入社交空间,发挥个体作用。国家品牌传播需要依据不同社交网络的属性特征,有技巧地渗入各种社交媒体圈子,尽量使用顺应圈子的文化理念,沿循他们的思维模式和行为规范,展开精准对话和沟通,如共青团中央与那兔动漫合作开发作品《跟着那兔学党史》,在 B 站上获得了单集 20 万左右的播放量。

2. 抓住传播契机,提升国际话语权

(1) 抓住重大事件的仪式化传播契机。2021 年,我国举办了全国两会、中国航天大会、庆祝中国共产党成立 100 周年大会等重大会议,这些重大事件经由有组织、有意识的仪式化传播,都成了传播国家品牌的重要窗口。

(2) 提升新时代我国的国际话语权。人类命运共同体是关乎人类最长远福祉、最根本利益的联合体,既尊重了各国的差异性,又超越了国家利益冲突、意识形态纷争和地缘文明差异,因而不是以往外交理念的简单重复,其展现的是一种超越民族国家的整体秩序观和共同价值论。我们应努力提升新时代我国的国际话语权，不断推进构建人类命运共同体。

3. 讲好我国故事，创新传播方式

一个好的故事能够引发情感共鸣，提升沟通效率，获得理解、尊重与认同。借助故事这一通用的世界性“语言”，将我国的发展融入构建人类命运共同体的叙事中，如讲好我国众志成城、科学精准的抗疫故事和敢为人先、一心为民的扶贫故事，有利于提升我国在国际上的形象，有利于各国人民形成对我国的正面认知，从而塑造国家品牌。

四、学习评价

设置课堂讨论、课堂检测与课后拓展（表 1），一方面帮助学生巩固所掌握的知识内容，另一方面进一步加深学生对国家品牌传播的理解，培养学生的社会责任感，引领学生为实现中华民族伟大复兴中国梦而奋斗。

表 1　课堂讨论、课堂检测与课后拓展内容

评估步骤	评估目标	评估内容
课堂讨论	教师根据课程内容出讨论题，学生根据题目内容进行开放式讨论	你认为我国哪些符号可以代表我国国家品牌的精神内核？
课堂测验	课堂学习结束后当堂进行测验，题型为选择题，旨在巩固本课学过的知识	1. 以下对国家品牌的理解错误的是（ ） A. 国家品牌是国家在全球公民心目中的整体印象 B. 国家品牌是一种总体的、相对稳定的一般性评价 C. 国家品牌是国家的宝贵财富 D. 只有大国需要建设国家品牌 2. 积极进行国家品牌全球化传播的原因包括（ ） A. 提升国际形象和国际亲和力的需要 B. 主动和有效地回应所谓的“中国威胁论”的需要 C. 获得世界的理解与认同，坚持和平崛起发展战略的需要 D. 增强国家文化软实力的需要
课后拓展	教师结合线上教学与线下教学的情况，引导学生将所学习的品牌传播知识转化为个人创新实践能力	请结合 MOOC 课程和线下教学资源，对相关内容进行延伸思考

特色和创新点

（1）具有较强的时代感和历史意义。将培育和提升我国国家品牌形象与时代呼唤深度结合，不仅让学生了解在全球化时代建设国家品牌具有重要的现实意义，还进一步探究了国家品牌全球化的传播策略，全面培养了学生在数字时代品牌传播中应具有的知识素养、认知水平和高阶技能。

（2）课程内容紧跟行业发展前沿，理论与实践密切结合。通过详细地介绍国家品牌理论、独到的观念和精彩的案例，开拓学生在数字时代建设国家品牌的新视野，提升课程的趣味性，将学生引入真实情景中去分析问题，培养学生的反思能力和应用能力。

（3）注重价值观和知识素养的培养。充分挖掘蕴含于课程中的显性及隐性思政资源，培养学生的家国情怀，提升学生传播我国国家形象的主动性。在线上互动环节，结合新冠肺炎疫情期间我国品牌形象传播等问题，让学生认识到宣传国家形象也是国家综合实力的重要表现，以此增强学生对教学内容的价值认同。

效果体现

（1）通过“线下课程教学＋线上课程视频＋专题讲座＋微信公众号＋在线答疑＋研究项目”的系统教学，增进了学生的学习体验。从学生课堂讨论、课后测试、实践任务的情况来看，学生能积极参与课堂案例的分析，参与话题讨论，有自己独立的思考和见解，能理解当下的国家品牌建设的内在逻辑与发展趋势，同时增强了参与国家品牌建设的社会责任感，掌握了相关知识技能。

（2）通过微信公众号、品牌专题讲座等方式增强了课程黏度，激发了学生的学习热情。学生将学习到的品牌策划技能和创新能力积极融入学科竞赛中，先后在全国大学生广告艺术大赛、湖北省“挑战杯”大学生课外学术科技作品竞赛中获得奖项，达到了引导学生进行探究式与个性化学习的目的。

人文学院“中国语文——古代文学经典与中华文化精神”课程思政案例

章节名称

第1章“盖文章，经国之大业，不朽之盛事”第1节：“文章”的价值和意义

课程目标

一、知识目标

(1) 解说不同语境下文章一词的具体用法和意义，使学生了解基于中国语言、文字、文学、文化的“文章”的多义性。

(2) 介绍曹丕《典论·论文》的写作背景，分析曹丕《典论·论文》中“盖文章，经国之大业，不朽之盛事”的意义指向，使学生理解“文章”的价值和学习中国语文课程的重要性。

(3) 解读《史记·屈原贾生列传》，使学生对经邦纬国、治国理政的主要方面有所了解，进而将“文章”与“治国理政”联系起来，进一步理解曹丕《典论·论文》中所说的“盖文章，经国之大业，不朽之盛事”的丰富政治文化内涵。

二、能力目标

(1) 通过课堂教学，使学生能够自主阅读《典论·论文》《史记·屈原贾生列传》这两篇经典古文，理解相应的历史文化背景。

(2) 通过课堂教学，使学生能够深入理解和分析上述两篇文章所蕴含的思想文化、政治文化内涵。

课程负责人：路成文。

课程组成员：李军均、巢彦婷、尧育飞。

执笔人：路成文。

(3) 通过课堂教学,使学生熟悉并掌握中国古代经典中一些关于文章或诗歌重要功能的经典论述。

三、价值目标

(1) 使大学生感受意蕴深厚的中华文化精神。

(2) 使大学生体悟大学学习的重要性,树立为国为民努力学习的理想信念。

(3) 引导学生结合各自专业,全面而不是狭隘地理解文章的价值和意义,体会习近平总书记“把文章写在祖国大地上”的重要意义。

教学内容

(1) 讲解中国语言文学文化的主要特点及其主要载体“文章”,在此基础上,进一步讲解文章一词的多义性,以及学习和写作文章的价值意义。

(2) 介绍曹丕的生平事迹、所处时代的文化背景,讲述《典论·论文》的写作背景和丰富意义。

(3) 介绍屈原的生平事迹及其被流放前的主要政治业绩。

(4) 介绍并讲析中国古代各种文体的形成与现实政治之间的内在关联。

(5) 探讨新时代大学生学习古代文学经典和中华文化精神的必要性和重大意义。

思政素材

(1) 曹丕为什么说文章是“经国之大业,不朽之盛事”? 曹丕有感于“建安七子”的早逝,对于“建安七子”所写的文章进行了评介。这些文章并非我们所理解的一般意义上的文学作品,而是在现实政治、军事、经济活动中发挥着实际的治国安邦、治军教民、号令天下的功能。

(2) 屈原早年“为楚怀王左徒。博闻强记,明于治乱,娴于辞令。入则与王图议国事,以出号令。出则接遇宾客,应对诸侯”,用他所擅长的“言语”“文章”辅佐楚怀王处理楚国的内政外交。

(3)《文心雕龙》“文体论”部分所列述的几十种文体(如颂、赞、祝、盟、铭、箴、诔、碑、哀、吊、论、说、檄、移、封禅、章、表、奏、启、议、对、书、记等)中,绝大多数都是基于古代社会治理体系(包括内政、外交、军事等社会生活的方方面面)之要求而形成的,并且承担着特定的政治、社会功能。

(4)《论语》中有大量语句谈及“诗”的政治、社会、教化功能,如“不学诗,无以言”(《论语·季氏篇》),又如“诵《诗》三百,授之以政,不达。使于四方,不能专对。虽多,亦奚以为?”(《论语·子路篇》)。这里的“授之以政”“使于四方”,也就是前面所说的一国之“内政”“外交”。文章还是人们抒发情感、处理人际关系、观察和了解社会、实现社会各阶层沟通的重要载体,如“小子何莫学夫诗?诗可以兴,可以观,可以群,可以怨。迩之事父,远之事君。多识于鸟兽草木之名”(《论语·阳货》)。

思政元素

(1) 文章须切于世用。治国理政、安邦定国,须臾不能离开文章。诗歌或文章发挥政治、社会、教化功能作为一种优良、悠久的传统,古今一理,古今相通。

(2) 屈原的爱国精神(具体体现为对于楚国、楚王的特殊情感)在其被疏远和流放之前,体现为竭尽所能辅佐楚王处理楚国的内政外交,在被疏远、流放后,体现为至死不忍离开楚国。

(3) 从广义角度来理解,一切有益于国家富强、社会发展、人类进步的言与行,包括不同专业、不同领域的科研工作者所撰写的论文,都属于文章。大家都应践行习近平总书记所强调的“从国情出发,从中国实践中来、到中国实践中去,把论文写在祖国大地上”。

教学安排

一、课程导入(作为华中科技大学文化素质教育核心课程的“中国语文”,其重要载体和具体呈现形态是“文章”,10 分钟)

1. “(中国)语文”所涵括的对象

狭义的语文,专指语言文字和文学。相应地,中国语文专指中国的语言文字和文学。

广义的(中国)语文,概指一切以(中国)语言文字为载体的文章、著作、书籍乃至人类(中华)文明本身。

界于广狭二义之间的“(中国)语文”,则是以(中国)语言文字为载体,承载人类(中华民族)崇高、优秀精神文化内涵的文章、著作或活动本身,主要涉及文、史、哲、教、经、管、法等人文社科领域。

2. 文章——中国语文的基本形态

作为课程的"中国语文"，其核心对象是中国的语言文字和中国的文学文化。

中华文化、中国语言文学和人类文明一样，源远流长，博大精深，精彩纷呈。学习"中国语文"课程，对于了解中国悠久的历史文化、体悟深厚的思想文化、感受丰富的当代文化、放眼广袤的世界文化、传承和推广中华优秀传统文化、实现中华民族伟大复兴，具有重要而深远的意义。语言文字与文学相互为用，其最基本的形态即为文章。

3. 文章的多义性

文章，一般指篇幅不长而独立成篇的文字，但也指文辞或各种文体的著作，如"铁肩担道义，妙手著文章"。有时引申为曲折隐蔽的含义，如"话里有文章"。或代指礼乐法度，如《诗·大雅·荡》序："厉王无道，天下荡荡，无纲纪文章"。

此外，在不同语境下，对于文章还有很多不同的解释。比如《红楼梦》中有言"世事洞明皆学问，人情练达即文章"，此处的文章即指立身处世的策略、智慧等。

二、文章的价值和意义(30分钟)

1. 曹丕《典论·论文》所作的经典概括："盖文章，经国之大业，不朽之盛世。"

> 盖文章，经国之大业，不朽之盛事。年寿有时而尽，荣乐止乎其身，二者必至之常期，未若文章之无穷。是以古之作者，寄身于翰墨，见意于诗篇，不假良史之辞，不托飞驰之势，而声名自传于后。(《典论·论文》)

(1) 教学方法。指导学生阅读《典论·论文》这篇文章，请学生思考曹丕为什么称文章是"经国之大业，不朽之盛世"。

(2) 具体分析和阐释。曹丕撰写《典论·论文》的本意是强调每个人因个性、气质、才能不同，在写文章方面各有所长，也各有所短。他思考这一问题的起因，则是因当时追随三曹父子的一批文士因战乱瘟疫等纷纷辞世。(曹丕《与吴质书》云："昔年疾疫，亲故多离其灾，徐、陈、应、刘，一时俱逝。")曹丕在感叹时光易逝、人事无常的同时，却发现虽然"徐、陈、应、刘，一时俱逝"，但他们的文章却广传众口，比他们的自然生命具有更长久的生命力。

（3）曹丕写这篇文章的侧重点以及留给后人的解释空间。曹丕主要从“不朽”的角度立论，但却附带论及文章的功能和作用，即文章是经国之大业。

2. 何为“经国之大业”？文章何以是“经国之大业”？

（1）《左传·成公十三年》：“国之大事，在祀与戎。”概而言之，国之大事即内政、外交。次而言之，即政治、经济、社会、文化等一切社会生活。

（2）屈原的时代：图议国事，以出号令；列国交聘，应对诸侯。

引导学生阅读《史记·屈原贾生列传》中对于屈原政治才能和政治活动的叙述：

> “屈原者，名平，楚之同姓也。为楚怀王左徒。博闻强记，明于治乱，娴于辞令。入则与王图议国事，以出号令。出则接遇宾客，应对诸侯。王甚任之。”（《史记·屈原贾生列传》）

所谓“入则与王图议国事，以出号令。出则接遇宾客，应对诸侯”，用今天的话来说，就是处理内政和外交。屈原在我们的心目中，是一位伟大的爱国主义诗人。但在他被楚怀王摒斥之前，他在朝廷中的行政身份为“左徒”，是楚怀王十分信任的臂膀。他的行政职责，是协助处理楚国的内政外交。其处理内政外交的形式或途径，即所谓“图议国事，以出号令”“接遇宾客，应对诸侯”。

“图议国事”即与楚王谋划和商议国家政事，“以出号令”即分析策划和商议之后，以一定形式在一定范围内向一定人群发布政令。“接遇宾客”即以外交身份接待各国来访使节，“应对诸侯”即通过外交途径，与各诸侯国进行往来。

这些活动，在“图议”“接遇”的环节，更多地体现为言语和活动，当然是基于一定礼仪规范的言语和活动。这些言语和行动很多时候体现为语言文字形态，即以一定格式和体例的文章，在社会生活（内政、外交）中发挥实际的政治（或行政）作用。

基于上述现实需要，各种文体、文章、文学便产生了。

（3）《文心雕龙》“文体论”部分所列述的几十种文体中，绝大多数都是基于古代社会治理体系（包括内政、外交、军事等社会生活的方方面面）之要求而形成的，并且承担着特定的政治、社会功能，比如颂、赞、祝、盟、铭、箴、诔、碑、哀、吊、论、说、檄、移、封禅、章、表、奏、启、议、对、书、记等。即使是诗、乐府、赋等被后世视为比较正统的纯文学的文体，其形成也有着深刻的社会政治生活背景、要求或规范。

（4）语言文字与文学的政治、社会功能，还有许多具体形态，前人对此也有很多经典的论述。比如孔子尝云：“不学诗，无以言。”（《论语·季氏篇》）又云：“诵《诗》三百，授之以政，不达。使于四方，不能专对。虽多，亦奚以为？”（《论语·子路篇》）这里的“授之以政”“使于四方”，也就是前面所说的一国之内政、外交。在孔子的时代，作为四民（士、农、工、商）之首的“士”学习《诗》之后应该训练、培养出上述基本能力。其具体实践方式，则主要体现为言语活动、文章、号令等。比如在我国早期文献中有“左史记言，右史记事”的说法。我国古代有着极为深厚的史官文化传统，史官文化强调历史经验教训的鉴诫作用，因此对包括最高统治者在内的人和事进行真实记录和客观评价，以期垂范后世，或警示后人。

（5）文章还是人们抒发情感、处理人际关系、观察和了解社会、实现社会各阶层沟通的重要载体，比如《论语·阳货》：“子曰：‘小子何莫学夫诗？诗可以兴，可以观，可以群，可以怨。迩之事父，远之事君。多识于鸟兽草木之名。’”又如白居易《与元九书》：“自登朝来，年岁渐长，阅事渐多，每与人言，多询时务，每读书史，多求理道，始知文章合为时而著，歌诗合为事而作。”《伤唐衢》其二：“但伤民病痛，不识时忌讳。”《寄唐生》：“唯歌生民病，愿得天子知。”

3. 文章何以为“不朽之盛事”？

（1）古人所谓“三不朽”：“太上有立德，其次有立功，其次有立言，虽久不废，此之谓不朽。”（《左传·襄公二十四年》）

（2）曹丕本义：文章与经国之大业相提并论，认为文章与经国之大业一样，可以“不朽”。文章可以超越自然生命，在世代流传中实现“不朽”。

三、思考与讨论（5分钟）

请学生结合自己的专业，从最广义的层面思考文章的价值和意义。

特色和创新点

（1）从全新的角度诠释曹丕《典论·论文》对于文章价值和意义所作出的经典概括，突出强调文章应切于世用，是治国理政、安邦定国、处理内政外交须臾不可离的东西。

（2）将古今关于文章施用于政事的经典论述串联起来，使学生在学习、诵读这些经典论述的同时,培养为国家为人类作贡献的责任感和使命感。

(3) 借助文章释义的多义性和丰富性,引导学生树立广义的文章观念,进而认同一切有益于国家富强、社会发展、人类进步的言与行,号召大家践行习近平总书记所强调的“从国情出发,从中国实践中来、到中国实践中去,把论文写在祖国大地上”。

效果体现

(1) 通过课堂学习,学生明显提高了学习“中国语文”这门课程的兴趣。

(2) 通过课堂学习,学生对于语言、文学、文化、文章等概念和意义有了较新的清晰认识,特别是对作为经国之大业的文章有了深刻体认。

(3) 通过课堂学习,学生对于自己所学的专业也有了新的认识,对于为何要学好以及如何学好自己的专业,乃至如何对待自己的人生、事业等,都有了进一步思考。

有学生在上完本课程后写道:“路老师您好!我是F101教室的一名学生,方才听完您在本学年的最后一节课,感慨良多,觉得很有必要写点什么话给您。在您的十数节语文课中,我最爱李清照和李白,听着他们的故事,就能梦见那个时代,去幻想他们的模样,被他们的人格魅力所深深折服。其次爱的是第一节课,关于文章何为‘经国之大业,不朽之盛事’,它让我拥有一个崭新的、关于本源的思索(虽然这节课上完,我的最爱恐怕要变成国色天香了,这节课对牡丹的解读实在触人心弦,环环相扣,细细数来,十分震撼)。有时听到您的某句话、某个观点,突然会一下子激动起来,感触起来,突然发觉,噢,原来可以这样去理解!原来那是这样的道理!原来语文是这个样子!原来它该这么学!就在那许多个微小的瞬间,我万分动容,我惊叹不已,我恍然大悟,我醍醐灌顶。关于诗词,关于文人,关于历史,关于家国情怀,关于这片土地,一节节课上过,每一节课都让人收获许多,感悟许多。”

公共管理学院“行政法学”课程思政案例

章节名称

第10章“行政程序法”第2节：行政程序的主要制度——听证制度。

课程目标

一、知识目标

(1) 掌握听证制度的定义与来源。

(2) 掌握听证制度的意义。

(3) 掌握听证制度在我国的发展历程(包括听证会的典型案例)。

(4) 掌握听证制度的五大基本内容

(5) 掌握听证程序中的四方当事人。

二、能力目标

(1) 培养学生运用知识的能力，即能够运用以上知识，分析具体案例中听证制度的实施及其存在的问题。

(2) 培养学生的组织、协调、语言表达的综合能力，使学生能够组织一场程序规范的听证会。

(3) 培养学生的批判性思维能力，反思听证制度的局限性，提出在中国特色社会主义制度框架下改进听证制度的建议。

三、价值目标

(1) 以习近平法治思想为引领，使学生牢牢树立中国特色社会主义法治

课程负责人：陈鹤。

课程组成员：刘彩虹、覃梅、柳婷。

执笔人：陈鹤。

观念,理解和体会“法治的核心是程序正义”的精神,立志为中国特色社会主义法治建设作出贡献。

(2) 使学生通过参与模拟立法,对法律产生敬畏之情,对自我管理的“自律”与法律规制的“他律”产生均衡的接纳情感。

(3) 改变学生在课堂上过度或不当使用手机的现状,促使学生认识到该行为的危害性,并实现自主管理。

教学内容

(1) 简要介绍听证制度的定义与来源,说明听证制度的意义。

(2) 简要介绍听证制度在我国的发展历程(包括听证会的典型案例),提供相关案例的搜索路径,供学生课下自学。

(3) 重点讲解听证制度的五大基本内容,即告知和通知制度、公开听证制度、委托代理制度、对抗辩论制度、笔录制度。(教学重点)

(4) 简要介绍听证程序中的四方当事人及其在听证会上的发言规则,为后续的模拟听证会打好知识基础。

(5) 组织学生讨论:听证制度存在的主要问题与缺陷;完善听证制度的必要前提;建设听证制度的方向。(教学难点)

(6) 组织学生召开模拟立法听证会,从实际操作层面掌握听证会流程。(教学重点及难点)

思政素材

一、党的文件和重要出版物

由中宣部、中央依法治国办组织编写的《习近平法治思想学习纲要》是本课最重要的思政素材。我国正在全面推进科学立法、严格执法、公正司法、全民守法,建设社会主义法治国家。本课程的教学重点和难点,就是模拟立法听证会,这是对科学立法的具体实践。

二、学生调研材料

学生课下分组调研、讨论和起草《公共管理学院课堂手机使用管理办法》的过程,就是学生自我教育、自我管理的过程,是课程思政的现实素材。学生通过调研，广泛收集来自任课教师、教学管理者、家长、学生等各方对于课堂手机使用的态度和意见，加深了对于课堂手机管理必要性的认识。

三、历史史料

在介绍听证制度的来源时，一方面说明这是来自西方的舶来品，另一方面简要介绍中国古代“兼听则明、偏听则暗”的法律思想。我们党和政府历来重视调查研究，坚持实事求是，继承了这一法律思想。习近平总书记要求我们挖掘传承中华优秀传统法律文化精华，赋予中华法治文明新的时代内涵，使中华法治文明焕发出新的生命力。听证制度在中国的入法与实施，正是赋予中华法治文明新的时代内涵的表现。

思政元素

一、深入领会习近平法治思想

学生在调研和起草《公共管理学院课堂手机使用管理办法》的过程中，要将习近平法治思想中“不断提高运用法治思维和法治方式深化改革、推动发展、化解矛盾、维护稳定、应对风险的能力”的要求充分体现出来，使其入脑入心，并将之化作行为规范，落实为具体行动。

二、培养集体主义观念

集体主义不是简单的口号，而是必须在集体利益与个人利益的现实冲突中得到体现。在课堂上使用手机究竟是个人权利还是集体权利？两者发生冲突时如何平衡？在模拟立法听证会上的这些质问，以“润物细无声”的方式，达到了培养学生集体主义观念的目标。

三、加强纪律观念

当今大学生普遍自主性强，偏好自我管理，反感外在的纪律约束。然而，电子设备的诱惑、数据算法的陷阱，使他们很容易陷入手机上瘾状态而不自知（或自知而不自拔）。学生分成两组分别进行小组调研、草拟法案、立法听证，深刻认识到制定管理措施的必要性。两个小组的立法草案在听证现场都须接受质询，形成一定的竞争关系，提高了管理措施的可行性。

教学安排

第一节课

一、课程导入(5 分钟)

(1) 案例引入:乔占祥诉铁道部票价上浮案(《行政法与行政诉讼法精编案例教程》(第二版)案例 127,华中科技大学出版社 2020 年版,第 331 页)。

(2) 注意事项:课前发放案例文本,要求学生课下阅读。

(3) 教学形式:教师讲授。

(4) 思政融入点:乔占祥案推动了听证制度入法(进入《中华人民共和国价格法》),体现了中国特色社会主义法治的进步。

二、知识点讲解(15 分钟)

(1) 讲解 4 个方面的专业知识:听证制度的定义、来源及意义,听证制度在我国的发展历程(包括听证会的典型案例),听证制度的五大基本内容,听证程序中的四方当事人。

(2) 注意事项:配合 PPT 讲解;提供典型案例查阅途径;在黑板上画出听证会会场布置及流程图(图 1)。

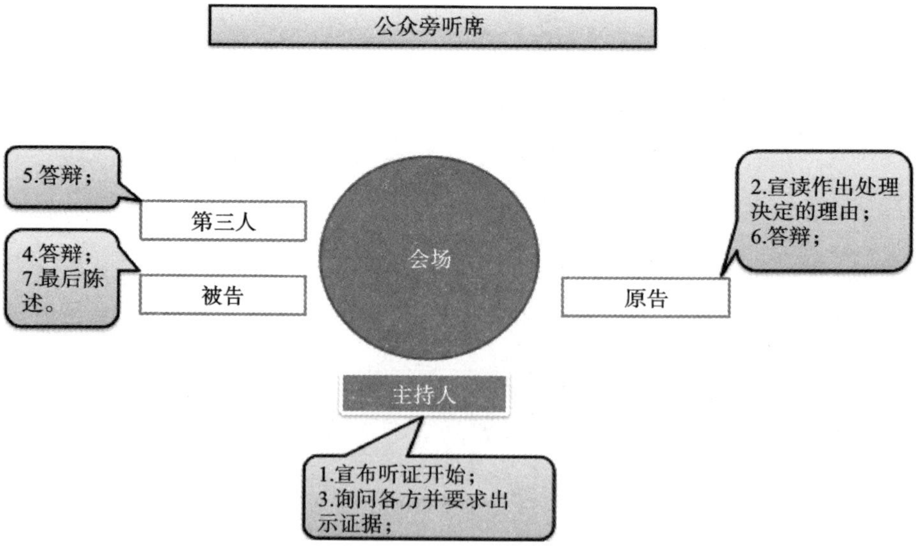

图 1　听证会会场布置及流程图

(3) 教学形式:教师讲授。

(4) 思政融入点:在介绍听证制度的来源时,一方面说明这是来自西方的舶来品，另一方面简要介绍中国古代"兼听则明、偏听则暗"的法律思想。我们党和政府历来重视调查研究、坚持实事求是，继承了这一法律思想。

三、课堂讨论(20分钟)

(1) 讨论：听证制度存在的主要问题与缺陷；完善听证制度的必要前提；建设听证制度的方向。

(2) 注意事项：注重讨论的广泛性和深度；记录学生参与讨论的情况，作为课程考核的依据。

(3) 教学形式：教师主导，学生参与，助教记录。

(4) 思政融入点：通过讨论，培养学生的思辨能力和公民意识。

四、课堂小结(5分钟)

(1) 对本节课的知识点进行小结，并对讨论情况进行简要总结。

(2) 注意事项：知识点小结须扼要，对讨论情况的总结须精炼到位。

(3) 教学方式：教师讲授。

(4) 思政融入点：在对讨论进行总结时，向学生指明，习近平法治思想所强调的"全面推进科学立法、严格执法、公正司法、全民守法，建设社会主义法治国家"对听证制度的发展完善具有高屋建瓴的指导意义。

第二节课

一、课程导入(5分钟)

(1) 说明模拟立法听证会的要求，宣布听证会开始。

(2) 注意事项：提前一周要求学生课下分组调研，分别起草《公共管理学院课堂手机使用管理办法》。

(3) 教学形式：教师讲授。

(4) 思政融入点：在会议开始前首先宣布会议规则，培养学生的规则意识和公民意识。

二、模拟立法听证会第一场(15分钟)

(1) 第1小组进行模拟立法听证会，分为四个步骤：首先，介绍立法调研情况；其次，介绍立法草案的主要内容；再次，听取各方面听证代表的质询；最后，立法小组回应质询。

(2) 注意事项：可以邀请其他人员(教师、教学管理人员、家长代表等)参加，也可以让学生进行角色扮演。

(3) 教学方式:第1小组组员主导,教师及其他学生参与。

(4) 思政融入点:通过事前的立法调研,以及模拟立法听证会上的质询,以"润物细无声"的方式,培养学生的集体主义观念和纪律观念。

三、模拟立法听证会第二场(15分钟)

(1) 第2小组进行模拟立法听证会,分为四个步骤:首先,介绍立法调研情况;其次,介绍立法草案的主要内容;再次,听取各方面听证代表的质询;最后,立法小组回应质询。

(2) 注意事项:可以邀请其他人员(教师、教学管理人员、家长代表等)参加,也可以让学生进行角色扮演。

(3) 教学形式:第2小组组员主导,教师及其他学生参与。

(4) 思政融入点:通过事前的立法调研,以及模拟立法听证会上的质询,以"润物细无声"的方式,培养学生的集体主义观念和纪律观念。

四、课堂小结(10分钟)

(1) 教师对两个小组的模拟立法听证会情况进行点评,并布置课后作业。

(2) 注意事项:记录两个小组表现的优劣,作为课程考核的依据;要求各个小组课后对模拟立法的文本进行修改完善,对立法听证会的成败进行反思。

(3) 教学形式:教师讲授。

(4) 思政融入点:教师点评环节,强调中国特色社会主义法治在立法领域体现为"科学立法、民主立法、依法立法",并取得了伟大成就。党的十九大报告提出:"推进科学立法、民主立法、依法立法,以良法促进发展、保障善治。"这是立法认识论的一次巨大跃迁,也是对立法理论一次非常重要的丰富和发展。

特色和创新点

一、注重学情分析,有针对性地开展课程思政

本课程面向的学生为公共管理学院行政管理、公共事业管理两个专业的二年级本科生。学生学习主动性普遍较强,基础知识扎实。"行政法学"课程是这两个专业的学科基础课,受到学生的重视。相当部分学生准备毕业后从事行政执法或者行政法治研究工作,少部分学生正在辅修法学院的双学位并希望从事律师工作。因此,本课程对于学生的知识和能力培养以及今后的职业发展都有很重要的作用。

同时,学生中存在自我约束力不足、上课爱玩手机的情况,一定程度上影响了课堂教学效果。对于是否该禁止在课堂上使用手机,学生分歧较大。学生都是00后青年,属于"互联网原住民",对电子产品和网络的依赖性很强。此外,他们自主意识强,普遍不愿意接受外界强加的约束,倾向于自我管理。本课程在充分分析这一学情的情况下,有针对性地开展课程思政。

二、充分挖掘思政元素,用好思政素材

"行政法学"课程本身的意识形态功能就很强,思政素材丰富。在教学中,为了避免堆砌和罗列思政素材,避免思政素材和专业知识"两张皮",我们在教学设计中对思政素材进行了精心选择,坚持以习近平法治思想为统领,将思政素材有机融入专业知识教学中。

在教学过程中,每一个阶段都安排了具体的思政元素,但又不显得生硬和突兀,达到了"润物细无声"的课程思政教学效果。

三、综合运用多种教学方法

(1) 案例教学法。通过典型案例引出知识点,极大地吸引了学生的兴趣。

(2) 研讨式教学法。在课堂上组织学生对听证制度的利弊展开辩论和研讨。

(3) 翻转课堂教学法。要求学生课下分组调研和起草《公共管理学院课堂手机使用管理办法》,在课上进行模拟听证。运用这种教学方法,目的是将主要的学习、研究工作放在课下进行,课堂上只供展示学习成果以及讨论争议性问题,以此提高课堂学习效率。

(4) 实践模拟教学法。要求学生分组开展模拟立法听证会,就其起草的《公共管理学院课堂手机使用管理办法》接受公众质询。通过模拟教学,学生学会了组织一场程序规范的听证会,其组织、协调、语言表达等能力得以提升。

四、加强课堂质量监控

详细纪录学生的课堂表现,将其作为课程过程性考核的主要依据。

效果体现

本课程教学效果优异,在年度教学评价中连续数年获得94分以上(满分95分)的高分,位居学院前列。学生从课堂上学到了知识,增强了组织听证会的实践能力,感觉到课程充实而有趣。

本课程的思政目标圆满达成,主要表现在以下方面。

首先,学生加深了对中国特色社会主义法治理论的认识,并通过亲自参与模拟立法,加深了对法律的感性认识。

其次,社会主义立法过程,就是一个汇聚众智、维护人民群众根本利益的过程。在课堂内外,学生在没有管理者(教师或辅导员)强制的前提下,自愿接受了一场生动的集体主义教育。

再次,学生运用模拟听证会形式,分组开展立法模拟听证。立法的内容是与学生息息相关的课堂手机管理问题,因此能够极大地调动学生的积极性,同时起到规范学生课堂行为的效果。听证会之后,班级学风有明显好转,学生对于手机使用的认知和习惯发生了改变。

最后,听证会为学院加强课堂手机使用管理提供了路径。学生小组经过立法听证会后,修改完善了《公共管理学院课堂手机使用管理办法》,为学校和学院的管理层开展工作提供了相关参考。

管理学院“项目管理”课程思政案例

章节名称

第5章“项目时间管理”第4节：项目进度和成本的均衡。

课程目标

一、知识目标

了解项目进度压缩的原因并掌握进度压缩的两种方法（赶工和快速跟进），熟悉每种方法的实施条件和优缺点。

二、能力目标

具有系统思维能力，在实际项目操作过程中能根据实际情况灵活选择和实施进度压缩方法，培养完备的工程实践能力，同时在项目进度压缩过程中培养动态计划和资源协调能力。

三、价值目标

理解项目进度压缩是需要付出成本和代价的。通过火神山医院建设实践展现的“中国速度”体会我国社会主义制度的优越性，增强“四个自信”，传承抗疫精神。

教学内容

一、主要教学内容

（1）项目进度压缩的原因。

课程负责人：赵学锋、鲁耀斌。

课题组成员：赵玲、邓朝华。

执笔人：赵学锋、赵玲。

(2) 项目进度压缩的方法(赶工和快速跟进)及其优缺点。

(3) 项目进度压缩的实施条件,比如周密的项目计划、各种资源的协调和筹备等。

二、教学内容的重点与难点

本节教学内容的重点是项目进度压缩的原因和两种项目进度压缩方法的原理及实际应用。教学内容的难点是运用系统思维,灵活选择和实施进度压缩方法,在项目进度与成本之间达到平衡。

思政素材

一、火神山医院基本情况及设计、施工时间线

武汉在新冠肺炎疫情暴发初期,为了阻击疫情蔓延,按照2003年抗击"非典"时期北京"小汤山医院"的建设模式,在武汉市职工疗养院内建设一座应急传染病医院——火神山医院,集中收治新冠肺炎患者。火神山医院的建设从立项选址到交付竣工,总共只用了10天,表现出了令人叹服的中国速度,它不仅是中国现代工程建设的奇迹,也是一个经典的项目管理案例。其中,火神山医院图纸的设计时间是以分秒来计算的,8小时出场地平整设计图,60小时交付施工图。火神山医院的施工时间线如图1所示,施工现场每天的变化如图2所示。

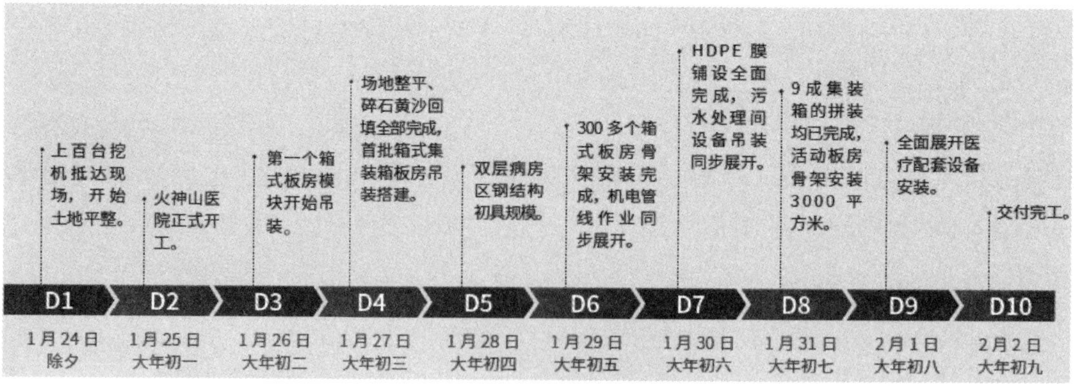

图1 火神山医院的施工时间线

火神山医院建成后,开放床位共计1000张,收治了当时武汉市大约六分之一的重症和危重症患者,缓解了其他定点医院的压力,使更多的患者得到了更好的救治。对于全国人民来讲,建设火神山医院是一场与时间的赛跑、一场

图 2　火神山医院施工现场变化图

与死神的战斗、一场挽救生命的战斗，越早建成，就能抢救越多的生命，真正践行了生命至上的诺言。

常规建设一座传染病医院通常需要 2 年时间，而火神山医院将项目进度压缩到极致，仅仅在 10 天之内就建设完成了，这是中国速度，也是世界奇迹！这个奇迹到底是如何实现的？用了什么样的方法和手段？课程通过上述实例引出项目进度压缩的知识点。

二、火神山、雷神山医院建设中模块化建造技术的应用

火神山、雷神山医院建设主要采用了以下模块化技术(图 3)：

(1) 病房单元模块化。病房单元使用标准的集装箱，解决了尺寸不统一的问题，解决了场外预制的问题，通过场外预拼、单元运输、现场组拼实现快速建造。

(2) 建筑基础模块化。火神山医院采用“筏板基础＋方钢”的模块化基础，

雷神山医院采用"条形基础+H型钢"的模块化基础。在建设雷神山医院时,需要在12天内同步建成雷神山医护人员的生活区。当时考虑到工程基础下面有很多水暖电工件需要预埋,时间可能来不及。这时有一个年轻的工程技术人员指出武汉有很多贝雷架,可以用贝雷架把基础做好之后,上面接着搭建板房,下面同时装下水、配电等。这样就把作业面变成了两层,施工速度快速提升了。

(3) 机电工程模块化。即每一个房间、每一个机柜、每一个支架都实行模块化。

(4) 雨污处理模块化。即使用模块化的污水处理设备和雨水调节池。

(5) 装饰装修模块化。如采用集成卫浴等。

(6) 医疗功能模块化。医用气体系统、负压洁净室等功能设施采用模块化拼装。

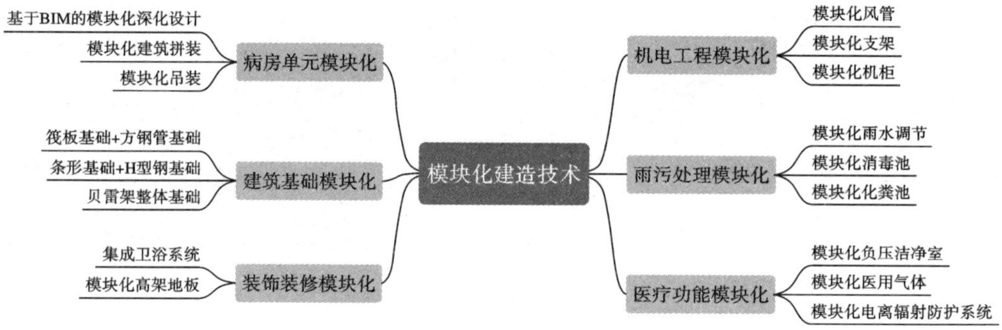

图3 模块化建造技术示例

使用模块化技术并行作业,可以保证各项工序并行开展,加快项目进度。

思政元素

(1) 项目进度与成本之间并不是线性的关系,当进度缩短到极致时,成本会呈指数型增加(给学生展示成本与进度之间的关系图)。以习近平同志为核心的党中央一贯秉承"生命至上""以人民为中心"的执政理念,不惜一切代价挽救人民的生命,在进度和成本的权衡中选择了进度。同时对比西方国家在防治疫情中的种种表现,学生自然增强了制度自信和道路自信。

(2) 项目进度压缩需要短时间内投入大量的资源。依靠党中央的运筹帷幄和我们国家强大齐全的工业体系,各种物资和机电设备都在短时间内快速生产出来并加急运输、及时交付,这是新中国成立以来所积累的坚实国力的体现,是我国从容应对惊涛骇浪的深厚底气。火神山医院建设过程中对资源的统筹规划,是引导学生弘扬爱国情怀、增强学生的民族自豪感的绝佳素材。

(3) 采用快速跟进方法压缩项目工期,需要在多种不同的工序中穿插作业,这需要项目管理组织具有优秀的计划力、执行力以及资源组织和协调能力。火神山医院的建设奇迹离不开党中央的正确领导,离不开当地政府和国务院国资委的统筹协调,离不开数十家中央企业的协同作战。这体现了中国共产党具有无比坚强的领导力,是风雨来袭时中国人民最可靠的主心骨。中国人民所具有的不屈不挠的意志力,是战胜前进道路上一切艰难险阻的力量源泉。

教学安排

一、课前预习

学生课前观看线上教学平台上的视频资料《火神山医院》《超级医院》等,了解医院建设的背景、项目实施过程及最后的结果。

二、课堂教学

1. 项目进度压缩的目的(5 分钟)

如果在项目时间管理过程中,发现制订的项目进度不能满足主要干系人的需求,就需要对项目进度进行压缩。

知识点 1:引入思政素材(一),介绍火神山医院的基本情况、施工时间线等。

提问:建设火神山医院的目的和背景是什么?火神山医院的建设进度为什么需要压缩?请学生在讨论 5 分钟后发言,教师在黑板上写出学生的观点。

2. 项目进度压缩方法(20 分钟)

知识点 2:赶工。

提问:根据你生活中参与或从事的项目经历,你知道进度压缩可以采用哪些方法吗?

对学生发散的回答进行点评,说明可以将其归到哪一类进度压缩方法上去。在讨论的基础上,介绍项目进度压缩的第一种方法:赶工。展示赶工示意图(图 4),解释赶工的含义和做法。

提问:在图 4 中如果压缩活动 C 的进度对项目的进度有影响吗?

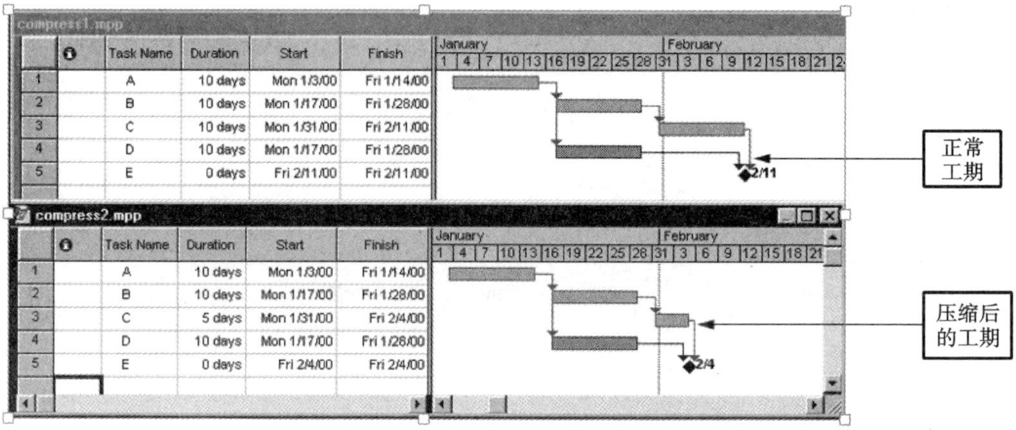

图4　赶工示意图

请学生思考1分钟后发言,说明自己的答案及理由。教师在黑板上写出学生观点。通过提问,强化学生对制订进度计划网络图中关键路径的理解。

为了压缩项目进度,如果采用赶工的方法,必须缩短关键活动的工期,缩短非关键活动的工期对项目的整个进度没有影响。

知识点3:赶工成本与进度之间的关系。

展示赶工成本与进度之间的关系(图5),说明赶工时进度与成本的关系。当工期压缩到极致时,成本会呈指数级增长。

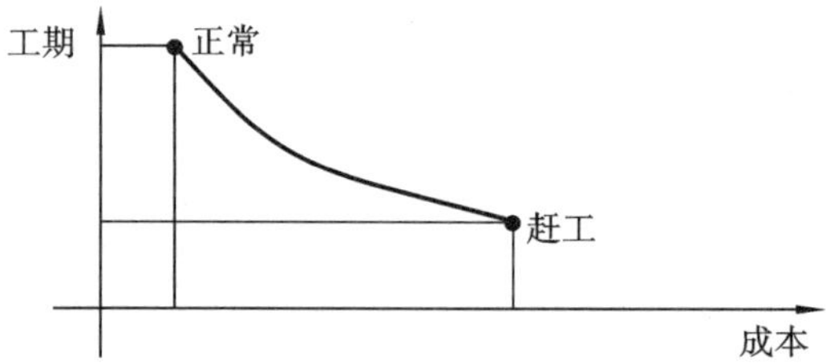

图5　赶工成本与进度的关系

引导学生讨论:常规需要2年建设工期的传染病应急医院为什么能在10天内完成?是没有考虑指数型增加的成本吗?

知识点4:快速跟进。

引入思政素材(二),在学生讨论的基础上,介绍项目进度压缩的另一种方法:快速跟进。

展示图6,介绍快速跟进的原理,即根据重叠部分顺序进行的工序来缩短工期。

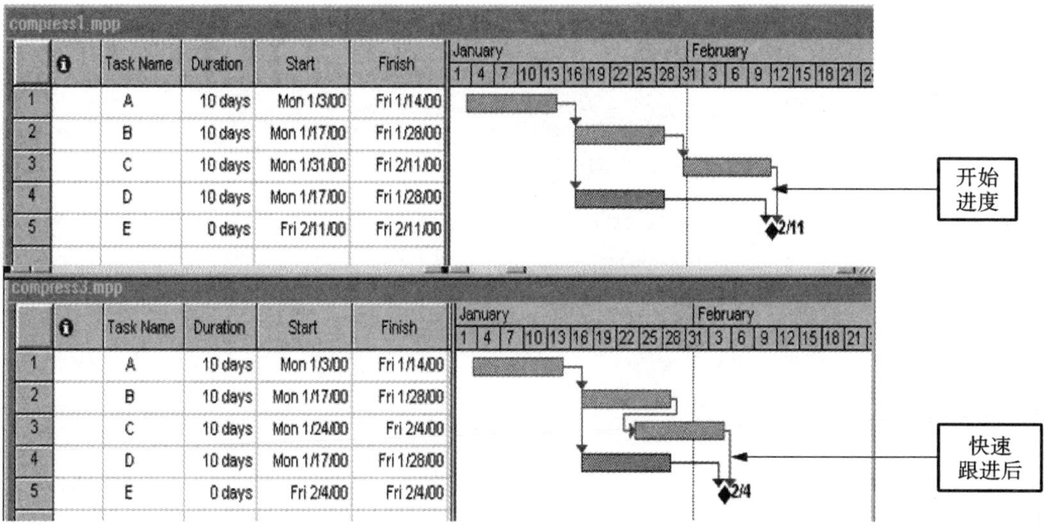

图 6　快速跟进示意图

3. 两种项目进度压缩方法的优缺点(30 分钟)

提问:赶工和快速跟进两种方法的优缺点分别是什么?采用赶工方法时,如何理解进度和成本之间的关系?成本的增加体现在哪些方面?如果采用快速跟进方法来压缩项目进度,需要什么保障措施来确保该方法顺利实施?火神山医院建设项目的进度为什么能压缩到极致?火神山医院的设计和建设时间线里面用到了哪些进度压缩方法?效果如何?

请 2～3 位同学讨论 5 分钟后自由发言,教师在黑板上写出学生的观点。

利用图 5,解释赶工初期和后期进度与成本之间的关系,特别是压缩工期到极致时,成本的增加是非线性的,基本上是呈指数级的。成本增加的部分主要体现在人工、材料、机械上面。在进度与成本的权衡决策中,党和政府为了让医院能尽早收治病人,抗击疫情,不惜一切代价将项目工期压缩到极致,才造就了 10 天建成火神山医院的奇迹。

为了保障项目建设过程中需要的大量人工、材料和机械,全国人民、供应商、项目建设方、党政领导机关同心协力共渡难关,保证了资源的充足供应。此外,在采用快速赶工方法时,除了保障资源供应以外,还需要保障各个工序的无缝衔接。如果没有一个高效的项目管理组织,是无法保证快速跟进发挥应有作用的。火神山医院快速建成的实际案例,背后体现的是“中国实力”,彰显了“举国同心”的抗疫精神。世界上最伟大的力量就是同心合力,全中国人民心手相牵,亿万颗心同频共振,就没有过不去的坎。

三、课后回顾和作业

针对火神山医院建设过程中压缩进度的两种方法及其实际应用,请学生思考和讨论以下问题并做汇报展示:10天建成一座功能齐全的传染病应急医院,成功的核心要素是什么?(可从党的领导和组织、资源调配、共产党员的先锋模范带头作用、我国强大的工业体系、利益相关者的无私奉献等维度展开)从火神山医院建设案例中,你获得了什么感受和启发?

特色和创新点

一、案例的选择和课程的知识点高度融合

火神山医院是一个临时性的项目,较好地体现了项目的特点,同时,医院建设从立项到交付的全过程,完美地展现了项目的计划、实施和控制过程,与"项目管理"课程的知识点高度吻合。特别是在医院建设过程中把赶工和快速跟进两种进度压缩方法有机地融合在一起,为学生了解相关知识提供了直观具体的经验。

二、案例中丰富的思政元素与知识点无缝衔接

(1) 传染病应急医院建设项目的立项体现了"做正确的事"远比"正确地做事"要重要,体现了党中央在危急时刻的定海神针作用。

(2) 中国速度体现了制度的优越性。各种资源在短时间内生产出来并及时运输到工地,体现了全国一盘棋、集中力量办大事的制度优越性,可以增强学生的民族自豪感和"四个自信"。

(3) 各施工组织单元和施工人员为了早日完成项目的交付,放弃休假、勇担责任、不畏艰险,置自身安危于不顾,一切听从党的指挥,坚定跟党走,把在短时间内优质高效地完成自己承担的任务作为自己的追求。正是由于他们的努力付出,才有了项目的按时交付。

三、案例有丰富的视频资料和阅读材料

这些案例资料贴近我们的生活,是进行爱国主义教育和世界观、人生观、价值观教育的良好载体,学生可以反复研读和体会。

效果体现

本课程在2021年管理学院"课程思政"教学建设项目结题验收中,获得了

专家小组的一致好评，获评"优秀"(图 7)。

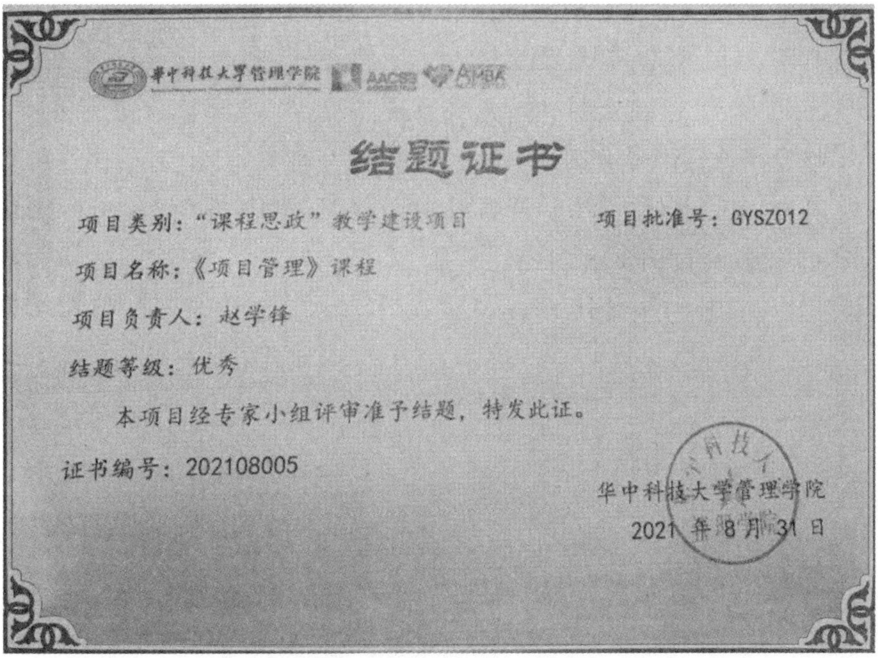
华中科技大学管理学院

结题证书

项目类别："课程思政"教学建设项目　　　　项目批准号：GYSZ012

项目名称：《项目管理》课程

项目负责人：赵学锋

结题等级：优秀

本项目经专家小组评审准予结题，特发此证。

证书编号：202108005

华中科技大学管理学院

2021 年 8 月 31 日

图 7　"项目管理"课程思政教学建设项目结题证书

本课程将专业知识和思政元素有机融合，提供了丰富的案例素材，融合运用了多种教学方法。学生通过观看视频、阅读资料、课堂讨论、课后知识回顾汇报等，增强了学习兴趣，树立了为国家和人民服务的崇高理念。

社会学院“国外社会思想史”课程思政案例

章节名称

第1章“国外社会思想史导引”。

课程目标

一、知识目标

(1) 把握国外社会思想史的历史脉络，掌握国外社会思想史的主要内容。

(2) 理解学习社会思想史的方法论原则，掌握研究社会思想史的基本方法。

(3) 了解国外社会思想史研究的现状，把握社会思想史研究的新趋势。

二、能力目标

(1) 培养和提升阅读理解经典文本、批判分析社会思想、提出创新问题并形成独立观点的学习研究能力。

(2) 培养和提升以社会理论思想洞见来观照个体生命际遇、剖析社会现实问题和洞悉社会历史变迁的学以致用能力。

(3) 培养和提升通过学习、比较和研究国外社会思想，以深入认识、理解进而认同中国社会思想的文化自觉能力与文化自信意识。

三、价值目标

(1) 以史为镜，可以知兴废。通过学习国外社会思想史，把握社会思想的历史演变脉络，理解当今世界盛行的社会思想的历史源流，培养历史性视野和

课程负责人：罗朝明。

课题组成员：曹志刚。

执笔人：罗朝明。

历时性思维，树立正确的历史观和现实观。

(2) 博观而约取，厚积而薄发。通过学习不同文明类型、不同历史时期的社会思想，通过与不同社会思想家进行理论对话和思想争辩，拓展知识视野、锤炼思考能力，为形成创新思维并做出理论创新奠定基础。

(3) 它山之石，可以攻玉。通过学习、比较和研究国外社会思想史，形成开放多元之胸襟，戒除囿于一己之偏狭，进而深化对中国博大精深的社会思想的认识和理解，培养文化自觉意识，树立文化自信信念，增强文化认同心理。

教学内容

一、什么是社会思想史？

(1) 介绍、比较和总结国内外代表性观点及其异同。

(2) 引导学生思考并提出自己的理解和界定。

二、如何学习和研究社会思想史？

(1) 介绍和讲解指导性方法(方法论原则)。

(2) 介绍和讲解技术性方法(具体方法技术)。

三、如何界定国外社会思想史的范围？

(1) 介绍和辨析已有的主要界定方式的优劣。

(2) 引出并论证以文明超越突破形态为线索的组织框架。

思政素材

(1) 在讲授以往对社会思想史的代表性定义时，重点介绍施存统、郭真等早期的共产主义者和爱国人士为了革除时弊、救亡图存，主张关注社会现实、投身社会变革、科学研究社会思想和社会思想史的事迹。

施存统(1899—1970)，早期社会活动家，中国共产党最早的党员之一，参与成立马克思主义研究会，参与组建东京共产主义小组。新中国成立后担任过劳动部副部长、中国民主建国会副主任委员、全国政协常委、全国人大常委会委员等职务。著有《现代唯物论》《中国现代经济史》，译有《资本制度浅说》《世界史纲》和《社会进化论》等。

郭真(1901—1986)，1923 年 10 月，由杨贤江、施存统介绍加入中国共产党。“四一二”反革命政变发生后，因受国民党反动派通缉而流亡日本。1929

年秘密回国,积极介绍社会主义经典著作。著有我国第一部以马克思主义思想研究辛亥革命的著作《辛亥革命史》,为后来的马克思主义学者研究辛亥革命提供了重要借鉴。

(2) 在讲授如何学习和研究国外社会思想史的过程中,以马克思主义唯物史观为指导,引导学生在学习和研究过程中坚持科学的世界观和方法论。

在引导学生学习掌握马克思主义唯物史观基本方法论原则的同时,以马克思在大英图书馆刻苦研究的故事来激励学生为求科学真理而刻苦钻研。

用大英图书馆题为"阅览室与革命"的说明牌来介绍马克思:这间阅览室以及在它之前的建筑为众多的政治流亡者和学生提供了避难所和精神源泉。植根于这间阅览室最深的政治体系是共产主义。卡尔·马克思在将近30年的时间里每天来到这里。1850年6月,马克思最先被旧的阅览室接待。从1857年开始,他在这里从事包括《资本论》在内的数项研究。他使用的很可能是离他需要的参考书不远的编号为L、M、N、O、P的几排座位。

(3) 在讲授如何界定国外社会思想史的研究范围时,以文明的超越突破形态为线索,以中华文明的超越突破类型为中心组织课程框架,引导学生以中华文明为立足点批判性地审视、分析和比较其他文明类型生产的社会思想。

在讲授的过程中,以玄奘西行取经求法的例子来展示学习和研究国外优秀思想对中华文明生生不息的重要意义。激励学生学习先辈为求真知而上下求索的坚定意志,引领学生认识中华文明的生生之道,领悟中华文明孕育出的丰富社会思想,树立文化自觉的信念。

玄奘(602—664),唐代高僧,汉传佛教四大佛经翻译家之一,中国汉传佛教唯识宗创始人。因感到各师学说不一,各种经典不尽相同,于是决定西行求法,以解迷惑。贞观三年(公元629年),玄奘西行求法,往返17年,行程5万里,涉足138国,带回大小乘佛教经律论总共520夹,657部。

思政元素

一、学以致用,心系社会民生福祉和民族国家命运

从先辈们对社会思想史的积极探索和科学研究中,领悟他们心系社会民生福祉和民族国家命运的为生民立命精神。引导学生把论文写在祖国大地上,将学术研究与国家需要紧密结合,树立为国家富强、民族复兴、人民幸福而努力学习和积极探索的志向。

二、掌握“伟大的认识工具”，坚持科学的世界观和方法论

以马克思主义唯物史观为基本方法论原则，引导学生认识、理解和把握马克思主义这一观察世界、分析问题、探索规律的有力思想武器和“伟大的认识工具”，使学生在国外社会思想史的学习和研究过程中坚持科学的世界观和方法论。

三、博采众家之长，树立文化自觉、文化自信与文化认同

以中华文明为出发点界定国外社会思想史的研究范围，以中华文明为立足点审视、比较和分析不同文明超越突破类型生产出的丰富社会思想，引导学生形成各美其美、美美与共的多元开放胸襟，博采诸文明超越突破形态创造的优秀社会思想，树立中华文化自觉意识，强化中华文化认同心理，坚定文化自信。

教学安排

一、什么是社会思想史？

通过介绍这门课程在课程体系和在学科知识谱系中的位置，让学生了解国外社会思想史课程的重要性。在此基础上提出什么是社会思想、什么是社会思想史的问题，激起学生探索未知和寻求答案的热情，鼓励学生珍视他们初见这两个问题时形成的第一感觉和直观印象，引导学生调动已有知识储备，大胆地给出自己的想法、看法和观点。

在学生提出各自的观点之后，呈现并讲解国内外不同时期不同学者关于社会思想与社会思想史的代表性定义。其中，重点介绍施存统、郭真等人对社会思想和社会思想史的界定，介绍他们的早期共产主义者或爱国人士的身份，引导学生从先辈的经历中体会并树立将个人学术研究与国家社会需要相结合的社会责任感。

在介绍和讲解完不同学者对社会思想和社会思想史做出的代表性定义之后，提出这些定义之间有什么异同、如何理解和界定社会思想与社会思想史的问题，引导学生对以往的不同观点进行比较、分析和总结，鼓励他们在此基础上重新提炼并形成自己的理解和界定。通过这个完整的过程，引导学生逐渐养成独立思考、分析问题并形成自己的独特观点的创新思维能力。

二、如何学习和研究社会思想史?

在学生对何谓社会思想和社会思想史有所理解,并且把握了学习和研究社会思想史的意义之后,引入如何学习和研究社会思想史的问题。这个问题将主要分成两个方面来讲授,一方面是指导性方法,另一方面是技术性方法。在讲述指导性方法的时候,除了介绍历史与逻辑相统一的原则、知识社会学的认识论原则等方法论原则之外,重点介绍马克思主义唯物史观的科学世界观和方法论,并且阐明前述两种原则与马克思主义唯物史观之间的继承发展关系,引导学生以科学的世界观和方法论为指导来学习和研究国外社会思想史。

在介绍马克思主义唯物史观的过程中,首先询问学生对唯物史观有什么样的认识和理解,引导学生回忆他们已经学过的马克思主义基本原理。其次,对马克思主义唯物史观的基本内容做出阐述,阐明如何将这种科学的世界观和方法论具体运用于对国外社会思想史的学习和研究中,让学生切实掌握正确学习和研究社会思想史的基本方法论原则。在讲述专业知识的过程中,恰当引入马克思在大英图书馆刻苦钻研的故事,引导学生从先贤的事迹中学习为求真知而上下求索的精神。

三、如何界定国外社会思想史的范围?

“国外社会思想史”中的“国外”主要指的是什么?其界定依据的是国家、文明还是地域?引导学生思考这些问题各种可能的答案。通过介绍和分析已有相关答案的优缺点,最终将问题的答案定位于“文明”。在此基础上,介绍消亡的文明与不死的文明之间的关键区别,讲述成就不死文明的四种超越突破类型的典型特征,指出中华文明是因为实现了超越而源远流长、生生不息的文明之一,从而培养学生对中华文明的认同。表1显示了历史上四种轴心文明的超越突破类型。

表1　四种轴心文明“超越突破”类型

力量/价值	离开此世	进入此世
外部力量	希伯来宗教对一神的皈依(类型一)	古希腊对理性认知的追求(类型三)
自身修炼	印度宗教对解脱的追求(类型二)	中国对道德价值的追求(类型四)

以中国文明为立足点,空间上从东到西、时间上从古到今渐次划分出国外社会思想史的范围,并由此建立国外社会思想史这门课程的内容框架。在学习特定文明、特定阶段的社会思想时,适当地引入相应时期的中国社会思想来

进行比较，有意识地在讲授专业知识的全过程中深挖适宜的课程思政资源，引导学生在学习国外社会思想专业知识的同时深刻感悟中华文明的博大精深，培养学生的文化自信和民族自豪感。

比如，在讲述古印度文明社会思想中的佛教社会思想时，引入玄奘到印度取经的历史。一方面介绍玄奘为求真知而不辞辛劳、跋山涉水的崇高精神，阐明文明互鉴、美美与共的重要价值，引导学生从先贤身上学习刻苦钻研的求索精神和包容开放的博大胸襟；另一方面，通过介绍和比较佛教社会思想在发源地（印度）式微与在中国本土发扬光大的情形，引导学生领悟中华文明生生不息的强大生命力，培养学生文化自觉的意识、文化认同的心理和文化自信的信念。

特色和创新点

(1) 以问题的形式引出主要学习内容，调动学生探索答案的积极性，激发学生独立思考的意志，增强学生的学习兴趣和探究热情。

(2) 给学生提供相关问题的各种相关答案但不规定所谓的正确答案，引导学生比较不同思想主张，并总结、提炼和形成自己的观点，培养学生独立思考和综合创新的能力。

(3) 在古与今、中与外、思想与实在之间努力寻求平衡点，在讲述国外历史上流行的思想传统和抽象的社会思想时，有意识地引入中华文明中丰富的社会思想元素，引导学生在学习和研究的过程中正确处理古与今、中与外、思想与实在之间的关系问题，养成文明互鉴、美美与共的视野胸襟，同时培养和增强对中国文化与中华文明的文化自觉意识、文化认同心理和文化自信信念。

效果体现

(1) 课程的知识目标、能力目标和价值目标明确，较好处理了专业课程在专业知识能力学习和思想政治素质培养之间的关系，较好地实现了全程性、整体性育人的功能。

(2) 课程内容较好地处理了知识的难易关系，较好地处理了以中国立场来考察国外社会思想的目标。一方面顾及了学生的既有知识储备，适当地提高了知识的难度和挑战度，增强了学生的获得感；另一方面，在讲授国外不同阶段社会思想的过程中，有意识引入同一时期中国社会思想作为参照点，让学生感受到中国文化的博大精深,较好地培养了学生的文化自觉意识、文化认同心理和文化自信信念。

(3) 教学过程较好处理了教师讲授与学生参与的关系、知识掌握与能力培养的关系。尽力做到思想史教学不说教、不枯燥,培养学生敢于合理质疑以往思想观念的勇气,有理据地提出问题并形成和证成自己观点的能力。引导学生既要学习不同思想家的社会思想本身,更要学习他们是如何思考的。这较好地实现了通过课程学习培养学生独立思考的意识、科学思考的能力和学以成人的目标。

艺术学院“中国古典音乐名著赏析”课程思政案例

章节名称

第2章“‘八音’与器乐发展”。

课程目标

一、知识目标

本章主要介绍我国先秦时期器乐发展情况。通过了解“八音”的三种含义，学习先秦时期根据材质进行器乐分类的方法。通过音响听辨的方式，带领学生初步构建关于中国乐器种类的基本认知。本章以编钟、十弦琴为代表，引导学生进一步掌握乐器材质与音色的关系，并将其与西方早期乐器进行比较，逐步构建多民族音乐文化现象比较分析基本方法。

二、能力目标

本章解释器乐材质对于音色的影响，强调音乐课程的学习需要培养听觉分析的能力。从“八音”切入介绍，帮助学生构建起对古今音乐文化联系的认知，引导学生逐步掌握“传统是一条河流”的音乐历史观，体会民族音乐学理论架构下的多民族音乐文化现象比较分析基本方法。

三、价值目标

引导学生掌握中国音乐历史，了解中华优秀传统文化及社会主义先进文化，培养爱国精神，铸牢中华民族共同体意识。

课程负责人：莫音宏。

执笔人：莫音宏。

教学内容

一、“八音”的三种释义:材质、类型及音响

(1) 乐器材质:金、石、土、革、丝、木、匏、竹等。

(2)“八音”乐器的古今比较。

(3) 作品赏析(通过欣赏具体作品,熟悉金、石、丝、竹四种材质乐器的音色)。

二、曾侯乙墓出土乐器与编钟乐舞

(1) 曾侯乙编钟的形制、材质、铭文等部分对中国音乐研究的贡献。

(2) 从十弦琴到古琴的发展。

(3)“八音”与编钟乐舞的古今对话。

(4) 欣赏作品:编钟乐舞片段《黄莺转》《大飨里》《八音和鸣》《神人畅》。

(5) 中国与欧洲早期乐器材质对比。

(6) 蚕丝与弦乐器。

(7) 金属乐器一枝独秀。

思政素材

一、中国古代乐器制造技术

20世纪70年代发掘的曾侯乙墓,出土了大量乐器,其中出土的曾侯乙编钟,以其完整的器型和高超的制作工艺受到世人的瞩目。65件编钟分3层8组悬挂在呈曲尺形的铜木结构钟架上,其在制造技术上运用了浑铸、分铸法,不同的钟体以及钟架各部分采用了铜焊、铸镶、错金等工艺技术,还使用了圆雕、浮雕、阴刻、髹漆彩绘等装饰技法。在介绍曾侯乙编钟的过程中,可以充分利用综合类高校学生理工科的知识背景,以编钟呈现出来的具体造型、形态和花纹为基础,尝试反推制造工艺及技术。通过了解编钟复制过程,将其与现代制钟技术进行比较,从而切实体会中国古代制造技术、冶炼技术的高超,深刻认知中国青铜器铸造技术的杰出成就。

本素材的思政育人目标是从音乐与科技结合的角度入手,使综合类高校的学生能在既有知识的基础上感受中国音乐文化的源远流长和古代科技的出类拔萃,从而建立鲜明的民族自豪感。

二、古琴的发展

"八音"乐器分类法中，丝类乐器非常丰富，中国民族乐器中的弦乐器均属于此类。课程从曾侯乙墓出土的十弦琴入手介绍古琴。古琴是中国文人音乐的代表性乐器，从器型到音色无不体现出中国文人的情怀与风骨。引入武汉古琴台的历史传说，在讲到钟子期所言"善哉乎鼓琴，巍巍乎若泰山""善哉乎鼓琴，汤汤乎若流水"时，带领学生进行联想，引导学生模仿山、水的声音；当讲到"伯牙破琴绝弦，终身不复鼓琴，以为世无足复为鼓琴者"时，引申出中国古代的知音文化。

从十弦琴到古琴，其在形制、曲目、演奏技法、记谱等方面浓缩了大量的中国古代先进文化知识，从中可以直观地感受到中华优秀传统文化的博大精深，以及中国古人的创新意识及创新能力。

本素材的思政育人目标是通过单一种类乐器的古今对比，让学生初步体验"传统是一条河流"的音乐历史观。结合历史传说，使学生了解中国音乐的发展历史，感受中华优秀传统文化的魅力，增强学生的民族自豪感。

三、中国与欧洲的弦乐器

欧洲早期弦乐器种类也很丰富，其与"八音"乐器分类法中的丝类弦乐器在弦的材质和演奏方式等方面有所不同。欧洲早期弦乐器的琴弦多为羊肠材质，而中国古代弦乐器的琴弦是蚕丝制的，导致这些差异的原因有多种。地理环境的区别首先导致了选材的区别。中国作为世界上最早掌握养蚕技术的国家，对于蚕丝的运用十分普遍。而欧洲各国畜牧业一直很发达，较易从畜物中获得琴弦的制作材料。从小小一根琴弦就可以联系到亚、欧截然不同的地理风貌，由此引申出音乐的发展是建立在社会经济发展基础之上的。

本素材的思政育人目标在于从中西弦乐器材质上的区别入手，介绍多民族音乐文化之间的交流，从而让学生通过民族音乐学的方法铸牢中华民族共同体意识。

四、《编钟乐舞》

大型歌舞剧《编钟乐舞》是由湖北省歌舞团编演的著名大型歌舞剧。全剧以楚史和楚文化为依据，以伟大诗人屈原的爱国主义思想为核心，以曾侯乙编钟乐团为班底，运用歌、乐、舞结合的艺术形式，展现古代楚国的文化艺术、民俗风情以及祭祀、农事、征战及宫廷宴乐等情景。既重现了古朴粗犷的荆楚风貌，又反映出强烈的民族自豪感。该作品受到中外人士的高度赞扬，已随习近平总书记访问多个国家，并在多个国际会议上亮相。

本素材的思政育人目标在于通过视频欣赏，使学生从音乐到画面全方位地体验中华优秀传统文化。通过对特色节奏的模仿，促使学生理解中华优秀传统文化是“民族文化血脉”，从而有效、立体地构筑民族自豪感。

思政元素

(1)“八音”的材质划分反映出中国人民在先秦时期已经掌握了大多数材料的加工方式。八种材料运用在乐器的制造上，说明中国古代科技达到了较高的发展程度。通过学习掌握音乐发展史，体会中华民族传承创新的意识，在此基础上以科学的思维、历史的眼光纵览中西文化，从而增强民族自豪感。

(2) 分别从历史和地理的角度分析弦乐器，不仅展现出中国音乐传统的源远流长，而且将音乐与地理学科相结合，综合分析中欧乐器器件不同的原因，并逐步探寻东西方文化交融背景下乐器的发展历程，继而学习中华优秀传统文化，铸牢中华民族共同体意识。

(3) 音乐的旋律与语音语调联系紧密。课堂上通过欣赏《编钟乐舞》的部分作品，根据作品的节奏发展特点以及歌词读音特色，感受先秦时期楚地先民的语音语调、风土人情等人文因素，用多元化的乐器及音色构建审美情趣。欣赏和分析代表性音乐作品，可以使学生逐渐认识到我国古典音乐文化与普通劳动人民的日常生产生活紧密相连。正是由于“民族文化血脉”的浇灌，古典音乐文化才成为中华民族音乐审美的核心。

教学安排

本章按90分钟设计教学方案，运用“PPT讲授＋音乐作品欣赏＋实物观察”等方式进行教学。

一、课程导入

用故事讲述的形式介绍曾侯乙墓发掘的情况，询问学生是否参观过湖北省博物馆，是否近距离地观察过曾侯乙编钟，以图片形式展现编钟的各类花纹和工艺技术。

提出编钟的材质是什么的问题，由此引申出金属材质的乐器这一话题。进一步提出除金属材质之外还有什么材质的乐器这一问题，以引出“八音”。

二、“八音”的三种释义：材质、类型及音响

将金、石、土、革、丝、木、匏、竹八类乐器分为两组(图1)，每一类选择一个代表性乐器进行讲述。在此过程中播放乐器的声音片段，运用联觉的方法引导学生判断发声材质。

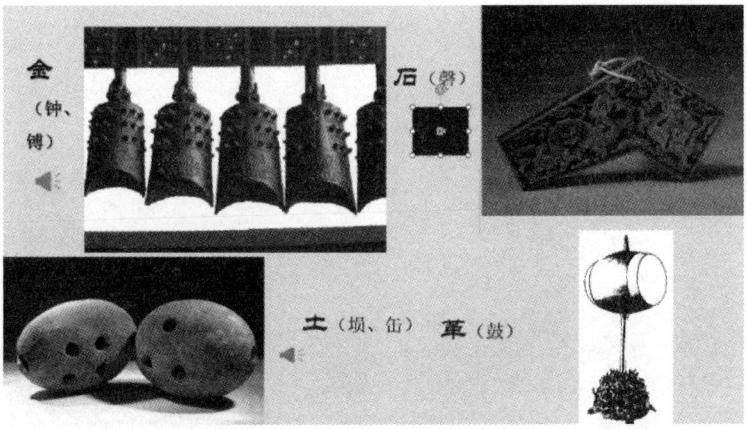

(a)

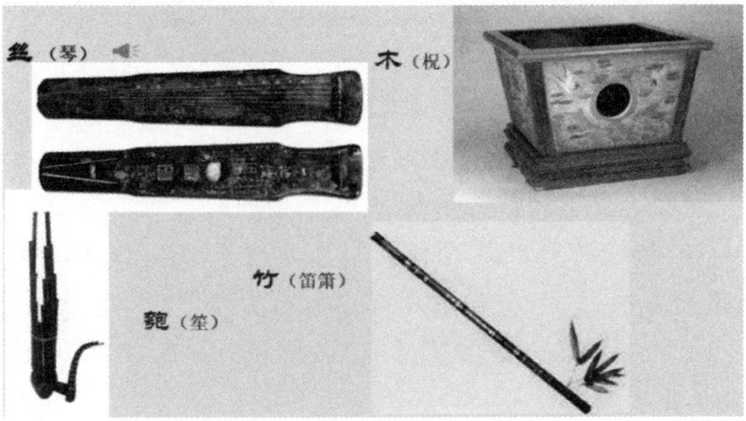

(b)

图1　乐器的八种材质

将学生按座位分为两组，每组分别判断四种发声材质，使学生初步建立起材质与声音的对应关系。

三、曾侯乙墓出土乐器与编钟乐舞

1. 曾侯乙编钟

首先介绍曾侯乙编钟的基本情况：65件编钟分3层8组悬挂在呈曲尺形的铜木结构钟架上，其在制造技术上运用了浑铸、分铸法，不同的钟体以及钟

架各部分采用了铜焊、铸镶、错金等工艺技术,还使用了圆雕、浮雕、阴刻、髹漆彩绘等装饰技法。图2是关于曾侯乙编钟的部分图片。

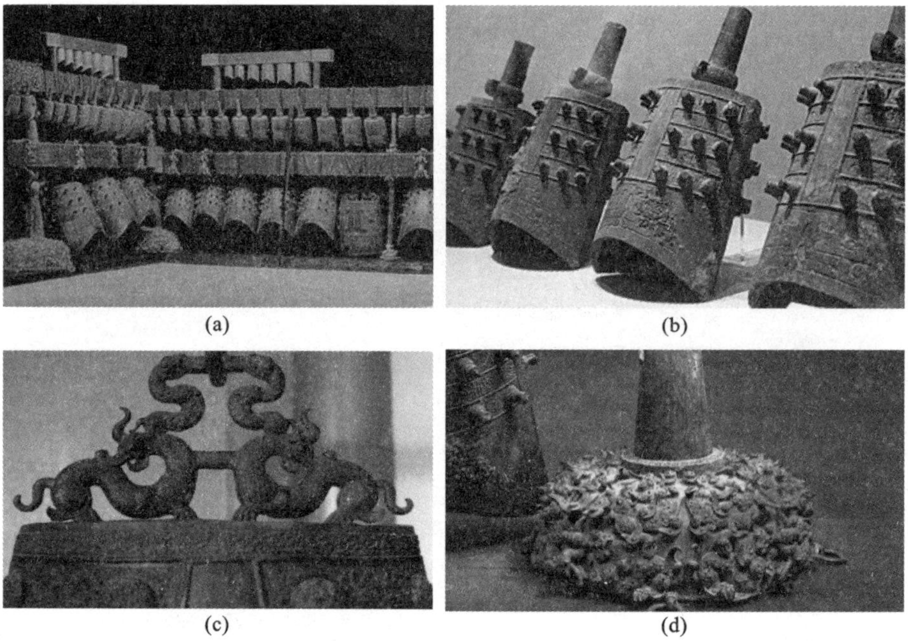

图2 曾侯乙编钟

请学生们尝试反推编钟的制造工艺及技术。学生可能回答不全面,但在思考过程中会主动运用现代技术去观照制作编钟的古老技法。

提问:三千年前的制造工具是什么?如此简单的制作工具却创造出如此精美的产品,原因是什么呢?

引导学生从年代上认识到中国古代制造技术的高超,深刻认知中国青铜器铸造技术的最高成就,由此使学生的民族自豪感有坚实具体的支撑。

2. 从十弦琴到古琴

导入武汉古琴台的历史传说。图3展示了武汉古琴台的部分内景。

> 伯牙鼓琴,钟子期听之,方鼓琴而志在太山,钟子期曰:"善哉乎鼓琴,巍巍乎若泰山。"少选之间而志在流水,钟子期又曰:"善哉乎鼓琴,汤汤乎若流水。"钟子期死,伯牙破琴绝弦,终身不复鼓琴,以为世无足复为鼓琴者。

在讲述完伯牙子期的故事后,请学生进行联想,并模仿山、水的声音。请学生讨论为什么"伯牙破琴绝弦,终身不复鼓琴",从而引申出中华优秀传统文

(a) (b)

图 3　武汉古琴台

化中"知音"一词的内涵。

3."八音"与编钟乐舞的古今对话

欣赏《编钟乐舞》中的《黄莺转》《大飨里》《八音和鸣》《神人畅》等竹笛独奏、古琴独奏、编钟编磬乐曲等,熟悉"八音"代表性乐器的各种音色,在音乐旋律的引导下再次加强对材质与音色联系的认知,将第一部分的联觉成果落实到实物上。

欣赏分两步进行。第一遍,教师在欣赏过程中随时指出乐器的变化,带领学生从旋律、歌词、节奏、速度等方面学习欣赏的技巧,特别关注旋律特色节奏的变化。

第一遍欣赏结束后,教师带领学生模仿旋律特色节奏,以拍手、拍腿的方式练习几遍,随后请个别学生尝试表演,并且推演节奏来源于对普通劳动人民劳动生产的模仿。

第二遍欣赏时,让学生整体感受编钟乐队中乐器相互扶持、补充和促进的音乐美感。通过对这些具体作品的赏析,了解作品中蕴含的人文思想,借此说明中国古典音乐文化来源于劳动人民的生活,中华优秀传统文化与人民的生产生活密切相关,以此感受中华优秀传统文化的审美情趣。

四、中国与欧洲早期乐器材质对比

欧洲早期弦乐器的琴弦多为羊肠材质(图 4),而中国古代弦乐器的琴弦是蚕丝制的(图 5),这种区别与地理环境有关。欧洲畜牧业发达,从畜物中取得材料很容易。而中国是世界上最早掌握养蚕技术的国家,将蚕丝用作琴弦也很自然。这体现出音乐的发展是建立在社会经济发展基础之上的。

图4　羊肠琴弦

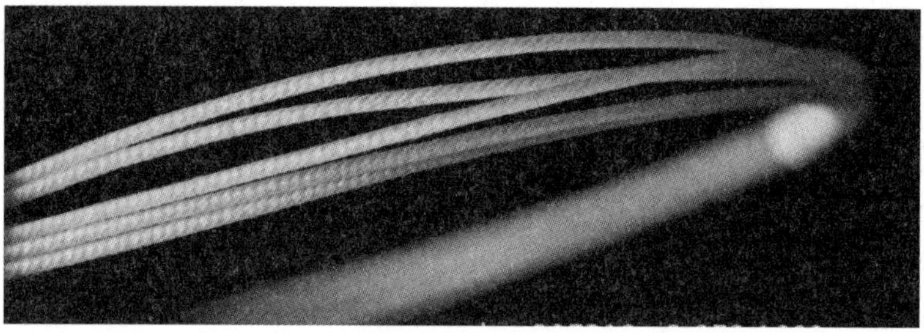

图5　蚕丝琴弦

通过这种观察和对比,带领学生纵观东西方文化,增强学生的民族自豪感,从而有效地把中华优秀传统文化和社会主义先进文化串联起来,立体化地进行爱国主义教育。并在东西方音乐文化对比中寻找相同点,让学生感受民族音乐学的研究视角,拓宽音乐学习的视野。

本章课后作业为补充欣赏先秦时期音乐作品。

特色和创新点

(1) 充分利用综合性高校学生的科学知识优势,灵活地将其与对乐器性质、材料的探究结合起来,打破学科知识之间的壁垒,形成融合式的教学内容,使学生更容易理解与接受课程知识。

(2) 从琴弦材质的区别引申到人文地理的区别,再引申到不同国家和地区的音乐文化审美区别,以微知著地了解中欧乐器的异同及发展情况。教会学生借由相对熟悉的现代乐器、西方乐器来认知我国早期"八音"乐器,促使学生建立融会贯通的多元文化意识,以此促进学生民族自豪感的产生。

(3) 在音乐赏析过程中，从音乐史的视角出发进行教学内容安排，借助文献资料和出土文物资料，为赏析作品赋予实实在在的历史价值和文化属性。

效果体现

(1) 拓宽了教师的知识储备，丰富了师德师风的培养内容和形式。教师的教学能力不再局限于教授音乐类的知识，还体现在运用音乐史学、民族音乐学、人类学甚至其他工程类科学知识来丰富教学内容，这极大地促进了教师知识储备量的提升，同时为教师开展跨学科研究做了一定准备。在教学过程中，专业知识与思政元素的结合，促使教师在常规的教学中发掘独具魅力的思政元素，达到了培养、提升师德师风的目的。

(2) 提升了学生的自主学习能力。本课程的期末考查要求学生以小组形式编写“中华优秀传统音乐文化推广方案”。根据近一年的数据统计，推广方案中最常选用的音乐文化素材有三种，分别为中国音乐作品、中国戏剧以及中国乐器，其中针对“八音”撰写推广材料的又占中国乐器部分的三分之一。由此可以看出，学生通过学习，对“八音”产生了浓厚的兴趣，并且能够自主地开展进一步的学习，将乐器发展与相关的材料发展联系起来，继而获得了多学科的知识。

(3) 加强了中华优秀传统文化的传播能力。中华优秀传统文化的传播力多来自于社会、群体、民族的坚持和传承，校园、学生都是中华优秀传统文化的传承载体。坚持发挥课堂这个“主渠道”的作用，有利于使中华优秀传统文化成为每个学生都了解和认同的文化资产，培养青年学生自觉主动地了解和学习传统文化的意愿和能力。

(4) 将音乐历史与当今时代相连接，将中华优秀传统文化与社会主义先进文化相联系，让学生得以立体全面地学习，获得多维鲜活的知识。

外国语学院“中日文化交流史”课程思政案例

章节名称

第3章“汉字的东传到あいうえお”。

课程目标

一、知识目标

(1) 了解汉字的东传历史，明确汉字如何进入日语并成为日语表达中不可或缺的重要组成部分和典型表述形态，理解现代日语中汉字的价值意义与其新的变异。

(2) 了解学术界对日本汉字的研究状况。

(3) 认识人类文明史上汉字所发挥的作用与意义，了解汉字在中华文化传播与东亚文化构建过程中作为基础载体的作用和意义。

二、能力目标

(1) 语言能力目标。使学生能够初步运用目标语言介绍上述知识。

(2) 方法能力目标。通过对汉字进入日语表述的通时性概观，使学生了解中国文化东传日本的基本路径，在此基础上掌握认识、解析中日文化交流史的方法和手段，进而将其推广到对其他文化要素的分析中。

(3) 研究能力目标。提高学生在日常学习生活中对文化的敏感度，促进学生对文化进行深入思考，培养学生发现问题的能力和研究意识。

三、价值目标

(1) 通过重温汉字的起源、发展、传播，感悟中华民族在造字过程中展现

课程负责人：王闰梅。

课程组成员：陈玲、曾诚。

执笔人：王闰梅。

出的无与伦比的创新精神以及日本民族在引进汉字过程中所做的创造性吸收，激发学生的创新意识。

(2) 理解中华文化在东亚文明乃至世界文明进程中的价值和作用，加深学生的文化自信，激发学生勇于承担当代青年的历史使命。

(3) 突破西方文明中心主义的窠臼，培养学生的区域观和全球视野，树立起平等、互鉴、对话、包容的文明观。

教学内容

首先，勾画出汉字进入日语后的发展和演变轮廓。然后，从文本类型(文体)的角度阐述日本汉字使用的具体特点。接着，结合汉语中的汉字实际使用情况，鸟瞰和阐释现代日语中的汉字使用情况。最后，概观国内外学术界对日本汉字的研究现状。主要分为下述几点进行讲解：汉字的传入使日本语言获得了最初的表记体系；"日文汉文体"的形态类别与递进轨迹；汉字的日本化，包括日本"国字"、"国训"、假借字、和制汉语词等；现代日语中的汉字及其新的变异。

思政素材

一、汉字的三种类型：象形、会意和形声

现在全世界除了极少数文字，诸如中国云南纳西族的东巴文字以外，以象形为基础的文字基本都在生活中消失了，只有汉字仍然和它原初的象形性保持着直接的联系。在一些象形文字上，加上一些具有标志意义的符号即形成会意字。比如，刀口上加上一点，就是"刃"；爪放在树上，就是"采"。在会意的基础上加上声音，就成为形声字，比如江、河、松、柏等字。

在古代中国，汉字这种以象形为基础的文字在历史上没有中断，还延续到了现在，它对我们的思维、阅读和书写都有很大的影响，甚至影响到了东亚其他地区，形成了"汉字文化圈"，构建了"东亚古代文明共同体"。

二、从前岛密的《汉字御废止之议》到"假名会"乃至"罗马字会"

1866 年，日本邮政事业的创始人之一前岛密向幕府提交了《汉字御废止之议》，请求废除汉字。他在该封上书中批评汉字"繁杂不便，宇内无二"，指出："救国之本在于教育……普及教育就需要简便易学的文字、文章。如今使用的

汉字、汉文,难学难用,因而学习的人很少。有限的学生,又不得不把少年时代的宝贵光阴耗在认记汉字的音形上。"他认为日本人的知识、国力之所以低下,是因为日本本来拥有自己的语言体系却还和衰退的中国一样,仍然使用难解的汉字。因此他主张废除汉字以救国,改用言文一致的假名。

1883 年,主张只用假名的势力成立了由皇族威仁亲王任会长的"假名会"。据说这个假名会最多时有 5000 余名会员,可见当时主张废除汉字的势力之庞大。该会为扩大影响,出版了《假名向导》杂志,编撰了只用假名的字典。

当时除了主张废除汉字外,也有一批人开始对本国的语言体系持否定态度,他们认为"汉与洋同,皆为他邦",既然汉字和罗马字都是外来文字,而前者复杂难修,后者简单易学,若要废除汉字,那不如连假名也一起废掉。以此思路,这批人主张全面废除汉字、假名,转为使用"罗马字"。其代表人物为汉学家南部义筹,他和著名的哲学家、教育家、启蒙思想家西周等人于 1884 年组成"罗马字会",推行以罗马字标识的日语。

结局是众所周知的,日语中的汉字没有被废除,假名也没有被废除,罗马字最终也只占些许之地。而且,日本汉字到今天非但没能减少,倒是愈见增多了。

思政元素

(1) 汉字的东传既是汉字史,也是文明史上一个极有价值的课题。汉字作为在人类文明史上具有悠久与辉煌历史的存在,为世界文明史的研究提出了极为丰富和极其有趣的课题。

(2) 汉字号称"第五发明"(安子介语),是我们中华民族的祖先留给后人的宝贵遗产,也是连接中日两国历史与文化的重要纽带。我们在学习和研究日语和日本文化的过程中,不由地会对中日文化间以汉字(汉语)为主要媒介形成的相互影响、相互交流局面竟至如此广泛深入而感叹不已,同时也会被中国汉字文化的博大精深而折服,由衷地为中日两国人民为丰富汉字文化做出的创造性贡献放声喝彩。

教学安排

一、课程导入(7 分钟)

通过上次课我们了解到秦汉时期陆续有大陆人或朝鲜人(日语称渡来人)

来到日本列岛，随即伴有汉字的东传，从而拉开了日本文字产生的序幕。

从人类文明史上来考察，作为记录人类思维、记忆和生存经验的文字的产生、使用、发展与传播，是构成人类文明进程的基本要件之一。

提问：有书面可考的以文字文本记录的四大文明有哪些？它们各自的文字现今的使用状况如何？

唯有体现中华文明历史进程的汉字，经过一系列的发展阶段，不仅本身没有消亡，反而超越了生成的本土，在亚洲东部地域形成了一个以“汉字文化”为中心的纽带，囊括了中国本土、朝鲜半岛、日本列岛和中南半岛东部的文明区域。在这一广袤的地域中，尽管各族群（民族）形成并发展起了自己多彩的本土文化，但是几乎所有这些族群（民族）文化都相继广泛地使用了“汉字”作为表达自己语言和历史记忆的载体，从而使这些族群（民族）获得了摆脱“原始（野蛮）时代”进入“文明时代”的基本社会元素，在世界文明史上形成了一个地域广阔、历史久长而文明进程未曾断裂的“东亚古代文明共同体”，对人类文明史的发展做出了杰出的贡献。从世界文明史的宏观视角来解读大家熟悉但不是很清楚的汉字问题，使学生油然而生出对中华文化的自豪感。

提问：汉字是如何传入日本，成为日语的一部分的呢？抛出这个问题，激发学生对本课正文内容的兴趣和求知欲。

二、正文讲解（70 分钟）

按照前述既定教学内容进行讲解。

1. 汉字传入使日本语言获得了最初的表记体系

从古代中国或朝鲜半岛来到日本的所谓“渡来人”，在汉字传入日本的过程中做出了不可磨灭的贡献。这些渡来人被看作是带来先进科学技术的人，其中有很多专门从事记录文书的工作。当时的汉文书写主要出于东亚政治和外交往来的需要。随后，汉字作为先进文化、文明的标志，也得到日本人民的推崇。

日本现行标准书写形式是“汉字假名混合文”，这是历经千百年的漫长演变逐渐形成的。在某种意义上，它是汉文及其载体汉字在长期的历史演变中，不断融入日本要素，最终彻底完成日本化的产物。万叶假名是汉字实现日本化的第一步。从万叶假名出现到文体乃至平片假名的诞生，其演变经历了一番复杂但又具有内在逻辑的过程。这并非仅靠个人力量就能完成的，而是古代日本人集体智慧的结晶。汉字蜕变为假名这种独立的音节文字，具有十分重要的历史意义和价值。日本人从此可以用作为日常语言的母语日语来表达自己的思想感情,于是有了日本文化的独自展开。

2. "日文汉文体"的形态类别与递进轨迹

在日语特别是书面文章的形成过程中,汉文汉字起到了决定性的作用。汉语词融入日语是通过各种途径和各种体裁的文章逐渐完成的。在古代,由于汉文来自政治、文化等各方面均处于优势地位的中国,所以其文体成为某种权威力量的体现,这种权威性的符号特征贯穿了日本古代历史发展的始终,在某种意义上甚至可以说绵延至今。与之相关的是,直到明治时代为止,日本古代的史书、学术书以及佛教注释书等都是用汉文,天皇御诏也使用汉文,这体现出汉文至高无上的权威性。

3. 汉字的日本化,包括日本"国字"、"国训"、假借字、和制汉语词等

狭义的"国字"概念,指日本人根据汉字的造字原理创造出来的汉字。有模仿汉字结构的国字,有在原有汉字基础上另作新解的国字,有通过改换原汉字的部分结构而赋予新意的国字,也有在翻译近代西方医学、数学等概念时新创的国字。这些均源于汉字强大的造字功能,日本国字除了采用会意外,还使用形声、合音、变体字等手法。

江户时代中后期,随着兰学的兴起,兰学家们接受西方新知识,创制了大量自然科学新术语。而人文学科术语的创制主要是由明治时代的启蒙家、思想家们完成的。此过程体现了汉字的强大造词功能和日本人民的创造性贡献。这些和制汉语词中的新汉语词,从《共产党宣言》等文本语词到近代各个学科具体的专业词汇,在20世纪初被大量原封不动地带回中国,在中日两国文化交流史上具有十分重要的价值。

4. 现代日语中的汉字与新的变异

在大量创制和制汉语词的几乎同一时期,东亚各国逐步"近代化",东亚地区相继出现了一些试图在所谓自己的"民族的文字"中"驱逐汉字"的观念和行动,例如前岛密的"废除汉字论"和相继出现的"假名会"和"罗马字会"。但是在日本语文经过"民族生活的考验"后,日本人终于感悟到还得使用日文汉字,日本语文至今仍然保留着相当数量的常用汉字,而且进入21世纪后有不断增长的趋势。联系日本人学习汉字之初的情况,思考一下这一现象说明了什么,文化和文明的关系如何。

三、答疑与总结(10分钟)

四、布置作业(3分钟)

(1)汉字丰富的造词功能和日本民族的创造性贡献促使日本产生了大量的和制汉语词。明治时期和制汉语词汇产生的主客观条件有哪些?

(2)随着信息时代的到来,中日文汉字均面临文字的信息化处理。在这个过程中,两国面临着哪些考验?对汉字进行了哪些调整?各自的信息化处理方式是什么?预测一下汉字今后的走向。

特色和创新点

体现中华文明历史进程的“汉字”,在亚洲东部地域形成了一个以“汉字文化”为纽带的文明区域。这一专题内容本身包含了丰富的价值引领要素。本课程在选取教学内容的时候就开始挖掘思政元素,使学生在掌握专业知识的过程中自然而然地产生对中华文化的自豪感和民族自信心。同时,在教学内容方面要求有一定的科研深度,使学生不是单纯地停留在对相关知识的了解层面,而是能够由此展开深入思考。因此,在讲授过程中我们会注意引导学生思考诸如下述问题:

(1)为什么在上述东亚各族群产生自己的文字之后,汉字仍继续渗入其中,经过多形态的变异而构成朝鲜文字系统、日本文字系统和越南文字系统?

(2)是否可以通过汉字进入日本文献之初的表音使用情况来考证古汉语的音韵状况?

(3)从日本人学习汉字之初和其在近代化过程中对汉字表现出来的不同态度,引发学生思考文化和文明的关系。进而思考在普遍的文明冲击下,我们应如何守护和发扬传统文化。

(4)从世界文明史的角度来看,学习日语专业的我们可以做些什么研究?

这些问题经过课上、课下的讨论可以升级为学生的创新项目,既深化了本课的内容深度,还可以培养学生发现问题、思考问题和解决问题的能力。这是第一课堂与二课堂相互补充、相互配合的典型,可供同类课程借鉴。

效果体现

(1)从教师层面看,有效提升了教师开展课程思政建设的意识和能力,同时有效促使教师不断对每堂课进行反思和优化,提升了授课效果。

(2) 构建"用日语讲好中国故事、用汉语介绍日本"的课程体系,深化了专业教育中家国情怀的培养。

(3) 学生深刻认识到日本汉字不同于中文汉字的本质,对日语学习有了更为客观、深入的认识。课程大大提高了学生的学习能动性和学习质量。

(4) 学生在感佩中国汉字文化博大精深的同时,不由地生发出当代青年的历史使命感,立志努力学习专业知识,为中华民族的伟大复兴贡献自己的力量。